ジョン・A・リスト
John A. List

そのビジネス、経済学でスケールできます。

わたしに本物のひらめきを与えてくれるスケーリングのパートナー、ダナ、そして、スケーリングの真の価値を教えてくれた８人の素晴らしい子どもたち、アニカ、ジュヌビエーブ、エリ、ノア、アッシャー、グレタ、アメリー、メイソンに捧げる。

スケーラブルなアイデアはどれも似通っているが、スケーラブルでないアイデアはその原因がそれぞれ違っている。

Original Title:
THE VOLTAGE EFFECT:
How to Make Good Ideas Great and Great Ideas Scale
by John A. List

はじめに

失敗に終わるのか、拡大に向かうのか

ウーバーで働くまで

ウーバーで働くつもりなどなかった。正直言って、頭に浮かんだことすらなかった。

2016年の夏、わたしは自身のキャリアでも特に野心的なプロジェクトで多忙をきわめていた。この6年前、シカゴ大学経済学部で教鞭をとるかたわら、わたしはチームを率いて3歳児から5歳児を対象に、生きたリサーチラボを兼ねたプリスクールを開校していた。管理面でも学問的にも大掛かりな取り組みだが、元々その気があったわけではなく、そのための訓練を受けたこともない。5人のわが子の子育てを通して多少のことは知ってはいたが、幼児教育の専門知識はないに等しい。一方で、「野生（自然状態）の」人々の観察・研究を30年以上専門にしてきた。わんぱくな子どもたちが集うプリスクールの立ち上げは、意味は違うが、これ以上ないほど野性的ではある。

経済学とは、およそマネーに関すること、あるいは社会のなかで資本がどう動くかに関する学問だと見られることが多いが、経済学者としてのわたしの仕事には、財務データの分析や株式市場のトレンド予測といった類は含まれていない。わたしの専門は行動経済学におけるフィールドワークであり、実社会に分け入って日々の大きな決断や小さな決断の背後に隠された動機、往々にして意外な動機を掘り起こすことにある。

だからこそ数年前に、トム・アマディオらシカゴハイツ学校区の関係者がアプローチしてきたのだ。わたしが行なってきた実験――人々にインセンティブを与えてポジティブな行動に誘導する実験について彼らは知っていて、教師や学生にどうインセンティブをつければ学力を向上させられるのか、アイデアを欲しがっていた。人口3万人弱、シカゴ市から南へ車で30分のシカゴハイツは、取り残された地域だ。板で覆われた商店が立ち並び、暴力犯罪が他の地域にくらべて異常に多い。わたしが初めてシカゴハイツを訪れた時点で、人口の4分の1以上が貧困線以下の生活をしていた。全米平均の13％の倍だ。当然ながら、経済的に不利な状況では、子どもたちにしわ寄せが行く。高校卒業率は低く、多くの高校生は小学3年か4年程度の読解力と計算能力しかない。そして当然ながら、そのことで多くの未来の機会が奪われている。高卒資格があるかどうかで、人生ゲームはまったく違ったものになるのだから。

こうした悪い流れに歯止めをかけ反転させんとするプロジェクトに是非とも関わりたいと、2008年初め、(『ヤバい経済学——悪ガキ教授が世の裏側を探検する』で有名な)経済学者のスティーヴン・レヴィットと、(当時、博士課程にいた教え子の)サリー・サドフとチームを組んだ。ケネス&アン・グリフィン財団の寛大な支援のおかげで、シカゴハイツ高校の学生と教師を対象に実験を行なうことができた。われわれの介入によって、標準学力テストなどの点数はたしかに上がったが、期待したほどの劇的な結果ではなかった。われわれはこう結論づけた。高校生を対象にしたことで、その子たちの発達の決定的な機会——彼らの人生の軌道を変えられた可能性がある期間を外すことになってしまった、と。これだけ後になって介入したのでは、子どもたちの潜在能力のほとんどを取りこぼしてしまう。実際、何年も前に既に失われていた。言い換えれば、この問題に真剣に取り組むには、対象にする相手が違っていたのだ。

そこで、われわれは、みずからプリスクールを開校することを提案した。幼児教育と発達に関して生きたリサーチラボとしても活用する。再びエンジェル・ドナーからの支援、グリフィン財団からの1000万ドルもの資金援助を受けることができ、シカゴハイツ幼児センター(CHECC)が誕生した。

シカゴハイツの研究は２０１０年春には次の段階に移り、当時、ハーバードで経済格差が学力に与える影響を研究していた新進気鋭のローランド・フライヤーと、わたしの教え子でポスドクのアーニャ・サメクがチームに加わった。２０１０年から２０１４年まで、プリスクールに迎えた幼児は毎年１５００人近くにのぼった。４年にわたる教育実験の基礎となるカリキュラムでは、社交性、傾聴力、衝動の制御といった、後の人生に大きな影響を与えることが判明している重要な非認知スキルを重視した。選択制のカリキュラムは「マインドのツール」と名づけた。特筆すべきは「ペアレント・アカデミー」という新たなプログラムを創設したことだ。このプログラムでは、親にインセンティブを与えて、わが子の早期教育に具体的な形で関わってもらった。４年目が終わると、当初の予定どおりスクールはいったん閉校とした。だが、スクールに通っていた子どもたちのデータの収集は継続した。こうしたデータは今後数十年にわたって収集し、標準的なカリキュラムで学び、親が「ペアレント・アカデミー」から行動上のナッジ（望ましい方向への軽い後押し）を受け取っていない子どものパフォーマンスと比較する計画だ。

言い換えれば、シカゴハイツの子どもたちの長期的成果の向上に関して、われわれは仮説を立てたわけだ。目下、その仮説を検証する研究を設計し、現時点までの成果を収集・分析しているが、これまでのところ、かなり目覚ましい成果があがっている。「われわれの」子どもたちはよくやっていて、力強く成長している。最終的には、「マインドのツール」の主要な特徴を抽出し、他の知見とあわせて、全米の他の地域、さらには諸外国に拡大できる、新しいカリキュラムのモデルを構築するつもりだ。

ウーバーと私の研究プロジェクトに共通する目標

2016年にウーバーの人材採用担当から、新たに創設するチーフ・エコノミストの採用面接を受けて欲しいとの連絡が入ったのは、こうした諸々の仕事が進行している最中だった。わたしは即座に断った。既に目一杯の毎日で、これ以上は荷が重い。当時はシカゴハイツの研究が多忙なうえに、再婚を間近に控えていた。8人の子どもたちに2人の祖父母。新生活は、幸せながらも、しっちゃかめっちゃかになるだろう。それに幼児早期教育に関するわたしの研究が、ライドシェアで世界制覇を目論むシリコンバレーの会社とどんな関係があるというのか。だが、この件について考えれば考えるほど、わたしの研究プロジェクトとウーバーには、共通する一つの大きな目標があることに気づいた。

「スケール」だ。

起業家と接点があれば、「スケール」がビジネス界のバズワードになっていることにお気づきだろう。ビジネスの世界でのスケールは一般に、一つの会社を成長させるプロセスを指す。だが、スケーリングは、吹けば飛ぶようなスタートアップ企業の領域だけの話ではない。単純にユーザーを増やし、市場シェアを拡大することでもない。広義の「スケール化」は、アイデアを適用する範囲を、顧客や学生や市民など少人数のグループから、はるかに大規模なグループに拡大し、望ましい成果をあげることを指す。

わたしは自身の研究や政策立案者との共同作業を通じて、追求すべき価値のあるアイデアは、人々の生活に多大な影響を与えうるアイデアだけだ、と確信するに至った。そして、一つのアイデアを広範な影響力をもつものに変えるには、アイデアをスケールアップしなければならない。重要なアイデアや事業をスケールアップする必要性は、ますます高まっている。地域社会の公衆衛生や安全を守る、ビジネスの実現可能性を向上させる、将来世代の教育や機会を拡充させる。いずれの場合も、アイデアが影響力をもつにはスケールアップが必要だ。わたしがシカゴハイツでモデルを構築して、いつか世界中の学校区に移植したいと願ったように。

あらゆる社会的進歩、技術的進歩の基礎にはスケールがある。社会を変えるイノベーションとは、最大多数の人々に届く変化なのだから。社会運動が医学的な介入とおなじくらい影響力をもつためにスケールが必要だ。だが、スケールアップしていくプロセスは単純ではない。その途中には、一歩踏み出すごとに落とし穴が待ち受けている。アイデアの種を植えた瞬間から、プロジェクトを立ち上げてかなりのときが経過した後も、何度もプロジェクトの再現に成功した後ですらも。それでも2016年には、シカゴハイツの何気ない光景に秘密が隠されていることに気づいていた。子どもの教育上の成果向上を目的としたわたしの研究は、スケーリングについての研究でもあったのだ。うまくいくときもあれば、うまくいかないときもあった。ウーバーのような会社、超速で事業を拡大し、70か国、1億人近い顧客にサービスを提供する会社で働けば、他でも応用できる新たな知見が得られるかもしれない。そう思った。

ウーバーの採用面接

ウーバーが膨大なデータをもっていることも知っていた。わたしのようなエコノミストにとって、ビッグデータはただの飯の種ではない。プロとしての遊び場だ。ウーバーは、顧客の自宅の色や、男女が後部座席のどちら側に座るか、乗客間の友人関係まで把握していると噂されていた。これらのデータにはスケーリングの秘訣が隠れていて、なかには私自身の学問研究に活かせるものがあるだろう。にわかに、ウーバーで働くというアイデアがそう突拍子もないことではない、と思えてきた。それに、わたしはチャレンジが好きだ。ウーバーの採用担当者からは、既に何人かのエコノミストを面接したが採用には至らなかった、あなたも採用される保証はない、と脅かされていた。ならば受けて立とう。こうして、わたしは面接を受けにシカゴからサンフランシスコに飛んだ。

当時、ウーバーのグローバル本部が入居していたマーケット・ストリート沿いの堅牢な建物のドアを潜り抜けエレベーターで上階に向かうと、慌ただしく会議室に通された。オフィスの柱に書かれているスローガンが目にとまった。「データこそ、わが社のDNA」データをこれほど尊重するのは、象牙の塔だけだと思っていた。わたしは天国に来たのだろうか。ここでは、間違いなく、わたしの言葉が話されている。このフロアにいるだけで、平均的な企業よりも科学的に物事が進められているのはすぐにわかった。

だが、面接が始まると、ホームに居る感覚はなくなった。

プレゼンテーションを始めると、部屋にいた5人の幹部のうちの1人が、ひっきりなしに口を挟む。Tシャツとジーンズの若造で、両側のこめかみに白髪が見え始めている。数分して、彼こそが39歳のウーバー創業者、トラヴィス・カラニックなのだと気づいた。

トラヴィスの印象は強烈で、これまで出会った誰よりも自信家だ。それもむべなるかな。自分のアイデア、そして何より自分自身の直観に自信がなければ、世界中の都市交通を一変させ、わずか7年でスタートアップ企業を売上高660億ドルの大艦隊に育てることなどできまい。たしかに彼には魅力がある。だが、念入りに準備してきたパワーポイントのスライドをなかなか先に進めさせてくれないのにはほとほと困った。

損失回避に関する別の研究について話していると、会議室の後ろからトラヴィスは1分おきに質問をしかけてくる。獲物にとびかかろうとするライオンのように。ちなみに損失回避とは、行動経済学者が好む概念で、損失が意思決定を左右する強力な動機になる理由を解き明かす。他のエコノミストが、面接を突破できなかった理由がわかってきた。

「それは腑に落ちない」。中国の工場でわたしが行なった実験について、トラヴィスはまた口を挟む。

わたしは彼の間違いを指摘し、その理由を説明した。クリックして次のスライドに移り、別の実験について説明し始めると、またもや遮られ、異議を唱える。わたしは再度、彼の見方がどうして間違っているかを説明した。こうして約45分にわたって、軽い押し問答が続いた。彼がジャブを繰り出し、わたしも応酬する。どちらもダウンしない。そうして、ようやく打ち止めになった。わたしは全員と握手して会議室を後にした。

「残念ながら時間の無駄だった」、ロビーに戻りながら、そう思っていた。

エレベーターに乗ろうとしたところで、会議室にいた幹部の1人が慌ただしく追いかけてきた。

「待ってください」。エレベーターを止めながら、幹部はこう言った。「おめでとうございます。あなたを採用したい」

ビジネスとアカデミック、二つのキャリア

ウーバーのチーフ・エコノミストとしての任期がほどなく始まった。こうして、まったく異なる二つの世界——経済学のフィールドワークでの長年のアカデミックなキャリアと、高速で進む21世紀のビジネスでの新たなキャリアが、わたしのなかで交わることになった。二つの世界が収斂したことで、わたしの理解は格段に深まった。データを活用して実社会でアイデアの実現可能性をどう評価するのか。さらに、そうしたアイデアをスケールアップし、飛躍的に多

くの人々に届けるにはどうすればいいのか。ウーバーは事実上、スケールの科学を研究するための新たなラボになったのだ。

シカゴハイツ幼児センターは素晴らしいアイデアだ。ウーバーもまた素晴らしいアイデアだ。他のさまざまな領域でも、素晴らしいアイデアは無数にある。だが、良いアイデア、あるいは素晴らしいアイデアが、完全に実を結ぶという法則はどこにもない。じつは、すべての素晴らしいアイデアに共通しているのは、成功する保証はない、ということだ。

医学上の画期的発見、消費財、技術革新、政府のプログラム、その他のどんな事業も例外なく、当初掲げた目標から広範な影響を及ぼすまでに至るには必要なことが一つある。「スケーラビリティ」、つまり、力強く持続可能な形で成長させ、拡大する能力だ。

簡潔に言えば、スケールがあって初めて世界を変えることができるのだ。

ボルテージ・エフェクト

「スケール」という言葉は、一般的になったが不正確で、定義が曖昧なまま意欲を表す言葉として多用されている。必要なのは、普遍的なベンチマークと、明確に定義した方法だ。スモールビジネスが軌道に乗り、拠点を増やす態勢が整うのはいつなのか。テック系のスタートアップは、製品や市場が適切かどうかをどうやって確認するのか。試験的な公衆衛生プロジェクトで、全国に導入してうまくいくと判断できる目安とはどのようなものなのか。草の根の改革運動は、いかにして全国的な運動に発展するのか。ある組織の文化がうまくいっていないのは、なぜなのか。そして何より、全力で夢の実現に向かう人には最も基本的なことだが、自分のアイデアをどうやって広めていけばいいのか。

わたしの研究――そして、この本でこれから述べていくことはすべて――広い意味でスケーリングに関するものだ。ビジネスの世界と政策の世界と、それらの中間の世界。どの領域でも、小さく始めて規模を拡大するのは、最大の難題だが最大のチャンスでもある。

経済学の分野での30年の経験は、わたしにユニークかつ科学に基づく視点をもたらしてくれた。この視点を活用すれば、先ほどの疑問に体系的に答えることができる。わたしが博士課程を修了した1990年代半ばは、社会科学で信頼性の革命が進行していたが、特に経済学でその動きが顕著だった。当時、経済学では、理論とコンピューターを駆使した計量モデル主体の研究が幅を利かせていたが、こうした研究では実社会の現象を説得的に説明できなかった。その主因は、提言の前提となるエビデンスが、恣意的な理論や相関性に基づいていて、実際の人間行動の因果関係データから導いた結論ではなかったからだ。そこに、わたしの専門であるフィールドワークが入る余地があった。

生身の人間の意思決定を研究

わたしが実験経済学に関心をもったのは、高校時代からの趣味である野球カードの売買がきっかけだ。1980年代後半以降、地域の野球カードのショーという、規模は小さいが、素晴らしいオタクの世界のミクロ経済学研究にのめり込んだ。活気あるこの市場を分析しているうちに、世界は自分の実験場だと思うようになり、さまざまな市場から熱心に科学的データを集めるようになった。実社会での生身の人間の意思決定を研究することで、因果関係について信頼できる結論に到達することができ、ひいては、人々とモチベーションについて理解を深めることができた。研究対象に限りはない。どうすれば市場は効率的に機能するか、といった専門的な問題から、人はなぜ差別するのか、といった深刻な社会課題まで扱った。

その後、さらに調査対象の人や集団を広げて、さまざまな行動に関する調査に着手した。この調査では、フロリダ中部からコスタリカ、アフリカ、アジアと世界各地をめぐってシカゴに戻った。調査結果は時に常識に反するもので、ジェンダーや寄付、モチベーションについて抱いていた想定が覆された。女性は男性にくらべて生まれながらに競争を好まないのではなく、競争嫌いは社会的に条件づけされたものだった。寄付事業では、寄付してくれた人を絶えずフォローする方法が一般的だが、お願いは1回限りだと約束すると、寄付者はそのときだけでなく寄付を継続してくれて、長期的に寄付金が集まることがわかった。モチベーションに関しては、将来の報酬を約束するよりも、既にある報酬を失う恐れのほうが、強い動機になることがあきらかになった。わたしはこの路線で研究を続けることに満足していたが、キャリアは思いがけない展開を見せる。2002年、ジョージ・W・ブッシュ政権からシニア・エコノミストへの就任を打診されたのだ。

個人としての政治信条や、ブッシュ大統領や政権がみずから招いた（まっとうな）批判はさておき、ブッシュ政権が正しいことをしながら、ほとんど評価されていないことの一つが、エビデンスに基づいた政策に力を入れたことだ、とわたしは考えている（言うまでもなく、大量破壊兵器にまつわる一連の出来事は別で、そこにはエビデンスがまったく欠けていた。わたしが起用されたのは、この醜悪な一件が起きるより前のことで、この件には一切関わっていないことを念のためお断りしておきたい）。ブッシュ政権は、意思決定を支援する研究を求めていた。振り返れば、科学と政府の関係にとって、これが分水嶺だったと思う。こうして、わたしは連邦政府の政策やプログラムの費用便益分析を柱とするチームの一員になった。わたしの仕事は、いくつかの領域にまたがっていた。コリン・パウエル国務長官、コンドリーザ・ライス大統領補佐官に国境管理の強化の経済学について助言したほか、当時、上院議員だったヒラリー・クリントンに協力してクリアスカイ法のオークションを設計した。

「スケール」がカギとなる

当時、完全に気づいていたわけではないが、こうしたさまざまな仕事をつないでいた糸は、「スケール」だった。つまり、最大多数の人々に最も効率的な形で、最大限のプラス効果を及ぼす政策をどのように設計するかがカギだったのだ。

政策立案は、往々にして情報がないなかで行なわれる。ある政策が提案されると、投票で賛否を問い、法制化される（されない）が、政策の影響――その政策を実社会に大々的に導入した場合の費用対効果はほとんど考慮されていない。不幸にして、こうした見落としが実社会に重大な結果をもたらす。一部の人たちだけが政策の恩恵を刈り取って格差が拡大する場合もあれば、費用が膨らんで予算不足に陥り、他の重要な施策やサービスを打ち切って穴埋めせざるをえない場合もある。

言うまでもないが、アイデアがスケーラブルか否かの評価を怠ることで不安な結果を招きかねないのは、政策立案や政府に限った話ではない。わたしが遭遇した実話を紹介しよう（名前は変えてある）。2000年代初頭、中西部の小さな校区は、幼稚園入園前に準備すべき教育の改善に取り組んでいた。長年の課題だが、あらゆる策を試しても効果がないと感じていた。校区の責任者で、意欲的な女性、グレタは途方にくれていた。新たに理事会に加わったメイソンは、早期教育の熱心な信奉者で、最近、他の校区で導入された新しいプログラムが目覚ましい成果をあげているとの報告書を読んだばかりだった。学者のピア・レビューも終えていて、いくつかの指標が大幅に向上していると述べられていた。その年度の最後の理事会で、例によって他の理事からは悲観的な声しか聞かれないなか、メイソンが希望あふれる提案をした。「これぞという策を見つけました。費用は抑えて絶大な効果があがる可能性があります」。理事会はメイソンの提案を即採用した。動きが早い。

その年の秋、この校区では、慎重を期して、新たなイニシアチブを「試験的」に導入した。素晴らしい新カリキュラムのメリットを、信頼できる形で校区の関係者に披露するつもりだ。グレタとメイソンは自信満々で、ことあるごとに、このイニシアチブを話題にし、ロータリークラブの会合でも取り上げた。メイソンはライオンズクラブの朝食会でこう自慢した。「生徒が大学に願書を出すまで、お待ちください。ハーバード第1号が誕生するのも遠い夢ではありません」。1年が経ち、イニシアチブの費用と便益に関するデータが出てきた。認知力と行動力の標準テストの結果を食い入るように眺めたグレタとメイソンは、大きなショックを受けた。困ったことに、このイニシアチブは（費用が便益を上回っていて）、費用対効果テストすらパスしておらず、万能策どころではなかった。言葉を失ったメイソンは、こう呟くのがやっとだった。「今回ばかりは、科学が通用しなかったようです」

ボルテージ・ドロップという問題

だが実際のところ、問題は科学ではなかった。ごく単純な話で、このイニシアチブはスケーラブルではなかったのだ。残念ながら、グレタとメイソンのような話は、至るところに転がっている。

製薬会社が有望な睡眠薬を開発したが、それは実験段階の話で、ランダム化比較試験では約束した効果は出なかったとか、小さな企業が北西部の太平洋側のある州で売り出した製品が好調だったので販路を拡大したが、東海岸ではあまり売れなかったとか、ベンチャーキャピタルが新たな食品宅配サービス・アプリに数百万ドルを投資したものの、ごく一部の人たちに注目され、クリック数を稼いだだけで終わった、といった類の話は枚挙にいとまがない。スケールアップできるかどうかは、政策や科学だけでなく、アイデアを実行して成功したい人にとって決定的に重要だ。アイデアとしては有望でも、スケールアップでつまずくのは、よくある話だ。

これらの事例は、すべて「ボルテージ・ドロップ（熱気の低下）」に関係している。ある事業が規模の拡大がうまくできず、プラスの効果が消滅する（「ボルテージ・ドロップ」とは、実践科学の文献に由来する用語で、エイミー・キルボーンらの研究に遡ることができる）。ボルテージ・ドロップが起きるのは、それまで人や組織を動かしてきた将来の芽がなくなり、結果、カネやハードワーク、時間が無駄になり、希望を打ち砕かれるときだ。そして、それらには驚くべき共通点がある。ソフトウェア開発から医学、教育まで分野を問わず研究の妥当性をモニターするために創設された事業「ストレート・トーク・オン・エビデンス」によれば、施策や事業の50％から90％は、規模の拡大に伴ってボルテージが低下しているという。

失敗するアイデア、世界を変えるアイデア

本書は、スケールアップの科学をテーマにしている。失敗するアイデアがある一方で、世界を変えるアイデアがあるのはなぜなのか。アイデアの成功の確率を最大化するにはどうすればいいのか。成功と失敗は、運の問題ではない。アイデアが失敗するのか、成功するのかには理屈がある。アイデアにはスケーラブルだと予想できるものもあれば、スケーラブルでないと予想できるものもある。スケーラブルだと見込めるアイデアを選んでスケールアップを図ったほうが、間違いなく幸運だし、効果をあげられるはずだ。

スケーラブルなアイデアは、なんらかの「万能な」特徴があり、「見逃せない」魅力を備えているとの見方が一般的だが、こうした考え方は根本的に間違っている。規模を拡大してうまくいく可能性のあるアイデアと、そうでないアイデアを峻別する特別な決め手はない。だが、スケーラブルなアイデアに備わっている特徴が五つある。わたしは、この主な特徴を「五つのバイタル・サイン」と呼んでいる。そう呼ぶ理由は、スケールアップを図る前に、アイデアが生きているかどうかを見極める必要があるからだ。わたしはそうした五つのバイタル・サイン

を特定した。どれか一つでも欠ければ、どんな才人であっても、アイデアをスケールアップすることはできない。ボルテージ・ドロップと無縁の事業はない。ウーバーのように成功している企業も、アメリカ政府も（どの国の政府も）、グレタやメイソンのように意欲的な関係者も、どこか他所でうまくいったことは、どこでもうまくいくと思い込む間違いを犯す。その結果は重大な損失につながりかねない。だからこそ、最初に立ち上げるときから、また成功した後でもボルテージ・ドロップに対して守りを固めておくことが重要なのだ。

だが、本書は、ボルテージの低下や、規模拡大につれてのボルテージ低下をいかに防ぐか、だけを扱うわけではない。ボルテージ・エフェクトはどちらの方向にもはたらく。そのため、規模拡大とともにボルテージをあげる定評のある手法についても取り上げる。規模を拡大しても効果を維持するばかりか、何倍もの効果を発揮できるインセンティブのタイプ、文化的特徴、経済原理を見ていこう。最終的には、悪いアイデアを取り除き、良いアイデアをスケールアップして、最大の効果を発揮したいと願う人たちにとって、具体的で段階を追ったガイドを提供することを目指している。

これがわたしにとっていかに重要か、その理由は言うまでもない。シカゴハイツ幼児センターをはじめ、同様のイニシアチブがボルテージのテストをパスし、最大規模で劇的な変化をもたらすことを願っている。革新的なビジネスが成功して、生活が良くなり、経済が強くなることを願っている。政府の政策やプログラムが、すべての人々に平等に恩恵をもたらし、納税者の負担が減ることを願っている。素晴らしいアイデアを実現し、スケールアップできれば、誰もが勝者になれる。

本書で示すスケーリングに関するエビデンスに基づく知見は、21世紀に全員が一丸で切り拓いている新たな領域の一部であり、調査の質問、事業実験、世界の精鋭が解決を目指している喫緊の課題が共鳴した成果と言える。さらに、これから読んでいただくボルテージの獲得と喪失に関する教訓は、全人類が生きている歴史的瞬間、ビッグデータの時代を反映した成果でもある。こうしたデータをどう集めて使うかはわれわれ次第だが、はっきりしていることが一つある。事実上、あらゆるタイプの人間行動について収集できる膨大な量のデータは、それを分析するコンピューターの性能と相まって、なんらかの取り組みのスケールアップを目指す人たちに、貴重な知見をもたらしてくれるのだ。

ビッグデータは一大チャンス

ビッグデータを深掘りすると不協和音が生まれると考える人が多いのは、理解できなくはない。プライバシーを侵害されたように感じる。特に政府や企業が市民や顧客のデータを使って何をするのか、データの利用目的については深刻な懸念がある。一方で、ビッグデータというイノベーションは、人類にとって一大チャンスでもある。たとえば、世界中の人々の死因のデータに基づく知見によって、公衆衛生上の政策介入をスケールアップすることができ、それにより数百万と言わず数十億の人々の健康が増進し、寿命が延びている。環境関連では、家庭や企業レベルで省エネの取り組みのスケールアップにビッグデータが役立てられている。ビッグデータは寝室にまで及ぶ。たとえば、アメリカ人女性の約10％が不妊に悩んでいるが、生物学上、妊娠に最適な時期を知るのに最も効果的な方法は、排卵日を知ることだ。現在ではわざわざ費用をかけて不妊治療に通わなくても、ビッグデータを活用して、決定的に重要な懐妊の兆候を把握し、必要なデータを女性に提供することで妊娠を手助けしている。

とはいえ、ほとんどの人や組織は、データが手元に来るのをただ待っている。何であれ既に存在するデータを利用しているだけだ。世界を自分のラボとしてフィールド実験を行なってきたわたしとしては、みずから外に出て、データを収集することを好む。教育委員会やフォーチュン500企業、政府、非営利団体、スタートアップ企業らと協力して、データの背後の「なぜ」を探ろうとする。一定の条件下で寄付をする人がいる一方で、寄付しない人がいるのはなぜか。貧困地区でうまくいっている学校と、そうでない学校があるのはなぜか。規模を拡大してもうまくいくアイデアがある一方で、当初は有望に思えたアイデアが失敗するのはなぜか。ボルテージの上昇と下落を見極めるだけでなく、そうしたことが起きる理由を理解するためのデータを集めることによって、世界を変えることができる。

本書で学んでもらう一連の戦略は、ビッグデータと、わたしの研究とキャリアを決定づけた経済学の考え方が結びついて生まれたものだ。本書は、政策立案者に対して、エビデンス・ベースの政策から政策ベースのエビデンスに関心を移すよう求める。起業家にとっては、本書が示す一連の科学的な原則は、どのアイデアがスケール化で成功する可能性が高いかについて見極め、意思決定するうえで指針となるだろう。

生きたラボ

人は誰しも他者と共有したくなるような知識や知恵を生活のなかで獲得しているものだ。本書は、わたしが経済学者として30年間に獲得した知見を、できるだけ多くの人と共有するささやかな試みだと思ってもらえばいい。こうした教訓の核心部分は、挑戦から生まれている。サンフランシスコのウーバー本社からほど近いマーケット・ストリートのカフェで、妻のダナ・サスキンドから、わたしの過去の経験や過去の学術研究をベースにスケーリングの科学をつくったらどうか、とけしかけられた。挑戦は受けて立とう。だが、成功するには、良きパートナーが必要だ。わたしはダナと、博士課程の元教え子で、何度も共著を書いているオマール・アル-ウバイドリを選んだ。この数年は、スケーリングの科学の学術論文を書いてきたが、論文は膨大な数式、ギリシャ文字の記号、曖昧な専門用語のオンパレードだ。そこで本書では、この新たな知見をどんな場所でも実践できる形にかみ砕いた。学校、取締役会、非営利団体のオフィスからリサーチラボ、ホワイトハウスでも、自宅でも実践できる。要するに、本書が対象にするのは、自分のアイデアや事業の成功確率を高めたい、すべての人だ。

本書の構成

本書は2部に分かれている。第1部では、スケーリングの定義が定まっていないことを示す。ボルテージ低下を引き起こし、アイデアの離陸を妨げる五つのバイタル・サイン――五つの重要な兆候をあきらかにする。第1は偽陽性、思い込みだ。そもそもボルテージはないが、あるかのように見えるケースがある。第2は過大評価だ。自分のアイデアがどれだけ支持を集められるかを過大評価してしまう。これは往々にして、アイデアに耳を傾けてくれる対象者をしっかり把握していないか、アイデアを試すために集めた人々を一般市民の代表だと勘違いしたために、アイデアを広げたときに対象者が足りなくなる状況だ。第3は状況認識で、当初の成功が、拡張できない要素、つまり大規模に再現できない特殊な状況に依存しているかどうかを評価できていない問題だ。第4はスピルオーバーで、アイデアの実行が予期せぬ結果、スピルオーバーを引き起こした場合、おなじアイデアに対して反発が起きる。第5は、スケーリングの「サプライサイド経済学」だ。たとえば、アイデアを大規模に実行し続けるとコストがかかり過ぎるといった問題だ。この「五つのバイタル・サイン」のハードルをクリアすれば、スケーラブルなアイデアかどうかがわかる。

第2部では、最大効果のスケーリングに必要なプラクティスを導入することで、いかにボルテージを高めるかについて論じる。大規模にポジティブな結果をもたらす実証済みの効果的な手法を四つ取り上げる。損失回避原理など、行動経済学のインセンティブを活用する。手っ取り早く成果をあげる。見過ごされがちな機会を活かす。長い目で見て勝つために、撤退すべき時を知る。そして、規模を拡大しても持続可能なハイ・ボルテージ文化を設計する。

途中では、ボルテージ・エフェクトの教訓がよくわかる実例を詳しく見ていこう。遺伝子調査セラノスの創業者、エリザベス・ホームズがいかに投資家を欺き、一般大衆を騙したのか。人気シェフで起業家のジェイミー・オリヴァーの帝国が崩壊したのはなぜか。自動車の安全性向上を目指す、優れた意図をもったキャンペーンが、クリティカルマスに達した後、逆効果に転じたのはなぜなのか。読者は新たな視点を得るだろう。わたしがインセンティブの設計に携わり、ヴァージン・アトランティック航空が数百万ドルを節減し、ドミニカ共和国政府が税収を1億ドル増やした行動経済学の知恵（ナッジ）についてもお伝えしよう。また、ウーバーに在籍した際の逸話を紹介し、わたしの目から見た創業者のトラヴィス・カラニックの没落を描き、スケーラブルな文化を構築するために、そこからどんな教訓が引き出せるかを考える。さらに、わたしがどのような経緯でウーバーのライバルのリフトに移り、同社のチーフ・エコノミストとしてデータに基づいた新たな知見を得たのかについても語っている。これらの話は、ラボで展開されたものではない。世の中を生きたラボとして、スケーリングの科学が発現したものだ。

21世紀にわれわれが個人として、あるいはグローバル・コミュニティとして直面している課題は、人類がこれまで対峙してきたなかで最も陰鬱で手強い問題だ。それゆえ、手遅れになる前に問題を解決するには、広く通用するイノベーションが不可欠だ。創業者、幹部、役人、研究者、不安を抱く一般市民、そして親。人は誰しも自分自身のコミュニティ、会社、家族、社会全体でプラスの変化を大規模に引き起こすことができるアイデアをもっている。

さあ、ボルテージを上げよう。

目次

第1部 アイデア実現のためのチェックリスト

第1章 偽陽性や詐欺ではないか

チェックリスト①

第2章

対象者を過大評価していないか

チェックリスト②

第5章

コストがかかりすぎないか

チェックリスト⑤

第7章

方法②「限界革命」を導入する

結論

スケールアップするか、しないか

第1部

アイデア実現のためのチェックリスト

第1章

チェックリスト①
偽陽性や詐欺ではないか

1986年9月14日、ファーストレディのナンシー・レーガンは、ホワイトハウスのウエストシッティングホールから、全米向けのテレビ放送を行なった。夫のロナルド・レーガン大統領の隣に腰かけた夫人は、カメラを見据えてこう語りかけた。「現在、わが国では薬物やアルコールの乱用が蔓延しており、誰もが危険にさらされています。あなたも、わたしも安全ではありません。子どもたちは、尚のこと安全ではありません」

ファーストレディはそれまで5年間、全米各地に赴いて、アメリカの子どもたちに薬物乱用の危険性を訴えてきたが、この放送は活動の集大成だった。レーガン大統領の薬物戦争で、夫人は予防的側面を担う公の顔になっていた。メッセージの要となるキャッチフレーズは、いまだに大勢の人々に記憶されている。そのフレーズを夫人はこの夜の放送でも使った。「先頃、カリフォルニア州オークランドで、ドラッグを差し出されたらどうすればいいかと子どもたちに聞かれました。わたしはこう答えました。『Just say no（ただ、ノーと言おう）』」

評判のよろしくない、このスローガンの発案者については、学術機関や広告代理店、夫人自身など諸説あるが、マーケティング用語でいう「粘着性」については否定しようがない。このスローガンは、看板、ポピュラーソング、テレビ番組、学校のクラブの名前など、至るところで使われた。一般人にとって、このスローガンのイメージは、政府や警察当局がレーガン時代の薬物乱用防止キャンペーンの目玉と位置づける「薬物乱用防止教育（D.A.R.E.）」と切っても切り離せない。

1983年、ロサンゼルスの警察署長ダリル・ゲイツは、薬物戦争に対する署の方針転換を発表した。未成年を違法物の所持で罰するのではなく、そもそも彼らの手に薬物が渡るのを未然に防ぐことに重点をおく。こうして、黒い背景に赤い文字で「Just Say No」と書いた「薬物乱用防止教育」を象徴するロゴが誕生した。

D.A.R.E.は、「社会的接種」と呼ばれる心理学の理論をもとに構築された教育プログラムだ。社会的接種理論とは、疫学のワクチン接種の概念――感染の誘導物質を少量投与して免疫を獲得する――という考え方を人間行動にあてはめたものだ。D.A.R.E.のプログラムでは、主に警察官を学校に派遣し、ロールプレイングなどの教育的手法を使って、子どもたちに薬物の誘惑への耐性をつける、という方法をとる。たしかにアイデアとしてはよくできているし、当初の結果は心強いものだった。これを受けて政府は予算拡大を決定し、ほどなくプログラムは全米の中学・高校に導入された。その後の24年間にD.A.R.E.のプログラムを履修した子どもたちは、40か国以上の4300万人にのぼる。

ただ一つ問題があった。実際には、D.A.R.E.はうまくいっていなかったのだ。

ナンシー・レーガンが全米の子どもたちに、薬物には「ただノーと言おう」と呼びかけて以来数十年が経つが、D.A.R.E.が子どもたちを説得しきれなかったことを示す調査研究が数多く積み上がっている。D.A.R.E.では、マリファナやアルコールなど薬物に関する膨大な情報を子どもたちに与えたが、それらを使用する機会を目の前にした場合、統計上、使用率が有意に下がることはなかった。ある調査では、研修を受けたことで薬物に対する好奇心がかえって刺激され、試しに使ってみる確率が高まったことが示されている。

D.A.R.E.の規模拡大に伴うボルテージ低下のコストについては、強調し過ぎることはないだろう。長年にわたり多くの教師や警官が膨大な時間を費やして、国の宝である将来世代のウェルビーイング（心身の幸福・健康）に深く関与したが、基本的な前提が間違っていたために、規模の拡大に伴って壮大な無駄が発生したのだ。税金が無駄になったのは言うまでもない。もっと悪いのは、実際に成果を出したかもしれない他のイニシアチブから、支援や予算を奪ってしまったことだ。D.A.R.E.が悲惨な結果になったのはなぜか。その理由は、アイデアや事業のスケールアップを願う人が誰しも避けなければならない典型的な第1の落とし穴――「偽陽性」にあった。

偽陽性についての真実

第1に、偽陽性は、「嘘」あるいは「偽のアラーム」と捉えられる。ごく基本的なレベルで言えば、エビデンスまたはデータのごく一部を、何かが正しいことの証拠だと誤って解釈するときに偽陽性が発生する。たとえば、ヘッドセットを製造する中国のハイテク工場で、正常に作動する1台のヘッドセットを、人為的ミスで不良品とマークすれば、それは偽陽性だ。陪審員に召喚されて、無実の被疑者を有罪だと評定すれば、それは偽陽性になる。偽陽性は医学でも見られる。新型コロナのパンデミックで注目を集めたが、一部の検査の結果は信頼性が低く、実際には感染していない人が陽性と診断されたことが判明している。残念ながら、偽陽性はさまざまな場面でよく見られる現象だ。2005年の調査では、侵入盗の警報機の94%から99%は誤作動で、警察への通報の10%から20%が間違いであることがあきらかになっている。

D.A.R.E.のケースを見てみよう。ハワイ州ホノルルの子ども1777人を対象にした国立司法省研究所の1985年の評価では「プログラムの防止効果を支持する」エビデンスが見つかったとされた。その直後にほぼ同数の学生を対象にロサンゼルスで実施された調査では、薬物使用の削減につながったと結論づけられた。こうした調査の強い結果を受けて、学校、警察、連邦政府は、D.A.R.E.を全米に拡大することに「ただイエスと言った」。だが、その後10年にわたり、D.A.R.E.に関する先行研究やデータを検証した科学分析では、実際には有意な効果はなかったことを示す明白な証拠が多数示されている。一体、何が起きたのか。

単純な答えはこうだ。データが「嘘をつく」のは珍しいことではない。たとえばホノルルの調査では、リサーチャーはデータが偽陽性を示す確率を2%と見込んでいた。残念ながら、その後の調査は、この確率が過小であったか、単純に2%に入っていたことを示しているのだろう。D.A.R.E.にはボルテージがまったくなかった。

こうした事態が、科学の殿堂でなぜ起こりうるのか。まず、はっきりさせておきたい点がある。わたしがデータは「嘘をつく」と言うとき、実際に指しているのは「統計上のエラー」だ。たとえば、ある属性集団（たとえばホノルルに在住の子ども）の例を引く場合、その集団内のランダムな差異から「外れ値」が生まれ、間違った結論が導かれる可能性がある。ホノルルで調査した属性集団で別のグループを対象に検証していれば、うまくいかないことがわかったかもしれない。（関連する一種の推論の問題として、ある集団の結果を一般化して他の集団に適用することはできない、という問題がある。これについては、第2章で取り上げよう）。残念ながら、こうした類の統計上のエラーは頻繁に起きている。

クライスラー社員への健康増進プログラム

D.A.R.E.の例でわかるとおり、偽陽性のコストはきわめて高くなりうる。誤った情報をもとに下された決定の影響は下流に及ぶ。他のもっと良いプロジェクトに投じられたはずの時間とカネが無駄になる。特に早期の「嘘」あるいはエラーが見逃され、そもそもうまくいくはずのない事業をスケールアップすれば、ボルテージ・ドロップは避けられない。真実はいずれあきらかになる。D.A.R.E.の場合は、この活動に批判的な人たちが、プログラムがうまくいっていないことを示す圧倒的な実証的証拠を示したことで真実があらわになった。わたしは企業のコンサルティングを通して、ビジネスの世界で偽陽性を目の当たりにしたことがある。

2006年、クライスラーの最高経営責任者（CEO）に任命されたトーマス・ラソーダは、会社を破綻の危機から救うため奔走していた。そんな彼が、利益を増やすためのアイデアを求めて、わたしとシカゴ大学の2人の同僚、スティーヴン・レヴィットとチャド・サイバーソンにコンタクトをとってきた。そこでラソーダははじめ4人の幹部をシカゴに招くことにした。会議から生まれたアイデアの一つが、健康増進プログラムの導入だ。市場シェア獲得にしのぎを削り、苦戦している自動車メーカーに勧めるアイデアとしては奇抜に思えるかもしれない。だが、最終損益を改善する方法は、売り上げに関することばかりではない。

クライスラーは欠勤問題を抱えていた。病気で欠勤する従業員の代わりに組み立てラインに立つ「ブルペン」要員を確保するため、多額の資金を投じていた。世界最大級の自動車メーカーにとってはたいしたコストではないと思えるかもしれないが、実際の欠勤率は約10％で、ブルペン要員の賃金に充てられるコストは年間数百万ドルにのぼっていた。また同社のスターリング・ハイツ工場の不良率を調べたところ、欠勤率が５％下がった３年間は、不良品が月間で約５００点（！）も減っていたことがわかった。クライスラーは、欠勤問題以外にも、多額の医療費負担と「プレゼンティーズム」（不調でも出社してパフォーマンスが発揮できない従業員）にも悩まされていた。調査の結果から、従業員の健康増進プログラムが、こうした複雑な課題の解決につながるのではないかと見られた。ＣＥＯのラソーダは行動経済学の原理に基づいたプログラムの導入が助けになるはずだと考え、わたしもそう期待した。

そこで、クライスラーの従業員の健康と生産性に関するプログラムとサービスを請け負っていたステイウェル・ヘルス・マネジメントと共同で試験的に介入実験を行なうことで合意した。7か月にわたるプログラムは、「ニュー・ヘルシー・ライフ」と名づけられた。クライスラーには31の工場があるが、まずは一つの工場で、金銭的なインセンティブを使って（金銭を支払って）従業員に健康増進活動に参加してもらった。当初の結果は有望に見えた。さまざまな健康的な行動を取り入れた参加者は、参加しなかった者にくらべて、医療費は少なく、欠勤も少なかった。この実験では、ごく短期間で多額のコストを節減できたように見えた。ＣＥＯは結果に感激し、プログラムを残りの30工場にも広げる予算を手当てしようとした。

クライスラー全工場で実施する前にすべきこと

だが、われわれは、結果には満足したものの、もっと慎重だった。長年、フィールドワークを行ない、他の研究者の調査をレビューするなかで偽陽性も経験してきた。そのため、このエビデンスはあくまで1工場の一つの従業員グループのサンプル結果に過ぎないので、全工場に広げる前にもう一つパイロット調査を実施すべきだ、と訴えた。会社側は同意し、おなじ工場の別の従業員グループを対象に、おなじプログラムを試すことにした。その結果は、初回ほど心躍るものではなかった。クライスラーにとって重要なすべての主要指標――欠勤、プレゼンティーズム、医療費など――でプログラムに参加した従業員は、参加しなかった従業員より良い結果を出したわけではなかった。やはり初回の結果は、統計上のまぐれ――偽陽性だったようだ。

言い換えれば、最初のデータは嘘をついていたようなのだ。

念のため、さらに別の2工場で、2度にわたってプログラムを実施したが、たいした成果は見られなかった。この健康増進プログラムは、当初の実験データで示唆されたほど効果的ではなかったのだ。当然ながらCEOは落胆した。ただ、会社が予算をつけて31の工場全体にプログラムを広げていたら、もっと落胆することになっただろう。早い段階で偽陽性を把握したことで、別のプログラムを開発でき、最終的には成果をあげることができた。

サンプルはあくまで一つのサンプルに過ぎない

この一連のエピソードは、強烈な教訓を残してくれた。サンプル調査を実施する際には、あくまで一つのサンプルに過ぎないと認識しておかねばならない。サンプルは必ずしも全対象者を代表しているわけではない。サンプルから得られた結果は、全対象者にあてはまらない場合もある。クライスラーのケースでは、最初のパイロット調査に参加した従業員は、その工場の全従業員を代表しているわけではなく、ましてや他のすべての工場を代表しているわけではなかった。そのため、初期のデータがしっかりしているように見えても、全体の真実を物語っていたわけではなかったのだ。

入念に設計した調査研究ですら統計上のエラーのような偽陽性が起こりうるという事実には、心穏やかではいられない。わたし自身も含めて、科学が真実の砦だと考えている研究者にとっては特にそうだ。だが、ウィンストン・チャーチルがかつて民主主義について語った言葉を思い出してもらいたい。「民主主義は最悪の政治形態だ。これまでに試みられてきた他のあらゆる形態を除いては」。おなじように科学的な手法は、貴重なアイデアを検証し、磨いていくうえで、「最もましな」方法なのだ。そして、この章の後半で見ていくように、データに潜むある種の地雷、アイデアのスケールアップを阻む地雷を避ける方策はある。

ただ、統計上のエラーは、多くの領域にはびこる偽陽性の一因に過ぎない。もう一つの原因が、人間のマインドに潜むバイアスである。

確証バイアス、バンドワゴン効果、勝者の呪い

１９７４年、心理学者のダニエル・カーネマンとエイモス・トヴェルスキーは、「不確実性下の意思決定――ヒューリスティックスとバイアス」と題する論文を発表した。いいアイデアもブランディングが悪ければ流行らないという主張に対する反証が必要なら、この論文こそ相応しい。学術向けのタイトルは冴えないが、カーネマンとトヴェルスキーは、この論文の発表で、事実上、認知バイアスの研究という新たな分野を切り拓いた。２人は、一連の創造的な実験を通して、人間を合理的意思決定から遠ざける、判断上の隠れた弱点をあきらかにした。

確証バイアス

認知バイアスは、計算上のエラーや誤情報に起因する他のエラーとは異なる。誤情報に起因する間違いなら、単に正確な情報を提供すれば是正されるが、認知バイアスは、脳に「埋め込まれていて」、変えたり、修正したりするのは容易ではない。というのも、正確な情報を与えても、誤って解釈するのが問題だからだ。カーネマンとトヴェルスキーらの共同研究の成果は

いくつもの書籍にまとめられている。たとえば、カーネマンの『ファスト&スロー――あなたの意思はどのように決まるか（上・下）』、ダン・アリエリーの『予想どおりに不合理――行動経済学が明かす「あなたがそれを選ぶわけ」』、マイケル・ルイスの『かくて行動経済学は生まれり』。そして、彼らが研究した認知バイアスの一部は、文化的な語彙にもなっている。その一つが、いわゆる「確証バイアス」だ。この概念は、罪はないが避けられるはずの偽陽性が、頻繁に起きるのはなぜかを説明するのに役立つ。

ごく基本的な意味での確証バイアスは、自分の思い込みに反する可能性から目を逸らさせ、それまで身につけた既存の信念体系に合致する情報を収集し、解釈し、思い出させる。人間の思考に、こうしたトラップドア（落し戸）があるのは、個人の脳には、それまでに獲得した情報、社会的文脈、歴史が大量に蓄積されていて、それらが新たに入ってきた情報に意味を投影するからだ。脳の処理能力には限界があるので、近道をして、ほぼ直観に近い素早い判断を下す。こうした脳の近道の一つは、自分の期待や想定に合わない情報をふるいにかけたり、無視したりする。脳に既にある情報と矛盾する新たな情報と折り合いをつけるのはより多くのエネルギーを必要とするため、人間の脳は近道を好む、と科学は教えている。

こうした傾向は、われわれ自身の興味とは対立するように見えるが、種としてのダーウィンの歴史を見ると、確証バイアスは完全に理屈が通っている。人間の脳は、不確実性を減らし、反応を合理化する方向に進化してきた。人類の祖先にとって、影は略奪者を意味していたかもしれない。影＝略奪者だと思って逃げ出せば助かったのに、立ち止まって情報を集め、影についてじっくり考えたりしていたら餌食になっていたかもしれない。

確証バイアスは、遠い昔の祖先に有用だったし、特定のシナリオのもとでは今でも役に立つ。だが、スケールアップに向けて革新的なアイデアを検証するなど、深い分析と慎重な運用を要する事業では厄介なものになる。確証バイアスは、イノベーションと質の高い仕事を支えるクリエイティビティやクリティカル・シンキングの邪魔になる。医者は確証バイアスのせいで、おざなりな診断をして処置を誤る。政治家、産業界のリーダー、行政当局、投資家は、見当違いのイニシアチブや事業に多大なリソースを注ぎ込む。そして、ビジネスにせよ学問にせよ、情報を解釈する際に、確証バイアスが偽陽性を生み出す。

イギリスの心理学者、ピーター・ウェイソンの１９６０年代の古典「ウェイソン選択課題」を見れば、確証バイアスとはどんなものかがよくわかる。被験者には三つの数字を与え、それらの数字にどんな法則が成り立つかを考えてもらう。たとえば、２、４、６の数字を与えると、ふつう偶数であると仮説を立てる。次に、連続した他の数字を見せて、それらの数字がその仮説にあてはまっているかどうかを尋ねる。このプロセスを通じて、被験者は自分の仮説の正しさを検証する課題を与えられているわけだ。被験者は何度か修正を重ね、法則を発見したと思い込む。だが、じつはそれは間違っている。法則はもっと単純で、「ただ数が増えていく」だけだったのだ。

この研究（そして、同様の多くの研究）で最も興味深い点はこうだ。ほぼすべての被験者は、自分の仮説に合致する数字の並びしかテストしなかった。自分の仮説に反するような、数字の並びを試した人はほとんどいなかったのだ。ウェイソンの実験でわかるのは、知的水準に関係なく、ほとんどの人は、自分の仮説を批判的に検証することができない。むしろ、簡便なヒューリスティックス（発見的手法）や脳の近道を使った「ファスト・シンキング」で、仮説を確認するだけなのだ。

バンドワゴン・バイアス

偽陽性を生み出すクセのある、脳のもう一つの近道が、「バンドワゴン・バイアス」だ。「ハーディング（群れ）」や「カスケード」としても知られるバンドワゴン効果は、思考プロセスが社会的影響を受けることに由来する。確証バイアスと同様、バンドワゴン・バイアスによって、情報を正確に思い出したり、評価したりすることが妨げられる。ただ、バンドワゴン・バイアスの場合は、無意識のうちに他者の見方や行動――意思決定の社会的側面に引きずられている。今ではよく知られているが、1951年に社会心理学の先駆者、ソロモン・アッシュが新たに開発したラボ実験は、こうした集団思考（グループ・シンク）を理解するのに役立つ。アッシュは学生に視覚能力実験に参加してもらった。学生たちは、被験者とおぼしき人たち数人と合流する。じつは彼らは被験者を装った研究者で、誘導員として参加している。

教室の全員に、長さがばらばらの線が3本描かれた1枚の絵を見せる。このうち1本は、他の2本よりもあきらかに長い。各自に一番長いのはどれか、声に出して答えてもらう。最初に誘導員全員が間違った線を答えると、平均で被験者の3分の1以上が間違った答えをした。実験を12回繰り返した結果、75%の被験者が、少なくとも1回はあきらかに間違った答えをした。これに対して、バンドワゴンに飛び乗るようけしかける誘導員が参加しなかった場合は、ほぼすべての被験者が正しい答えを選択した。人間の独立した判断は、「集団に合わせたい」とか「集団の一員でありたい」といった願望に、もろくも屈してしまうものなのだ。こうした結果は、自分は個人として何者にも縛られず、自由にものを考えているという自画像思い込みを揺るがすものだが、スケーリングの科学にも影響を及ぼす。

バンドワゴン効果

大量の商品需要をつくり出すのが仕事のマーケッターの目でバンドワゴン効果を見ると、こうした人間のマインドのクセは逆にありがたい。多くの人の思考や行動を動かす、みなと同じでいたいという欲求は、カネに変えることができるのだ。実際、バンドワゴン効果が消費者選択に及ぼす多大な影響をあきらかにした調査は山のようにある。毎年、違った色や形の洋服が流行するのは不思議ではないだろうか。くすぐりエルモのぬいぐるみもよく流行った。好きなスポーツチームがあれば、そのユニフォームを購入する。アメリカでよく売れるバスケットボールのジャージは、毎年、ＮＢＡの決勝に進出したチームのスタープレーヤーのものと決まっている。社会的伝染とも呼ばれるバンドワゴン効果は、支持政党や選挙結果にすら影響を及ぼす。人々をある選択に誘導する目的で雇われたマーケッターやストラテジストにとっては結構なことだが、イノベーションを起こして社会を良くしようという人にとっては、バンドワゴン効果は偽陽性を生み出し、見当違いのアイデアをスケールアップしかねないという意味で厄介だ。

バンドワゴン・バイアスは、規模の拡大に伴いボルテージの低下を招きかねない。チーム全員に思い思いに考えてもらうのではなく、アイデアの選択をごく少数の個人に委ねてしまうからだ。私自身の経験で言えば、ＰＴＡの会合であれ、ホワイトハウスの会議であれ、企業の取締役会であれ、ほぼ毎回、まったくおなじ光景が繰り広げられる。リード役はたいてい出席者のうち最も情熱的で意思の強い人物で、真っ先によく通る声で口火を切り、会議を仕切り、その後の会話を支配し、全員の意見や意思決定に明に暗に影響を与える。人は自分の昇進や昇給の決定権を握る人物に意見を合わせる傾向があるものだが、バンドワゴン・バイアスでは、合意形成に必ずしも力関係は必要ない。パワーはいつでも、最初に自分の意見を表明した人間に移る。そのため、信頼される人物や有力者（必ずしも専門家である必要はなく、自分自身の思惑があるかもしれない）が、あるアイデアや政策介入を声高に主張すると、他の人たちがそれに飛びつく、といったことが起こりうる。こうしたケースでは、誠実な合意形成に思えるものが、じつは偽陽性で、その場にいた何人かは、同調しなくて済むなら反対したかもしれない。次の段階は投票だが、追加の調査もせずに、投票に移り、悪いアイデアのスケールアップに賛成票を投じるか、スケールアップを急ぎ過ぎるのはいかがなものか。これらは、リーダーが他者の意見にじっくり耳を傾け、暗に合意を迫ることが誠実な合意形成にはならないと理解し、バンドワゴン効果に注意を払っていれば避けられる問題だ。

思い出してもらいたいが、D.A.R.E.のケースでは、国立司法省研究所が1986年にプログラムに効果があると評価し、これが偽陽性だったわけだが、それが広く認知されるのは、プログラムを全米で広く導入した後だった。それまでにD.A.R.E.では、警察署長から教育者、地域のリーダー、ナンシー・レーガン（あきらかに専門家ではないが、大勢の人々に信頼されていた）に至るまで有力者のネットワークをつくりあげ、バンドワゴンができていた。彼らの「ただノーと言おう」キャンペーンは、ウイルスのごとく急速に広まった。さらに、この時点でD.A.R.E.は潤沢な資金を受け取っていた。潤沢な資金は、社会的なシグナリングの一種で、アイデアの芽がスケーラブルだと受け止められるのに役立つ。

ここで重要なのは、アイデアがいかにお粗末でも、有力な人物や組織によってお墨つきを与えられると伝染しやすい、ということだ。そして、いったんクリティカルマスがそのバンドワゴンに乗り込むと、確証バイアスがあるがために、考えが凝り固まり、それを変えるよう説得するのがかなりむずかしくなる。そのため、D.A.R.E.が欠陥のあるやり方を放棄するまでに何年もかかり、多額の資金が虚しく費やされてしまった。

こうした不幸なパターンは、教育や医学をはじめさまざまな分野のそこかしこに見受けられる。たとえば教育では、効果の乏しい流行りのカリキュラムが導入され、医療では効果の怪しい治療が広く受け入れられている。こうしたすべてのケースで、バンドワゴン・バイアスは、社会的、経済的な打撃を与えるばかりか、もっと効果があったかもしれない他のプログラムやアイデアから資金を奪ってしまう。数世代の人々から、うまくいった可能性のあるアイデアを奪うのだ。

勝者の呪い

スケーリングを妨げる隠れた行動バイアスとして、最後に「勝者の呪い」と「サンクコストの誤謬」を取り上げよう（「サンクコストの誤謬」については、第7章で詳しく検討する）。あなたはプライベート・エクイティ会社で、ある会社の買収を検討しているとしよう。他にも数社が入札合戦に参加している。最も高い買収額を提示した会社が勝者になり、提示額で買収する必要がある。確実にトップになるために、買収先の企業価値を上回る額で入札しようと思うだろうか。

わたしは大学の演習で、このシナリオのシミュレーションをしたことがある。ただし、入札するのは会社ではなく、壺いっぱいのコインだ。全員に入札額を書いてもらい、最高額の25ドルをつけていた勝者の名前を読み上げ、こう声をかけた。「エリ、おめでとう。25ドルで壺のコインは君のものだ。どんな気分だ」

「気分上々です」。エリはそう答えたが、全員で壺のなかのコインを数え、10ドル弱しか入っていないことがわかると、しゅんとしてしまった。

この演習を10年以上繰り返し行なってきたが、毎回、学生はエリとおなじように、かなり割高な価格で落札した。その理由はこうだ。全員があるものの価値を推量する場合、当然ながら見積もりが低過ぎる者と、高過ぎる者が出てくる。最も高い価格をつけた者が勝者となり、その額を支払わなければならないので、「勝者」がカネを失うのは確実なのだ。

これは、勝者の呪いの典型的な例で、競争入札シナリオではよくある話だ。有望なアプリの投資機会を確保したいベンチャーキャピタリスト、大化けしそうな脚本を物色するハリウッド・プロデューサー、バスキアの絵を落札したい収集家、イーベイで入札する一般人。これらは大きな現象のごく一部に過ぎない。価値が不透明な資産をめぐる競争では、入札の勝者は実際の価値以上を支払う（これは、アイデアを手に入れる場合でも、人材を採用する場合でもおなじだ）。

スケーラブルに見えるアイデアは、コインの壺に似ている。過大な支払いをしてアイデアを手に入れ、後になってそれがたいして良くなかったとわかったとしても、コストをかけたバイアスがあるため、事実を無視してアイデアを広めてしまう。敗者に投資したとは認めたくないのだ。だが、悪いアイデアに大金を投じたら、それで終わりというわけではない。損がかさむのだ。自分がそういう状況にあると自覚していて、それでも最高額で落札したことに満足できるとすれば、それは、そのアイデアを素晴らしくしてくれる秘密の情報源をもっているか、経済学用語の「比較優位」がある場合だけだ。たとえば、それは、アイデアのスケールアップに必要な特許権技術かもしれないし、大規模の運用に必要なリソースの所有権、あるいは、競争相手よりも素早くアイデアを具現化し、スケールアップに活用できる個人的な専門知識かもしれない。そうしたものをもっている場合のみ、真の勝者として、勝者の呪いを避けることができる。

統計上のエラーであれ、人間の判断のエラーであれ、あるアイデアが実際以上にスケールアップできると思い込むと、過大に投資し、サンクコストが発生する。幸い、こうした類の偽陽性から身を守る方法はある。なんと、その方法は、科学の歴史を変えた1杯の紅茶に由来する。

再現性の革命

1920年代初め、若くて聡明で頭の固い統計学者、ロナルド・フィッシャーは、ロンドンの北30マイルにある農業試験場、ロザムステッド農業試験場で働いていた。同僚の1人に藻類の研究を専門にする気鋭の生物学者、ムリエル・ブリストルがいた。ある日の午後のティータイム、フィッシャーが1杯の紅茶をブリストルに出したところ、飲みたくないと拒否された。

理由を尋ねると、フィッシャーが紅茶より先にミルクをカップに注いだからだという。ブリストルは、ミルクを後に入れたときの香りが好きだったのだ。

紅茶とミルクを入れる順番で香りに違いが出るという言いぐさを、フィッシャーは鼻で笑った。フィッシャーに言わせれば、科学的にまったく意味をなさない。順番がどうでも、最終的に出来上がった液体の分子構造は変わらないのだから。だが、ブリストルは、ミルクを先に入れたか後に入れたか、自分には違いがわかると言い張る。そこに、もう1人の同僚の化学者、ウィリアム・ローチが加わり、誰が正しいか3人で実験してみようと言い出した。これで舞台が整った。

実験はごく単純な方法で行なわれた。ブリストルが8杯の紅茶を試飲する。4杯はミルクを先に入れたもの、残りの4杯は紅茶を先に入れたものだ。ブリストルには順番を知らせない。ついに真実があきらかになる瞬間が訪れた。結果はどうだったか。

ブリストルは、8杯すべて正解した。

フィッシャーは驚愕した。ブリストルの正しさが証明されたのだ。イングランドの一流科学者ではなく、大いなる西部の銃使いなら、1発ぶちかましているところだろう。

だが、この出会いから生まれた科学の重要なブレークスルーは、紅茶とミルクとは何の関係もない（ただし、ミルクの滴の反応が異なり、ミルクを先に入れるか後に入れるかで、香りに微妙な違いが生まれることは後に証明された）。この実験から導かれ、受け継がれている教訓がある。フィッシャーは8杯の紅茶の実験を企画するなかで、科学実験には本物の科学があることを悟り、その研究に着手したのだ（じつは、話はこれで終わらない。語るに足る物語とはそういうものだが、ここにもラブストーリーがあった。ウィリアム・ローチとムリエル・ブリストルはめでたく結ばれた！）。

フィッシャーは1925年に『研究者のための統計的手法』を、10年後に『実験の計画法』を出版したが、いずれも画期的とされ、必読の教科書になった。フィッシャーが確立した実験設計の柱の一つが、「再現性」だ。実験を繰り返すことによって、結果の信頼性が増すとする考え方だ（これはまさに、フィッシャーが「淑女の紅茶テイスティング」実験で実践したことであり、実験は2杯ではなく8杯の紅茶で行なわれた）。より多くのデータを収集すれば、結果のばらつきの確率や統計上のエラーを減らすことができる。じつは、負けたのが余程悔しかったのか、フィッシャーは、ブリストルの正解がまぐれでないことを確認するには、もっと何杯も試飲させるべきだったと考えた。実験は回数を重ねれば重ねるほど、偽陽性が出る確率を下げることができると考えたのだ。

再現実験で必要なこと

だが、再現できたからといって、それ自体で偽陽性から守られるわけではない。再現性という概念をさらに進めて、結果の独立再現性を目指さなければならない。再現実験は、利害のない第三者あるいはチームによって行なわれなければならない。国立司法省研究所によるD.A.

R.E.の評価では、まさにこれが行なわれず、手遅れになった。一方、われわれがクライスラーのために創設した健康増進プログラムで実践したことは、独立再現性に近かった。隠れた偽陽性の結果に基づいてプログラムを全社に広げていたら、クライスラーは多くの損失を出し、もちろんわたしの信頼も地に落ちていただろう。このケースでは、独立再現なしでエラーを把握できていた。というのも、プログラムを全社に拡大してうまくいかなければ、われわれ自身の評判に傷がつくので、みずから疑ってかかる動機があったからだ。

研究やプログラム、製品のテストが成功した場合、効果的に再現するには、おなじ属性を対象に再度テストする必要がある。理想としては3回か4回、テストを繰り返しておなじ結果を得られれば自信がもてる。そうできないケースもあるが、大事なのは「急いて事をし損じる」のではなく、慎重に歩みを進めるべきだ、ということだ。そうでなければ、いずれ自滅することになるだろう。

この原則は、科学研究以外の領域にもあてはまる。じつは、日常生活でもおなじ基本原則を活用している。デートを考えてみよう。パーティで短い会話を交わした相手に惹かれ、デートをしたいと考える。だが、ちょっと待てよ。パーティで飲んだアルコールのせいで、楽しかったと勘違いしているだけではないのか。2、3回デートを重ねたら、相手の（あるいは自分自身の）口にするジョークや逸話が、つまらなく聞こえるかもしれない。見極める方法が一つある。ほんとうの相性を見るには、相手と過ごす時間を増やすに限る。新しいレストラン、新作のアプリ、新しい趣味を試す場合もおなじだ。1回の良い体験は偽陽性かもしれないが、それが3回、4回と重なればデータとして信頼できることを人は直観的に知っている。言い換えれば、再現性は人間行動に織り込まれているのだ。

デートよりも利害が大きい実生活でのシナリオを考えてみよう。病院で胸のレントゲンを撮り、左肺の上葉部に癌らしき腫瘍が見つかる。これはマズイ。このときの選択肢は、肺を取るか、別の循環器医に見せるかだ。生体検査をして、大手術をすべきかどうかセカンドオピニオンを仰ぐ。この「再現」で、腫瘍は良性で問題なく、肺癌という診断は偽陽性だったとわかるかもしれない。

健康に関わる問題なら、セカンドオピニオンと言わず、3人でも4人でも意見を求めたほうがいいと言う人がいても不思議ではない。大袈裟に聞こえるなら、2016年にジョンズ・ホプキンス大学が行なった驚きの調査結果を見るといい。この調査によれば、毎年、25万人以上のアメリカ人が医療ミスで亡くなっていて、医療ミスは心臓病、癌に次ぐ、第3位(!)の死因になっている。

一般に、医療の世界よりもビジネスの世界のほうが偽陽性を見つけやすい。製品や機能を特定の顧客グループで試してみるといい。たとえばライドシェアのリフトでは、新たな機能を試したいと思えば、単純にアプリにその機能を追加して、まずは二つから三つの市場でユーザーに利用してもらう。これで十分なデータが集まり、われわれチームが分析して新機能を全体に広げるべきか否かの判断材料にする。

「再現性の危機」問題

だが、科学研究と公共政策が交わる領域では、こうしたデータ収集が一筋縄ではいかない。独立再現実験のための予算が確保できず、評価に時間がかかるからだ。数年前、フロリダ州の子どもを対象にした学力向上プログラム「共同戦略リーディング」の小さなパイロット調査では、読解力が大幅に向上したように見えた。ただちに全米各地に広げることになったが、ものの見事に失敗に終わった。オクラホマ州とテキサス州の五つの地区でテストをしたが、読解力と理解力に目立った効果は見られなかった。各地でプログラムを導入する前に、オクラホマ州とテキサス州の二つか三つのグループでテストしてみれば、多額のコストが節減できただろう。こうしたプログラムを広く導入する段階にまでもっていくには、たしかに時間がかかるが、それは悪いことではない。

科学の世界では、再現性の手法が火種となり、メディアで「再現性の危機」と騒がれる事態が起きている。2010年代以降、特に心理学で有名な実験の再現がいくつも試みられ、主要な新聞やテレビを賑わせたが、結果を再現することができなかった。これを受けて、ある心理学者が、権威ある学術誌に結果が掲載された100の実験の再現実験を企画することになった。衝撃的だったのは――偽陽性について知ったからには、衝撃的とは言えないかもしれないが

――公表済みの結果を再現できた実験は、１００のうち39しかなかったことだ。当然ながら、再現性の危機は信頼性の危機に発展し、科学者たちはなんとかこれに対処しようと腐心している。私自身も、いわゆる「ファイルの引き出し問題」、つまり望ましい結果の出なかった研究が、公表されるのではなく引き出しにしまわれてしまう問題の是正に関わっている。これが由々しき問題なのは言うまでもない。失敗を乗り越えて成長を続けるのが科学であり、失敗ですら――とりわけこうした失敗が科学の知識体系に寄与する。失敗から誰もが恩恵を受ける（例外は仮説が間違っていた研究者だ。だからこそ、結果は引き出しにしまわれる）。偽りの科学をもとに時間やリソースを無駄に費やしてアイデアを追求するよりも、こうした失敗から確実に学ぶことが重要であり、それには再現性がカギになる。

この章を通して見てきたとおり、ほとんどの場合、偽陽性に罪はなく、うまくいかない原因は統計上のエラーか人間の認識や行動を規定する数々の認知バイアスにある。だが、さらなる暗部がある。

偽陽性にとどまらず、虚偽の領域に入る場合だ。これは、スケーリングのもう一つの敵であり、企業や投資家から多額の資金を掠め取りながら、科学の高尚な目的を輝かせる問題である。

効果の捏造

ブライアン・ワンシンクはロックスターだった。

この行動科学者をメインカルチャーに喩えるなら、食品消費・行動心理学の世界のミック・ジャガーだった。ワンシンクは、コーネル大学の権威ある食品およびブランド研究所の所長として、環境、食品消費、購買パターンが交わる領域での画期的研究で学内外の注目を集めていた。長年にわたり、たとえば空腹時に食料品店に行くと高カロリー商品を購入してしまうとか、大きな皿で食べると食べる量が多くなる、はたまた、料理本の古典『料理の喜び』は版を重ねるごとに健康的でないレシピが増えている、などといった具合に、意表を突く調査結果を次々と発表してきた。こうした発見がマスコミに大々的に取り上げられた結果、ワンシンクの権威は高まり、連邦政府から産業界まで影響を及ぼすようになった。連邦政府の新たな栄養政策のガイドライン策定に協力したほか、グーグルや陸軍のアドバイザーを務め、一般向けの書籍も数点刊行した。ワンシンクを信頼した有力者は、彼のアイデアを実現し広めるために資金を投じた。

だが、事態は思わぬ展開を見せる。ワンシンクが長年にわたって結果を捏造していたことが露見したのだ。華々しい経歴は、嘘まみれの科学の上に積み重ねられたものだった。

本書の執筆時点で、ワンシンクの研究結果のうち19が撤回され、さらに数十の結果が見直されている最中だ。2018年には、『米国医師会雑誌』が、たった1日で6本もの論文を撤回している。本人がいかに弁明しようとも、研究結果の妥当性を否定するエビデンスが続々と積み上がっている。コーネル大学は調査委員会を立ち上げ、最終的にワンシンクが「データの捏造、データの正確性と担保の欠如……不適切な調査手法、[さらには]承諾なしの調査」など、不正行為に手を染めていたとして糾弾する記者会見を行なった。2019年、ワンシンクはコーネル大学を去り、学界を追われた。スターは地に墜ちた。

なぜデータを捏造する輩が生まれるのか

残念ながら、こうした行動は、一般に考えられているよりも多い。わたしは、この点について、数年前に「経済学者の行動は倫理的か――非倫理的行動の三つの領域に関する研究」と題する論文にまとめている。(微妙な問題について真実を捉えようとする際に使われる)無作為抽出アンケート調査の手法を活用して、1000人の経済学者に対して、倫理的行動に関するさまざまな質問を投げかけた。衝撃的なのは、「過去に調査データを捏造したことがあるか?」とのシンプルな問いに、回答者の5%近くがイエスと答えていたことだ。わたしの友人でテスラの元会長、投資会社ベイラー・エクイティ・パートナーの創業者、アントニオ・グラシアスは、欲しいものを手に入れるために、わざと嘘をつき、情報を歪曲して偽陽性を生み出す人間を

「ペテン師」と呼んでいるが、回答者の5％が、このペテン師だったわけだ。

わたしはインセンティブを研究する経済学者として、ワンシンクのような輩が、控えめに見ても不誠実な科学、悪くすれば詐欺そのものと言える行為に手を染めるのはなぜなのか、その動機が知りたかった。こんな風に、自身の評判や将来の仕事を台無しにするリスクを冒させたのは何なのか。そういうインセンティブ構造になっている――それが答えだった。

アカデミックの世界では、一流専門誌で論文を発表すれば、序列があがり、ラボの運営に関わり、多額の助成金を確保できる（通常は、それで自身の報酬があがり、おそらく講演料もあがるだろう）。では、どうすれば、こうしたトップ・ジャーナルに掲載されるのか。目新しく、刺激的な研究結果を公表すればいい。それがメディアに受けるなら、尚いい。つまり、通常の手順を飛ばして詐欺的行為そのものに手を染めたワンシンクは、学界に根づいた、こうしたインセンティブに反応していたわけだ。もちろん、ワンシンク並みに成功している一流の学者のほとんどは、まっとうな研究を行ない、イノベーションを起こし、地道な手順を踏んで成功しているが、その動機となった報酬はワンシンクの場合と変わらない。こう考えると、学問や倫理コードを軽視した手法をとることで、他の研究者を出し抜く誘惑にかられる研究者がいてもおかしくはない。

嘘をつくインセンティブのあったエリザベス・ホームズ

アカデミックな世界以上に、嘘をついたり、騙したりするインセンティブが大きいのがビジネスの世界だが、創業者が一夜にして巨万の富を手にできるＩＰＯの世界は特にそうだ。劇的な例が、21世紀を代表する悪名高い詐欺師、エリザベス・ホームズだ。彼女の会社セラノスは、画期的な血液検査技術で世界中の医療に革命を起こす、とのふれこみで投資家から7億ドルを調達し、同社の時価総額は一時90億ドルをつけた。今となってはあきらかだが、セラノスは時限爆弾を抱えていたわけで、大々的に宣伝された技術は架空のものだった。数十億ドルを調達した後、携帯型の血液分析装置がまだできていないことがあきらかになると、ホームズは他社が製造した装置を使ってごまかし始めた。当然ながら、存在しない技術をスケールアップするのは不可能だ。ボルテージの低下たるやビジネス史上、最も深刻で、大スキャンダルに発展した。

ホームズの事例は、いろいろな意味で興味深い。第1に、ハイリスクのハイテク投資の根幹にある脆弱性を浮き彫りにしている。投資家が賭けるのは、アイデアだけではない。それとおなじくらい、アイデアをもつ人物に賭けているものだ。何年もの「研究開発」を「必要とする」セラノスの「ムーンショット」技術は、特にそうだ。市場に出せる製品があれば、成功の度合いを測ることができるが、セラノスにはそうした製品はなかったので、投資家は確かなデータではなく「社会的証明」に頼った。

頭が切れ、カリスマ性のあるホームズは、投資家の支持を取りつけ、それを呼び水に他の投資家を呼び込んだ。それがバンドワゴン効果につながった。多額の金銭的な利害がかかっている投資家は、確証バイアスのせいで、同社が大化けするはずだとの自身の期待に反する兆候をみすみす見逃してしまった。こうして騙されたのは、昨日生まれたばかりの赤子ではない。ルパート・マードック、カルロス・スリム、ラリー・エリソンらビジネス界の巨人も名を連ねていた。

これほどの大失敗は避けることができたのだろうか。あるいは、いつの世にも悪役はいるものので、詐欺的行為は避けられないのだろうか。その答えはインセンティブに行き着く。創業者のホームズは、ストックオプションを行使すれば、会社の成功の果実を最大限に享受できるので、成功するためにに何でもするだろう。ストップオプションは一時、40億ドル（！）にもなった。言い換えれば、ホームズには、この技術で成功を引き寄せるための40億ドルのインセンティブがあったわけだ。だが、会社が謳っていた目標が達成できないことが次第にあきらかになると――画期的な血液検査技術の基本的前提が架空のものだった――金銭的に成功するという長期のインセンティブは、真実を隠して、いずれ避けられない破局を先延ばしにする、という短期のインセンティブに置き換わった。ホームズには、本物の製品や事業計画で製品を離陸させるのではなく、（マネー）という新たな燃料を投入して飛ばし続ける動機のほうが強かった。

だが、燃料は無限ではない。墜落は避けられなかった。

声をあげるインセンティブがあったなら

仮に、おかしな兆候に社内の人間が気づき、声をあげるインセンティブを導入していたとしたら、墜落は避けられたのだろうか。従業員が上司の期待に反する情報を表に出せば、おそらく反発を受ける。セラノスの場合、社内の問題を告発した従業員は攻撃され、社外に公にしたら訴えると脅された。こうした体制では、自分の身を守るため、従業員は意識的に、あるいは無意識に報告を歪めるだろう。だが、会社の想定や希望に反するデータを共有することに対して報酬があった場合、あるいは少なくとも罰則を与えない保証が契約上あった場合はどうだろうか。真実を報告するインセンティブを与えるわけだが、どのみち真実はあきらかになる。セラノスがこうしたインセンティブ制度を取り入れていれば、もっと早く、これほど悲惨でない形で破綻していただろう。

一般に従業員のインセンティブで問題になるのは、製品やイニシアチブをスケールアップするのに、どのようなインセンティブを導入すべきか、という問題だ。わたしがウーバーに在籍していた当時、マネジャーが会社にプラスになるアイデアを出してきたとして、それを検証する責任を誰にもたせていたか。当の本人だ！　ウーバーでの昇進はどのように決まったか。出されたアイデアの具体化を進めることで決まった。

もちろん、アイデアを説明する際に、強みを強調し、弱みを軽く見せるデータを示すマネジャーと、故意にデータを捏造する輩ではかなり違うが、どちらも解決策は変わらない。科学でそうだったように、ビジスでも独立再現性が重要だ。誰かがアイデアを出してきたら、利害関係のない人、金銭的に恩恵を受けない人がそのアイデアを検証し、少なくとも実行に移す前に再現するようにすべきだ。そうでなければ、インセンティブは、誠実さと真逆にはたらく可能性がある。

つまり、ペテンから身を守るには、常にインセンティブを意識することが最善の方法になる。たとえば、企業買収を検討するなら、被買収企業が引き続き関与したいのかどうかを確認すべきだ。被買収企業が株式をもち続ける場合、彼らには自社に有利になるようにふるまうインセンティブがある。逆に、企業を売却後に株式をもち続けたがらないとすれば、自社の研究や製品、市場に関して、こちらが知らないマイナス情報をもっているからかもしれない。被買収企業のデータが本当に正しいかどうかは、その会社にしかわからない。わたしはＭＢＡの学生たちに、このシナリオのシミュレーション実験をしたことがある。学生にはアイデアを売り込む起業家になってもらう。アイデアがスケーラブルかどうかを示すデータをもっているのは彼らだけだ。次に、いくつかの買収案を提示する。一つの案では、起業家はただちに支払いを受け、新たなアイデア探しを続ける。別の案では、実際に製品が市場に投入されたときの売れ行きに応じて、支払いを受ける形をとる（経済学用語で「利益共有フロー」の形をとる）。予想されることだが、自分たちに不利なことを知っている起業家は、この方法は選ばない。ただちに支払いを求め、アイデアを手放し、自分たちはさっさと抜ける。（スケーラブルでない）アイデアを売って、それなりの利益を手にするわけだ。

企業はどうすべきか

一般的な教訓はこうだ。第1に、企業は従業員を、アイデアを売るだけでなく利益共有に関与させるべきだ。スケーリングや買収の重要な判断を従業員が下す場合は、特にそうだ。スタートアップ以外の世界では、そうしたケースは少ないが、報酬を将来の業績の指標と連動させるケースは数多くある（たとえば、小売りチェーンのバイヤーや出版社の編集者の報酬は、彼らが買いつけた商品や書籍の売上高と連動している）。組織内でインセンティブがしっかりはたらけば、スケーリングに伴うエラーは少なくなる。

第2に、リーダーの立場にあるなら、部下が「バイアスの破壊者」になってくれるようなインセンティブを与える。これまで見たように、従業員に真実を述べるインセンティブがなく、アイデアを思いついた当人が、その検証役を兼ねている場合が少なくない。もっと広く言えば、どんな企業も組織も、その構造のなかに、悪魔の提唱役をしてくれる補佐、チーム、機能――多くのデータや証拠を常に求める勢力――を埋め込んでおくべきだ。ほんとうに良いアイデア、スケーラブルなアイデアなら、徹底的に突っこまれても持ちこたえるはずだ。

ここまででははっきりしたと思うが、スケーリングを阻む最も危険な障害は、無知ではなく、知っているという幻想だ。そして、それはデータの読み違いか、隠れた認知バイアスか、まったくの詐欺による。幸い、こうした障害はどれも克服できる。とはいえ、独立再現性のある確かなデータがあり、信頼できる人物が責任をもち、適切なインセンティブを導入したとしても、事業やアイデアをスケールアップできる保証はない。特定のグループのあいだでアイデアが証明されたとしても、それがそのまま一般の人々にあてはまるわけではない。あなたのアイデアや製品の恩恵を受ける人たちは、スケーリングのメリットがあるほど、十分大きなグループを代表しているだろうか。この問いの答え次第で、事の成否が決まる。

第2章

チェックリスト②

対象者を過大評価していないか

サンフランシスコでのインタビューから2年近く経った2018年春、わたしはウーバーを辞めて、ライドシェアのライバルのリフトに移った。カリフォルニア州の特殊な労働法規のおかげで、さして間をおかず競合する企業に移ることができた。金曜日にウーバーを退職し、週末の休日をはさんで翌月曜にはリフトでチーフ・エコノミストして働き始めていた。

ウーバーの創業者、トラヴィス・カラニック自身が一連のスキャンダル（第9章で取り上げる）のなかで前年の夏に退任しており、その後のごたごたを目の当たりにしたわたしは、変化への準備ができていた。比較的平穏な学問の世界に戻ってもいいが、シリコンバレーで違うタイプの体験を追求してみたくもある。そう考えていた矢先に紹介されたのが、リフトの共同創業者兼CEOのローガン・グリーンだった。

リフト車のフロントには、トレードマークのピンクの「車用つけひげ」が飾られている。それはローガンの遊び心を反映しているのかもしれないが、本人は陰気で内向的。トラヴィスとはまるで違う。初対面ですぐに気づいた。握手の後、わたし個人についていろいろ質問してきたが、こちらが答え終わるのをじっと待っていた。とはいえ、ローガンとトラヴィスは、都市交通の性格を一新するという、共通する熱い使命感があった。

ローガンが（トラヴィス同様）ロサンゼルス生まれなのは、もちろん偶然ではない。幼い頃から、おなじように渋滞にはまった多くの車の中をのぞき込み、苦りきった人たちを見て育った。高いカネを出して車を買い、おまけに結構なガソリン代や保険料まで負担しているのは一体何のためか。時間を無駄にし、環境まで汚染している！　まるで意味がわからない。おなじことを別の方法でできないか。車中心ではなく、人を中心とした都市を構築したい。カレッジ卒業後、ローガンに答えがひらめいた。ライドシェアの会社をつくればいい。遠距離のカープール（同地域から同方向へ通勤する人たちが交代で自分の車を運転し、送迎し合うこと）の相手を確実に探したい人たちをマッチングするのだ。ウーバー創業の2年前の２００７年、ローガンと友人のジョン・ジマーは共同でジムライドを創業し、ほどなくリフトに改名した。

「会員制」導入のアイデア

シリコンバレーのほとんどの企業がそうであるように、リフトのスケーリングの手法も、まずデータありきだったため、当初のウーバーに負けず劣らず、わたしには居心地がよかった。おなじく重要な点として、顧客の生活を本気で良くしたいというローガンの熱意もあって、リフトにはポジティブな労働文化があった。とはいえ、熾烈な競争を勝ち抜いて市場の地位を確保し、黒字転換するという課題に変わりはない。創業者のトラヴィスが去ったとはいえ、積極攻勢で成果をあげているウーバー相手に目標を達成するのは、そう簡単ではなかった。わたしがリフトに加わったとき、ローガンは迅速なスケールアップを可能にする革新的なイノベーションを探していた。リフトに飛び込んで半年あまり経った2018年後半、ローガンは金《きん》の切符を見つけたと思った。会員制を導入し、特典を付与することで多くの顧客を囲い込むのだ。

このアイデアにたどり着いたのは、ローガンがロイヤルカスタマーの威力を理解していたからでもある。コストコをよく利用するローガンは、コストコのロイヤルカスタマーが大量、低価格、スーパーやデパート並みの品揃えを特徴とする同店を利用するため喜んで有料会員になっていて、それがただの「大箱」のライバル会社との差別化につながっていることを知っていた。コストコの2018年の純利益は30億ドル超。ローガンはコストコの高収益モデルと、肌で知る顧客体験の楽しさを高く評価していた。リフトで会員制を義務化したいとは思わないが、習慣的に利用するドライバーやサービス特典を求める乗客には、オプションとして大きな可能性があると考えていた。

運輸業界では、会員制モデル自体は珍しくない。航空会社からガソリンスタンド、鉄道会社に至るまで、世界各国の多くの企業が、有料会員になれば座席のアップグレードや料金割引、空港での専用ラウンジ利用などの付帯サービスが受けられる会員制度を導入している。ローガンはこう考えた。制度設計さえきちんとすれば、リフトでも同様のモデルがうまくいくのではないか。ひょっとすると長期戦略として、コストコの1億人の会員のように、ライドシェアの利用者の多くをリフトの熱心な利用者にできるかもしれない。だが、そうしたプログラムを開発する前に、ローガンは従業員の声を聞くことにした。わたしも意見を求められたが、異論があった。端的に言えば、有料会員制度ではスケールアップできるとは思えなかったのだ。

有料会員制度に反対した理由

蓋を開けてみると、わたしの意見は少数派だった。その後の数か月、わたしはさまざまな幹部と侃々諤々《かんかんがくがく》やり合った。記憶に残る会議が4回あるが、それらはタウンホールのディベートのようだった。会議に参加した数十人の従業員が、わたしと主要幹部が、この問題についてやり合うのを見守っていた。わたしが雄牛で、ローガンや主要幹部は闘牛士だったのだろうか。それとも逆だったのだろうか。当時はよくわからなかったが、いい見世物になったに違いない。

当時も将来もウーバーに対抗するうえで、戦略の根幹に商品差別化と顧客ロイヤリティを据えるべき、とのローガンの主張には全面的に賛成した。その理由は、ウーバーのような手強いライバルとの激烈な価格競争からうまく逃げるには、価格以外の何かに力を入れるしかないからだ。だが、商品差別化と顧客ロイヤリティという二本柱をどう新戦略に活かすのかについては、意見が食い違った。ローガンは有料会員制が決め手だと自信をもっていたが、わたしはそれではうまくいかないとの確信があった。その根拠は、コストコやネットフリックスのような企業とはくらべものにならない、リフト特有のベースラインの脆さだった。わたしの考えでは、サブスクリプション・モデルでスケールアップできるのは、それによって、容易に手に入らない商品やサービスが手に入る場合だけだ。それこそが、コストコの成功の秘密の源泉であり、会員は会員証を提示しなければ中に入ることすらできない。これと対極にあるのがライドシェア市場であり、画面をタッチすれば、ほどなくウーバーかリフトの車が到着する。タクシーや鉄道など低料金の他の選択肢もある。コストコで鶏の胸肉1ポンドを買おうと考えているとき、別の会員制スーパー、サムズクラブのアプリを操作して、鶏の胸肉をバスケットに入れてもらうようなことはないだろう。

さらに、加工食品やデパートで扱われる商品は、どこでも価格や品揃えが大して変わらないが、コストコは、他の小売店では簡単に手に入らない商品の選択と在庫に力を入れている。一方、ライドシェアリングは、ミクロ市場のダイナミック・オペレーティング商品であり、価格、需要、（乗客を乗せられる車の）供給、到着時刻が常に変動している。1社のドライバーの供給が払底すれば、料金が跳ね上がるか、待ち時間が大幅に長くなり、乗客は競争相手に簡単に乗り換える。実際、多くの人はウーバーとリフト両方のアプリを登録していて、両社の待ち時間と料金を素早くチェックしてどちらかを選んでいる。切り替えるのは造作もない。別のアプリをタップして、待ち時間と料金を確認し、もう一度、タップして申し込む。タップ、タップ、タップで完了だ。

コストコ・モデルは、このようには機能しない。ネットフリックスのようなサブスクリプション・サービス（会員制サービスとほぼおなじ）もそうではない。一般に視聴者は衝動的にサブスクリプションを解約して、その場で別のネット配信サービスに乗り換えることはない。アカウントを作成し、クレジットカード情報を入力するという手間が必要だ。くわえて、ネット配信サービスでは、豊富な選択肢から選べるように、同時に二つ以上のサイトに登録し、料金を支払うことが多い。

また、コストコの会員だからといって、他の店で買い物しないわけではない。家庭用品はすべてコストコで買っても、生鮮食品は品揃えが違う他の店で買うこともあるだろう。ライドシェアリングでは、こうした差異はない。多くの場合、迎えに来る車のフロントガラスには、リフトとウーバーの両方のステッカーが貼ってある。ドライバー自身も、二つのアプリを使い分けているのだ！　そして、コークとペプシのように似たような商品でも違うブランドになっているが、リフトとウーバーのドライバーは、ブランド化に力を入れていないばかりか、顧客のロイヤリティ獲得にも熱心ではない。会員サービスの場合、乗車体験以外に、会員でなければ簡単に手に入らない商品やサービスを付加できない限り（ユナイテッド航空と提携して、リフトのロイヤルカスタマーにのみ無料のアップグレードサービスを提供する等）、スケールアップは不可能と言わないまでも、むずかしいとわたしが強く主張した理由はここにあった。そして、わたしが懸念した課題は、これだけではなかった。

ディズニーランド・ジレンマ

先駆的な経済学者でノーベル賞受賞者でもあるアーサー・ルイスが1941年に「2部料金制」に関する論文を発表して以来、会員制度のプライシングについて研究されてきた。2部料金制では、商品にアクセスするための入場料を支払ったうえで、商品代を支払うことを顧客に求める。状況によっては不公平に思えるかもしれないが、この仕組みは理に適っている。コストコはまさにこの仕組みだが、おなじやり方をしているところは他にもある。

有名なローズ・ボール・フリーマーケットを見てみよう。このフリーマーケットは、カリフォルニア州パサデナの同名のスタジアムで、毎月第2日曜日に開催されている。骨とう品や珍品を揃えた店が軒を並べるが、最初に入場料を支払う必要がある。稀少なお宝をめぐる競争は熾烈で、料金は入場時間によって段階的に設定されている。朝5時〜7時に入場できるＶＩＰ料金は25ドル、7時〜8時は18ドル、8時〜9時は14ドルと段階的に引き下げられ、9時以降は一般料金の9ドルになる。

1971年、「ディズニーランド・ジレンマ」と題した論文で、経済学者のウォルター・オイは、ディズニーランドがゲストに入場料とアトラクションごとの別料金を課すことが理に適う、理論的条件を提示した。言い換えれば、追加料金の収入が、入場料とは別に上乗せして追加料金を支払うことのできない、または支払う意思のない顧客を失うだけの価値があるか否かを調べたのだ。結局、ディズニーは、一部料金制を選んだ。幼い子どもの親ならよく知っているように、入場料を支払っていったん園内に入れば、乗り物は無料だ（ただし、ディズニーランドのように準独占とも言えるミクロ市場では、飲食や土産物などが、儲かる2部料金として機能している。これは、会員制度そのものの例ではないが、顧客に簡単に手に入る他の選択肢がない場合、企業側が搾取的な料金を課すことができるという事実を示している）。

リフトのケースでは、会員制度は搾取的であることを意味しなかった。ローガンが求めていたのは、誰にでも手に入る一律料金にくわえて、割引料金や（先に乗車できる等の）優遇など特典がある会員になるかどうかを乗客に決めてもらう仕組みだった。一般論として、有料会員になるメリット（割引、迅速なサービスなどの優遇）が会員であるコストを上回ると判断すれば、消費者は喜んで会費を支払う。そうでなければ、有料会員制を広げることはできない。

「おまけ好き」タイプと「おまけ不要」タイプ

この意味で、常に会員になる消費者には二つのタイプがある。第1の「おまけ好き」タイプでは、より良い取引条件が、お目当ての商品を余計に購入するインセンティブになる（リフトの場合なら、乗車回数を増やす）。心理学的に言えば、会員にならなければ、それほど利用しなかったはずだが、割引を何回も利用することで、かえって支出が多くなるとしても、会費を支払った甲斐があったと思う。こうした行動パターンがあるからこそ、「1個買えば、2個目は半額」というスーパーマーケットの戦略が高い効果を発揮する。割引されればうれしいので、ほんとうは1個しか要らない商品をつい2個買ってしまうのだ。そこが企業にはおいしいところで、ローガンもリフトでそれを狙っていた。利用者に好条件を提示すれば、サービスをもっと利用し、乗車回数を増やしてくれるだろう。ウィン・ウィンの関係ができて収益アップするはずだ。そう考えていた。

だが、消費者には、第2の「おまけ不要」タイプがいる。条件が良いから有料会員にはなるが、第1のタイプと違って乗車回数を増やすことはない。有料会員になるのは、元々頻繁に利用し、そのすべてに割引が適用されるからだ。これはリフトにとって、スイートスポットではない。利用回数を増やさない客に毎回割引料金を適用すると、会費収入で割引の減収分を穴埋めできない。

有料会員制度で顧客を増やしたい企業なら、課題は共通している。第1の「おまけ好き」タイプと、第2の「おまけ不要」タイプのあいだには適切な比率があるはずだ。「おまけ不要」タイプが多過ぎれば赤字になる。となれば、どの顧客が有料会員になりそうか徹底的に考え抜かなければならない。

わたしがリフトの有料会員制度導入に反対した大きな理由はこうだ。リフトの会員になるであろう人の大多数は、既に頻繁に利用しているはずだ。有料会員になることで最も得する人たちだが、これ以上、乗車回数は増やさない「おまけ不要」タイプだろう。この見方が正しければ、こうした顧客を有料会員にすると、利益が帳消しになるどころか、コストが増えていくことになる。

たしかに、有料会員制度をとれば顧客ロイヤルティを高め、多くの人にとってリフトの魅力が増すだろうが、バランスシートは悪化するおそれがある。会議の席上、わたしはそう発言した。赤字になるなら、顧客ロイヤルティに意味はない。最終的にローガンは、ざっくりとした有料会員制の導入で自分のアイデアを試したいと考えた。わたしには尚、ためらいがあったが、アイデアを大々的に具現化する前に、試験的にプログラムを走らせてデータを収集することについては同意できた。

リフトでの実験

そこでリフトは試験的なプログラムを立ち上げ、人によって異なる割引率や初期費用を提示することにした。2019年3月初めの約2週間、約120万人を対象に、6パターンのうちの一つをランダムに会員見込み客に割り当てた。

1. 初期費用5ドル、毎回5%オフ
2. 初期費用10ドル、毎回5%オフ
3. 初期費用10ドル、毎回10%オフ
4. 初期費用15ドル、毎回10%オフ
5. 初期費用20ドル、毎回10%オフ
6. 初期費用25ドル、毎回15%オフ

この2週間で、6パターンのうちの一つの条件を提示された乗客は、都市を往来しデータを残してくれた。各グループの行動の裏にあるパターンを読み解くことが、有料会員制モデルにスケールアップの芽があるかどうか、芽があるとすれば、会社と顧客双方にとって理想的な初期費用と割引率はいくらなのかを判断するカギになる。

うれしくもないが、すべてのデータを精査すると、案の定、わたしが正しかったことがわかった。テストした6パターンの料金体系で、どれ一つとしてスケールアップできるものはなかったのだ。

その理由を解明するには、顧客の二つのタイプ「おまけ好き」と「おまけ不要」に立ち戻ろう。突き詰めると、実験の対象になった120万人の利用者の属性は一律ではなかった。乗車のニーズも違えば、所得水準も違う。カネをいつ、どのように使うかが違うのは言うまでもない。そして、こうした消費スタイルの違いから、有料会員制度の利用パターンも違ってくる。利用回数を増やす人もいれば、節約に充てる人もいる。そこでデータを精査してグループ分けし、利用パターンを見出すことによって、どのタイプの会員が赤字になり、どのタイプが黒字になりそうか推定した。

実験からわかったこと

結果は歴然としていた。「おまけ不要」タイプが「おまけ好き」の3倍近くにのぼっていた。会員になったコアの利用者の大多数は、利用回数を増やしていなかった。利用回数は変わらず、割引料金の適用を受けていた（彼らにとってはお得だが、リフトにとってはそうではない）。たしかに、「おまけ好き」のおかげで総利用回数は増えていたが、有料会員制を大々的に導入できるか否かの判断のカギは、利用回数ではなく、誰が利用回数を増やすのかを見極めることにある。

データによると、「おまけ好き」と「おまけ不要」の割合が1対3で制度を拡大すれば、「おまけ不要」会員による損失が、「おまけ好き」会員の儲けを上回ることになる。これはスケーラブルではない。

経済学の基本に立ち返ると、初期費用を変えるか、会員の特典をもっと魅力的にすることで損益計算を変える必要があった。初期費用について、実験データを詳しく見ると、初期費用が低く割引率も低いほうが、初期費用が高く割引率も高いより、会員数は増えなかった。単純に会員数の最大化を目指すなら、答えはあきらかだ。割引率を拡大すればいい。だが、思い出して欲しいが、われわれが気にしていたのは会員の数ではない。誰が入会するかだ。「おまけ好き」がもっと集まり、「おまけ不要」が少なくなる料金体系を見つける必要があった。

すべてのデータを分析したところ、最適な料金体系は当初検討した6パターンにはなく、初期費用19・99ドルで、毎回の割引率を7・5％にしたものだとわかった。この料金体系では、有料会員になる人数は減るが（じつは、リフトの顧客のごく一部にとどまるが）、利益を増やすことができる。

こうして最適な初期費用と割引率が判明すると、ローガンも以下の点を認識した。会員制度を大々的に導入するつもりなら、潜在顧客の数を増やし、さらに会員制度にもっと魅力的な特典を盛り込む必要がある。会員にならなくては手に入らない特典であることが重要だ。顧客調査とコンジョイント分析を通して、顧客は安全、信頼性、低料金の他に、空港での優先的ピックアップ、サプライズ割引、キャンセル料の免除、特別割引を望んでいることがわかった。

物凄い数の登録者数

これらをすべて盛り込んで、2019年末に誕生したのがリフト・ピンクだ。これは週に2、3回利用する顧客向けの制度で、会員になれば月19・99ドルで「極上の」体験が約束される。利用回数は無制限で料金は15％オフ。空港での優先ピックアップ、キャンセル料は（15分以内に再予約すれば）月3回まで免除される。（車内の忘れ物の）取り扱い料金は免除。サプライズ割引と特別割引があり、一部の市場では（リフトのバイクシェアリング・サービスを通じて）月間3時間半、自転車かバイクを利用できる。乗車料金の割引はアイスクリームで、その他の特典はトッピングのサクランボといったところだ。割引率は当初算出した7・5％ではなく15％にして、他の特典をプラスすれば、「おまけ好き」の人たちが会員になってくれるだろう、とローガンは考えた。

一連の特典は魅力的で、3か月後の登録者数は物凄い数にのぼった。だが、ご承知のとおり、新型コロナウイルスの直撃を受け、2020年3月半ばには世界全体が止まった。ライドシェアリングもほぼ止まり、経済活動が再開された後も、リフトのビジネスは元に戻ってはいない。リフトは、コスト面から顧客対応に至るまで、オペレーションの強化を急いだ。社内では、リフト・ピンクがさらに重要な役割を果たすと考えられていた。本書執筆時点で、パンデミックから脱し始めているが、リフト・ピンクがスケーラブルかどうかは時間とデータがあきらかにしてくれるだろう。わたしは引き続き楽観的に見ているが、論より証拠。リフト・ピンクがスケールアップに耐えられるか否かを決めるのは、「おまけ好き」と「おまけ不要」の比率なのだから。

顧客を理解する

リフト・ピンクの逸話が物語っているのは、どんな事業でも、スケールアップするうえでの課題は顧客を理解することが不可欠だ、ということだ。商品やサービスを提供する場合でも、政策介入する場合でも、現在の対象者（顧客）がどんなタイプなのかをほんとうの意味で理解していなければ、スケールアップした場合にどんな人たちが反応してくれるか正確に予測することはできない。つまり、第1章で論じた偽陽性のハードルを乗り越え、アイデアのスケールアップの有効性を信頼できる形で示すことができたとすれば、次のステップは、「アイデアがどこまで広く通用するか？」を問うことになる。

一般に、文化や気象、地理、社会経済集団の垣根を越えてアイデアや事業を広めようとする場合、人の選択が大きく異なるのは避けられない。そして、パイロット調査やソフトローンチ（限定した地域や対象向けの先行発売）の参加者は、それぞれの土地や文化に特有の行動をとるリスクが常にある。バカバカしいほどわかりやすい例で言えば、新作のビーチウエアは南カリフォルニアでは飛ぶように売れるだろうが、アラスカまで太平洋沿岸全般に展開するのは無理がある。同様に、地震対策キットは、地震に弱い地域ならよく売れるだろうが、他の地域ではそれほど売れないだろう。そのため、新たな広告キャンペーンを全国展開しても意味がない。

コメディアンの例で考えてみよう。コメディアンが会場を沸かせるには、観客を知る必要がある。ある会場で受けたジョークが、別の会場では受けないこともある。これとおなじで、あるグループでうまくいったアイデアが、別のグループでうまくいくとは限らない。だからこそ、誰を対象にしているかをしっかり把握しておく必要がある。つまり、アイデアをスケールアップしてうまくいくかどうかを見極めるには、そのアイデアは誰に向けたものかを理解しておかねばならない。たとえば、ソーシャル・メディアのプラットフォーム、Pinterestのユーザーは主に女性であり、それがユーザー基盤や収益力の限界になっている。もちろん、多くの事業にはおのずと限界があり、それはやむをえない面がある。だが、天井にぶつかったとしても、目的を果たし、収益をあげることはできる。デート・アプリを考えてみよう。順調に拡大しても、ある時点までだ。デート・アプリの開発会社は、当初から、一夫一婦制に忠実な人たちにまで広げようとは考えていない（もっとも、「人生は短い。関係を持とう」をスローガンに掲げるアシュレイ・マディソンは、既婚だが貞操を守るわけではない物言わぬ7000万人強の市場を開拓したと謳っているが）。

だが、思いついた商品なりプログラムなりを広めて最大限のインパクトを与えるには、できるだけ多くの人に使ってもらうのが理想的だ。アイデアは、一般受けするほどスケールアップしやすい。これを念頭において、多様な顧客のニーズ、購買習慣、行動パターンを踏まえて、関心とメリットが最も収斂する点を見つけなければならない。結局のところ、ギリシャ神話の単眼巨人の島、キュクロープス島で、ふつうの眼鏡は売れないのだから。

Kマートの成功とその後の大失敗

ユニークな集団または顧客セグメントの具体的なニーズや需要を無視すれば、ボルテージの低下は確実に起こる。教科書的な例としては、Kマートのブルーライト・スペシャルの顛末を見ればいい（わたしは実際、経済学の教科書にこの逸話を書いた）。

1965年、インディアナ州のKマートの店長が、素晴らしいアイデアを思いついた。売れ行きの良くない商品棚の上にブルーの警察用点滅ライトを取りつけ、値段を下げ、ライトを点滅させる。そこに従業員が大音量でアナウンスする。「Kマートにお越しのお客様！　3番通路の男性用ウィンタージャケットを半額にお値引きしました。売りきれる前にお早めにお越しください！」。この光景に目を奪われた客は、出遅れてはなるまいと棚に殺到した。いわゆる「即席セール」の走りのKマート名物ブルーライト・スペシャルは、こうして誕生した。

このやり方が評判を呼び、ほどなく全米の店舗でブルーライト・スペシャルが取り入れられ、おなじように成功をおさめた。販促活動のイノベーションとしては、見事にスケールアップできたわけだ。目をひき、耳に訴える作戦で、急いで買わなければと客に思わせた点が見事だった。もう一つ見事だったのは、どの商品を販促の対象にするかを、顧客をよく知る各店舗の店長に任せた点だ。店長は顧客と話をするし、おなじ地域に住み、なんらかの共通体験がある。そのため、ほどなく各店の店長は、売れ行きの悪い商品ばかりでなく、特定の場所や時間に、特定の顧客のニーズを満たす商品を販促の対象に選ぶようになった。たとえば、大雪が降った後には、シャベルや凍結防止剤を安売りする、といった具合だ。ウォルマートの創業者のサム・ウォルトンは、ブルーライト・スペシャルを、「史上最高の販促アイデアの一つ」と評した。

だが、この後、Kマートはすべてを台無しにしてしまう。ブルーライト・スペシャルの商品選択を各店舗に任せるのではなく、対象商品はすべて、数か月前にイリノイ州ホフマンエステーツの本社が決めることにしたのだ。ワイオミング州ララミーでも、フロリダ州サラソタでも、ワシントン州シアトルでも、いつでも、どこでも、どの店でもブルーライト・スペシャルとしておなじ商品が売られる、ということだ。サラソタが夏の熱波に襲われても、シアトルで大雨が降っても、現地の店長が顧客のニーズに合わせて販促を行なう裁量権がない。この新たな方針は、さまざまな顧客セグメントごとのニーズを無視することによって、実証済みのスケーラビリティを台無しにしてしまった。

選択バイアスから「奇妙な」人たちまで

スケールアップする際に、もう一つのカベになるのが、対象者・顧客セグメントごとの属性の避けられない違いだ。広くインパクトを与えたいなら、既存の顧客や対象者が、地理や人口構成ごとにどう違うのかを理解するだけでは足りない。既存の顧客と、将来の顧客の違いも考える必要がある。

言い換えれば、初期の成功をもたらしてくれた当初の顧客、テストの被験者、あるいは市場セグメントは、広げたい対象の大きな集団を代表するスナップショットなのだろうか。どんなアイデアや企画でも、初期段階の結果を見る際は、専門用語で言う「母集団の代表性」を正確に評価しているのかをチェックしなければならない。

偶発的または意図的な標本の抽出によって、標本が母集団を代表していない現象が起こりうる。偶発的に起きる場合、この現象は「選択バイアス」と呼ばれ、ランダムでない方法でプログラムの参加者が選ばれる際に起きる。これが問題なのは、実験的プログラムや研究に参加することを選択した人が、最も恩恵を受ける可能性が高いからだ。当然ながら、不眠症の人は睡眠薬の新薬の治験に飛びつくだろう！　だが、標本集団が最も恩恵を受ける人に偏っているとすれば、結果に歪みが生じる可能性があり、スケールアップした場合には通用しないような楽観的な展望を抱くことになりかねない。行動経済学では「選択効果」と呼ばれる。同様に、健康増進プログラムの参加者は、元々健康への関心が高く、参加しなかった人にくらべて、さまざまな健康習慣を既に身につけている可能性が高い。こうしたケースでは、健康が改善した場合に、その理由を健康習慣ではなく、介入政策の結果だと誤って解釈する可能性がある。これは偽陽性だ。たとえば、新たな睡眠薬の研究開発チームが予測を誤り、選択バイアスを修正しなかったとすれば、実際は一部の人にしか効果がないのに、すべての人に有効だとの治験結果が出るかもしれない。これは、新薬に投資した企業にとっては損失を出すことになってマイナスだし、ぐっすり眠るために新薬を求める人たちにとってもマイナスだ。

優秀な元教え子のトゥヴァ・レヴィンは、ヘルスケア企業のヒューマナで、実験的な戦略を統括している。迅速な試験をもとに意思決定を行ない、入念に設計した調査をベースに、望ましい効果の確実なスケールアップを目指している。たとえば、孤独や食の貧困といった、健康を左右する社会的要因の改善を探る研究では、全米から無作為に選んだ人々を対象に、統計上の有意差を比較することで、結果が単なる偶然や選択バイアスの産物にならないようにしている。

マクドナルドが大失敗した理由

選択バイアスによる失敗はビジネスの世界でもある。1990年代半ば、マクドナルドは、多少オシャレで価格が高い新作ハンバーガー、アーチ・デラックスを売り出すにあたり、フォーカス・グループによるテストを幅広く実施した。フォーカス・グループの参加者にはアーチ・デラックスが好評だったことから、全米展開すればヒットは確実だと思われた。だが、実際は派手にこけ、尻すぼみで終わった。

どうして、こんな大失敗をしてしまったのか。フォーカス・グループの参加者は、マクドナルドの顧客層全体を忠実に反映してはいなかった。結局、自分から進んでフォーカス・グループに参加するような人は、マック大好き人間か、種類を問わない大のハンバーガー好きか、その両方なのだろう。だが、平均的な人間は、ビッグマックを買うためにマクドナルドには行くが、そこで高級バーガーを買おうとは思わない。教訓ははっきりしている。最初の対象者は、必ずしも母集団全体を代表していなかった。

パイロット調査の失敗

これまで述べてきた例では、選択効果は、トライアルの参加者が全体を代表していないことに起因するものだった。だが、スケールアップの望みを砕く選択効果の脅威は、参加者を意図的に選択した標本集団でも起こりうる。一例として、インドなどで広く見られる鉄欠乏症貧血の治療法の研究で何が起きたか見てみよう。貧血症の人は、体細胞に酸素を運ぶ健康な赤血球が不足した結果、疲労や炎症などが起こり、健康が損なわれ、生活の質が悪化する。この問題の解決策を見つけるため、まずパイロット調査で、参加者に鉄分を強化した塩を摂取してもらい、その効果を見ることにした。参加者に著しい改善が見られたことから、プログラムは拡張されることになった。だが、鉄分強化塩は、もっと大きな母集団の貧血を減らす、という政策目標には何の効果もなかった。ボルテージは一気に下がった。なぜなのか。

当初の研究では、特に若い女性の参加を募っていた。こうした特定の標本集団には、鉄分強化塩は効果があったが、幅広い属性にはあてはまらなかった。鉄欠乏性貧血を患っているのは若い女性ばかりではない。介入政策が彼らだけを対象にするものでないなら、そもそも若い女性だけを対象にテストを実施すべきではなかった。同様の失敗は他でも起きている。性感染症リスクを引き下げ、安全なセックスを促進するイニシアチブでは、性に関して地域差が大きく、大々的に展開できなかった。

この例から浮かび上がるのは、施策でも商品でも新薬でも、パイロット調査の段階で効果を大きく見せるために、意図して特定集団を対象にするリスク、あるいはそうする誘惑が常につきまとう、ということだ。効果が大きければ、世の中で認知され、さらに投資を呼び込むことができる。また、参加者にメリットが見込まれれば、さほどコストをかけずにテストに参加してもらいやすい。低コストでより良い結果が得られるのだから、これはウィン・ウィンだとみなす研究者もいる。

効果が再現された例

ナース・ファミリー・パートナーシップのイニシアチブの例で見てみよう。これは、初めて出産する妊婦の自宅を登録看護師が訪問し、妊娠中のケアを行ない、それが第1子の出産にどう影響したかを追跡する試みだ。看護師が訪問することで、虐待や育児放棄が減り、学校の出席率が上がるかどうかも調査する。サンプル調査の代表性を高めようと、イニシアチブの立案者のデヴィッド・オールズは、テネシー州メンフィス、コロラド州デンバー、ニューヨーク州エルマイラの3都市で、パイロット・プログラムを実施した。これらの3都市は、世帯構成による違いが大きい。メンフィスは黒人が多く、デンバーは民族的に多様性に富み、エルマイラは伝統的な工業都市で、白人が大半を占める。

この前向きな介入政策は、きわめて有意義であることがわかった。母親については、妊娠中の喫煙や健康問題が減り、短期間での第2子妊娠が減った。また職に就く人が増え、公的支援への依存が減り、人間関係が安定した。子どもについては、看護師の訪問を受けなかった子どもよりも学力が勝り、言語能力や自己管理力が向上した。特筆すべきは、3都市の内外の地域でフォローアップ調査が実施され、同様の効果が再現されたことだ。

もっと良い調査方法としては、「ランダム」に抽出した人だけを対象にテストする方法がある。サンプル集団は選り好みしてはいけない。選り好みは、モラル上の詐欺的行為につながる可能性があり、現実にそうした事態は起きている。とはいえ、たいていの選択バイアスは、単に慎重さを欠いた結果であることが多い。だからこそ、医薬品の研究では、ランダム化試験が黄金律になっている。

うまくいかなかった例

電力事業向けの顧客エンゲージメント・プラットフォームを提供するオーパワーは、2008年、節電プログラムを立ち上げた。顧客には、おなじ地域内の他の住民と比較した電力使用量状況を知らせる手紙を送る。近隣住民の使用量を知れば、節電の意欲が高まると期待したのだ。オーパワーは、全米の860万世帯を対象にした第Ⅲ相ランダム化試験で、行動の「ナッジ」（省エネ・アドバイス）を実行した。聡明な若手エコノミストのハント・アルコットがデータを詳しく見ると、当初の結果は驚異的で、電力使用量が大幅に減っていた。その後の何度かのトライアルでも、同様の結果が再現された。これなら全米に拡大してもうまくいくはずだ。そう考えた。だが、それは間違いだった。

数百万世帯を対象にした最初のテストで好結果が出たとしても、プログラムをスケールアップできるか否かは、最初のナッジ・プログラムに参加した標本集団と、その再現性にある。住民の環境意識が高い地域では、トライアルへの参加が多い傾向があり、顧客はナッジに反応しやすかった。だが、価値観や優先度が異なる地域にプログラムをもっていくと、手紙では針1

本動かせなかった。最初の市場では目覚ましい結果を出したが、他の地域ではボルテージが大幅に低下した。全米に広げたとしたら、大誤算になっていただろう。少なくともボルテージは大幅に低下したはずだ。

オーパワーは、「エリアの選択バイアス」を除外していなかったし、自社のバイアスにも気づいておらず、データの正確な解釈ができなかった。標本集団が全体をどこまで代表しているのか読み間違えるのは、標本集団のさまざまなセグメントが、スケールアップした場合の対象者とどう異なるかを完全に理解していないからだ。

こうした選択バイアスの問題の大きさを実感したのが、シカゴハイツのプロジェクトだ。われわれが立ち上げたペアレント・アカデミーは、平均で見れば、子どもたちの教育を改善し、発達指標を伸ばしていた。大きな成果だ。だが、データを掘り下げていくと、効果があがったのはヒスパニック系の世帯だけで、黒人や白人世帯では改善が見られなかった。カギを握っていたのは多世代世帯で、シカゴハイツ内の平均で見ると、ヒスパニック世帯は黒人世帯や白人世帯よりも3世代同居の割合が多かった。母親や父親が会議に出席し、子どもの宿題を見てやれないときでも、おじやおば、いとこが面倒を見てくれる。このケースで、プログラムを他地域に広げるという目的にとって重要なのは、ランダムに選んだ世帯に最初の調査に参加してもらい、介入の効果が見られるのはどんなタイプの世帯かを確認することだ（オーパワーの戦略にならい、自主的な参加者を選ぶと、ほとんどがヒスパニック世帯になるからだ）。

学生は人類を代表しているのか

対象者（顧客）の選択という課題は、現代の人間性の理解を支える社会学の土台すら揺るがしている。過去100年、経済学を含むさまざまな領域で、心理学者や社会学者は実験を行ない、人間性に関する普遍的な知見を引き出してきた。たとえば、人々が協同しようと思う動機は何か、市場の内部機構はどうなっているのか、人はなぜ差別するのか。得られた知見は、為替制度の設計から連邦雇用機会均等法まで、あらゆる分野に影響を及ぼした。そこにはデータがあり、再現性があった。だとすれば、どこが間違っているのか。じつは、何もかもが間違っていた。

1990年代半ば、人類学の博士課程の優秀な学生だったジョセフ・ヘンリックは、ペルーに赴き、アマゾンの先住民を対象にフィールド調査を行なった。ヘンリックは、学問の世界で、人間の認知の基本要素とみなされている「公正の概念」について、現地住民がわれわれとおなじ態度をとるのかどうか、行動経済学の実験で確かめようと考えた。たとえば、利己的にふるまった人間（この事例では、カネを公平に配らない人間）は罰するに値すると考えるのだろうか。ヘンリックの予想に反し、ペルーの参加者の反応は異なり、自分に少なくカネを配った者を罰するべきだとは考えなかった。この発見から生じた疑問を、ヘンリックはその後25年にわたって検証することになる。社会科学で普遍的とされる知見は、教育水準が高く、工業化した西側の豊かな民主社会に生きる人々――ヘンリックが「奇妙」と呼ぶ人たちにしかあてはまらないのだろうか。西側の科学的知見の多くは、じつは世界全体に広げられないのではないか。

残念ながら、答えはイエスである場合が多い。この発見により、多くの分野の学者がそもそもの前提を疑わざるをえなくなっている。今になって振り返ればあたりまえに思えるが、文化が人間の行動に及ぼす影響について、これほど多くの学者が見落としたのは、不思議ではないだろうか。そのカラクリは単純だ。歴史的に、調査の被験者の大多数が、西側文化の影響を受けていたからだ。じつは、アメリカの社会科学の研究者のほとんどは、学内から被験者を連れて来る。そして、アメリカの（ビールを回し飲みする！）大学生は、地球上に暮らす恐ろしく多様な人類を代表しているとはとても言えない。

「自然実験」が必要な理由

この科学上の大きな盲点が示唆しているのは、一見異論がなさそうに見える発見の多くは、じつは、「奇妙でない」人々にはあてはまらない、ということだ（「スケーラブル」でない、とも言える）。私自身のフィールド調査の例で言えば、父権制の西側社会では、女性は生まれながらに男性ほど攻撃的でないとの見方が文化に根づいているが、インドの母権制社会では、その前提があてはまらないことがわかった。条件が整えば、女性は男性とおなじように闘争心をもち、支配的で、権力に飢える！　さらに、この社会の男性は、西側の女性のステレオタイプに似たふるまいをする。

要するに、社会科学において、できるだけ広範囲に影響力を及ぼしたいと思うなら、やるべきことがある。世界中のさまざまなコミュニティで被験者を募って、幅広いサンプルを対象に新たな調査を実施するのだ。しかも、それは「自然実験」を通して行なうべきだ。つまり、被験者は自然な状態で決められた作業を行なうのであって、みずから実験に参加するわけではない。こうした手法は、実験的手法の最も魅力的な要素と、自然に発生するデータを組み合わせたものになる。多くのケースでは、エビデンスに基づく政策立案から、政策に基づくエビデンスの作成に考え方を切り替える必要がある。

この手法は企業でも活かすことができ、実際、そうした動きが盛んになっている。自社のアイデアや商品を文化的に異なるさまざまなフォーカス・グループで試し、さらに「フィールド」での実験に移る。リフト・ピンクでのテストを振り返ってみると、単純な自然実験になっていた。

ここでの大きな教訓を無視すれば自分自身が危うくなる。自分のアイデアに対する初期の反応を評価する際には細かく調査し、調査の対象者が最終的にアイデアを届けたい多くの人々の代表であるようにする。実際に行動につながる知見をあきらかにするには、異質なものを隠すのではなく異質だと認識することが重要だ。わたしはさらに踏み込んだ提案をしたい。最終的にアイデアを届けたい大勢の人たちの隠れた差異について、早い段階であらゆる手を使って掘り起こし、検証したほうがいい。それは、アイデアのスケーラビリティについて貴重な知見を得られるからだけでなく、競争相手をリードできるからだ。対象者の差異は多岐にわたる。Kマートの「地理的な拠点」、ペアレント・アカデミーの「家族構成」、リフトの会員制テストでの「行動パターン」、ジェンダーの役割や「公正」の概念などの「文化的態度や規範」などだ。

高校の校長で、良さそうな介入策――たとえば四年制大学への進学率を引き上げるためのプログラムの導入を検討しているなら、既存プログラムの対象学生と、自校の学生とで、社会的・経済的バックグラウンドに違いがあるかどうかを調査するといい。ベンチャーキャピタリストが有望な企業への投資を検討するなら、どこで、誰を相手にビジネスモデルがうまくいくかを正確に把握するよう努める。要するに、アイデアや事業の対象となる人々について徹底的に調べるわけだ。ボルテージをあげる準備ができたら、現在は対象にしていないが、モデルを少しいじれば対象になる人々を探す。

そこで重要な疑問が湧いてくる。既存モデルでは市場が頭打ちだとわかった場合、それでも広げたいと思うだろうか。

対象者を広げる

ラファエル・イリシャエフとヤキール・ゴラは、水タバコに夢中になっていた。

フィラデルフィアのドレクセル大学の2年生だった2013年、21歳の友人同士は、深夜まで水タバコをくゆらせながら、おしゃべりに興じていた。やがてタバコが切れるか、小腹が減る。そんなときは、まだ開いている最寄りのコンビニに行くか、お開きにするしかない。いつも不便さを感じていたら、ある日、アイデアがひらめいた。

共同創業していた中古家具事業から得た資金を元手に新会社を設立し、シンプルな建屋で商売を始めた。「デリバリーもするコンビニ」だ。注文用のアプリをつくると、ほどなくフィラデルフィア周辺を何百時間も走り回るほど忙しくなった。扱う商品は水タバコから、チップス、6パック、グミ、アイスクリーム、電子レンジOKのタコス。Gopuffという絶妙のネーミングの会社は、学生にとってアマゾンのような存在で、しかも30分以内に配達してくれる。

こうして控えめなスタートをきったGopuffは、猛烈なスピードで拡大していった。ラファエルとヤキールは、投資家を集め、従業員を雇い、各ブランドと卸売の条件交渉を行ない、自前の運転手を雇い、ソーシャル・メディアを駆使してミレニアル世代を取り込んでいった。事業を見事に拡張できたのは、2人が自社ビジネスの対象者を熟知していたからだ。

事業を他の都市に拡大してさほど時間が経たぬあいだに、急速に発展する食品デリバリーというニッチ市場で、Gopuffはかなりのシェアを獲得した。本書執筆時点で、従業員は約7000人、対象都市は650以上、2019年の売り上げは2億5000万ドル強にのぼる。同年、日本のコングロマリット、ソフトバンクが同社に7億5000万ドルを投資したと報じられている。2人の創業者が最初から自覚していたかどうかはともかく、Gopuffは、特定の顧客基盤に拡張できる完璧な下地ができていた。2人は顧客基盤のことをよく知っていた。自分たちによく似た人たちだからだ。良いアイデアの多くがそうだが、彼らのアイデアも、自分たちが欲しいものは何かを突き止めることから生まれた。自分たちが欲しいものは、他の多くの人も欲しかったのだ。

だが、Gopuffの収益が上がるにつれ、市場は頭打ちになることを2人は理解していた。大人のライフスタイルは、大学生のそれとは違う。ということは、膨大な潜在顧客基盤を目下は無視している、ということでもある。流通網は既に整備していて、拡張を続けることはできる。だが、拡張するには、提供する商品やサービス、そして誰に提供するのかを考え直す必要があった。

どこでも通用する万能策はない

2020年、ラファエルとヤキールから、新市場への参入方法をめぐって相談を受けたわたしは、年齢階層の異なる（年配の）顧客の実態を的確に把握しなければ、事業の拡大は失敗する可能性がある、と伝えた。賢明な彼らは、さまざまな新規顧客をつかむには、幅広い商品を揃える必要があることに納得した。要するに、手をつけるべきなのは多様化だ。たとえば年配の顧客に届けるには、通常のコンビニではなく、即時配達のドラッグストアになる必要があるだろう。子どもが生まれたばかりの親を惹きつけるには、年中無休でオムツやベビーフード、拭き取り紙を届ける。こうした成熟した顧客に、商品が揃っていることを知ってもらうには、新たなマーケティング手法も必要になる。ラファエルとヤキールは、こうした変更をすべて実行した。そんな矢先、2020年に予想外の追い風が吹いた。新型コロナウイルスのパンデミックだ。2020年上期の売上高は、400%の急増となった。

Gopuffは、初期の成功の再現を目指して、おなじ顧客のニーズに応えるのではなく、幅広い顧客基盤向けに品揃えを拡充することでスケールアップを実現した。単純に、さまざまな顧客層に、さまざまな選択肢を提示することで顧客基盤を拡大したのだ。

ファストフード業界は、頻繁に新たなメニューを加えることで、この方法を実践している。そして、たいてい、マクドナルドのアーチ・デラックスよりもうまくいっている。たとえば2018年にタコベルが新発売したナチョフライは、同社の50年以上の歴史で最大の人気メニューになった。ナチョフライはタコベルの海外店では既に定番だったが、アメリカでの発売は常連客を興奮させ、新たな顧客をとらえた。

品揃えが複雑過ぎたり、価格が高過ぎたりして、おなじように拡大し続けるのがむずかしい場合はどうすればいいのだろうか。商品自体は変えずに、生産の手間やコストを下げる努力をする（生産方法や流通モデルを改善する）。商品を別の市場にもっていくことも検討するといい。その商品を必要とし、かつカネを出して買える人たちがもっといるかもしれない。だが、こうしたやり方がうまくいかなければ、立ち止まるか、方向を転換すべきだ。

企業に限らず、非営利団体や公共政策のイニシアチブにも、同様の原則があてはまる。わたしがシエラクラブと提携し、彼らの資金調達を手伝った際、フィールド実験から学んだのは、男性の場合は、マッチングギフト形式をとると多く寄付する気になる、ということだった（「今日１００ドルご寄付いただければ、匿名の寄付１００ドルを上乗せして相手先に届けます」）。だが、女性の場合は、マッチング方式では動かない。もちろん、女性からの寄付をあきらめたくはないので、少額の寄付など、他の方法を探した。同様に、シカゴハイツのペアレント・アカデミーがヒスパニック家庭でしかうまくいかないことがわかったとき、そこで立ち止まりはしなかった。新たなプログラムの開発に着手した。事実上の「製品の微調整」だが、全日制のプリスクール・プログラムは、黒人世帯でも白人世帯でもうまくいった。

この多種多様きわまりない世界でアイデアや施策を広げようとするとき、どこにでも通用する万能策があるわけではない。あらゆるグループを対象にするには、微調整が必要だ。

ビジネス、科学調査、教育、政策立案、いずれの場合も、アイデアがどれほど良くても、将来の対象者のニーズを適切に考慮していなければボルテージは下がる。だが、それに負けず劣らず重要なのが五つのバイタル・サインのうちの第３のハードル——環境である。次に見ていこう。

第3章

チェックリスト③
大規模には再現できない特殊要素はないか

あどけなさの残るイギリス人人気シェフ、ジェイミー・オリヴァーが2008年に自身の名を冠したイタリア料理店をイギリスの一等地に出店したとき、いい、レシピは、完璧に見えた。ヘルシーで美味しいイタリアンを手ごろな料金で提供するだけではない。素早いチェーン展開ができそうだ。

オリヴァーは、既に世界中に名の知れた有名シェフ。1997年にBBCの映像ディレクターに発掘されたテレビ映りのいい若き副料理長は、すぐに自身の番組『裸のシェフ』が人気になり、おなじタイトルの料理本もベストセラーになった（「裸の」とは、オリヴァーが提唱した、余計なものをそぎ落とした料理法のことで、思慮のない服選びのことではない）。珍しい高級食材を高度なテクニックを使って調理するよりも、新鮮で安価な食材をシンプルに調理するほうがいいという考え方で、専門的に学んだ料理の達人でなくても、家庭で美味しく栄養価の高い料理をつくれることを、オリヴァーは身をもって示した。このやり方が大衆に受け、老若男女を問わず、多くの視聴者を獲得した。

その後もテレビ出演や料理本の出版が相次ぐなか、オリヴァーは並行して学校の食育活動にも意欲的に取り組んだ。調理法や栄養について教えれば、肥満など食に関わる病気を減らせるはずだ。さらに、恵まれない環境で育った若者を腕利きのシェフに育てる非営利の研修プログラムも創設した。オリヴァーは若者のキャリアの展望を拓くだけでなく、レストラン業界に多様性をもち込んだ。オリヴァーがスケールアップしたのは、料理法だけではない。価値観や希望にあふれたメッセージ――「食」が前向きな社会変革を後押しできる、ということだった。両親が経営するパブのキッチンで玉ねぎを刻み、ビールを注いで育ったリンゴのほっぺの少年の夢はただ一つ――競争の激しいレストラン業界を制することだった。そんなことはできないと、誰が言えようか。この時点までのオリヴァーのキャリアからすれば、彼こそが帝国を築くに相応しく、いとも簡単に夢を叶えそうに見えた。

有名シェフの店のチェーン展開の行方

そのためオックスフォードにジェイミーズ・イタリアンの1号店がオープンしたとき、お腹を空かせた人々の大行列ができても驚く人はいなかった。『ガーディアン』紙も高く評価した。特筆すべきは、一般人が破産しない程度の価格で、質の高い料理を提供したことだ。オリヴァーはギリシャ神話のミダス王のごとく、食を金《ゴールド》に変え続けると思われた。だが、ジェイミーズ・イタリアンの事業計画はいかにも壮大で、事業の独創性が試されることになる。『ガーディアン』紙はこう評価した。「ジェイミーが、このオックスフォードでの初期の方式を再現できれば、不況に負けず、キャッシュを生み出す牛の群れを引き連れ、すぐにも全英を制覇することになるだろう」。要するに、大当たりした最初のコンセプトをスケールアップできれば、快進撃を続ける、という見立てだ。それはオリヴァーの野望だった。だが、既に見たように、事業を拡大しようとすると、隠れた落とし穴が見つかるものだ。果たしてジェイミーズ・イタリアンはボルテージを上げ、熱狂に応えられたのか。それとも、ボルテージの低下に見舞われたのだろうか。

新規出店は順調に進み、拠点は数年のうちに27か国70か所に広がった。その多くが海外市場だ。これほどのスピードの事業展開は信じがたいが、それは一般論として、シェフの持ち味は簡単に広められないとされているからだ。どんな専門スキルでも、その人ならではの魔法は大量生産できない。理由は単純で、その人とまったくおなじクローン人間はいないからだ。伝統的な経済学用語を使って説明すると、どれほど需要が多くても、(名シェフの) 供給は限られているため、シェフが魔法を弟子や従業員に伝授できなければ、事業を拡大してもうまくいかない。だが、この伝授が一筋縄ではいかない。本物の高級レストランがチェーン展開しない理由はそこにある。チェーン展開すると、急に質が落ち、ほどなく客足も遠のいてしまう。人の才能をスケールアップするのは、不可能と言わないまでも簡単ではない。レストラン業界はこの教訓を痛いほど学んできた。だからこそ、世界の一流シェフの多くは賢明で、どれだけ事業を拡大できたかではなく、店の評判や質の高さを成功の尺度にしている。

この種の成功の体現者が、スペインの唯一無二のレストラン、エルブジのシェフ、フェラン・アドリアだ。分子ガストロノミーでの大胆な実験は、ひとえに彼ならではの知識と才能があってこそだ。その創作プロセスは極度に集中力を要するため、長年、最長半年ほど店を閉めて画期的な新作を考案してきた。効率的とは言えないが、自分の限界を知っていて、それを有利な方向にもっていった。2010年に (あえて) 店を閉める前の最後の数年は、年間わずか8000席をめぐって、100万人以上が予約を試みたと言われている (稀少性と排他性はよく売れる)。アドリアは白豆の泡仕立てや液体オリーブを考案したことで有名だが、こうした革新的なメニューを自分の目が届かないキッチンで広めようとすれば、ボルテージが一気に下がり、質も大幅に低下するのは確実だと認識していた。要するに、エルブジの成功の秘訣は、シェフとしての自分自身だと自覚していたのだ。

食材か、シェフか

では、オリヴァーは、どのようにこのカベを乗り越え、拡張できないものを拡張したのか。

まず、ジェイミーズ・イタリアンが持ち帰り事業からうまく拡大できたのは、オリヴァーの名前と顔がよく知られ、オリヴァー自身がブランドになっていたからだ。人々に愛され、信頼される人物の名を冠したブランドは拡張性がきわめて高い。しかもオリヴァーは、単なる有名人ではなく、信頼を獲得した有名シェフだ。ただ、これだけでチェーン展開がうまくいくとは限らない。有名シェフや、ただの有名人が経営するレストランはいくらでもあるが、それらは事業を拡大する以前に失敗している。顧客が何度もジェイミーの1号店や新店に足を運ぶのは、彼の料理本のレシピと同様に、新鮮な食材をシンプルに調理した一皿があるからで、高級食材や手間ひまかけた創作料理を期待しているわけではない。要するに、オリヴァーはフェラン・アドリアとはタイプが違う。キッチンでの持ち味は、斬新さや高度なテクニックではなく、一般向けの調理法だ。だとすれば、他のシェフでもオリヴァーの料理を簡単に再現できるし、手ごろな料金設定で高い需要をキープできる。こうしてジェイミーは、ほとんどの有名シェフのチェーン展開を阻んでいるジレンマを克服した。アドリアの成功の秘訣は彼自身だったが、オリヴァーの成功の秘訣は食材そのものだった。そして、特別な才能をもつ人間と違って、食材はスケーラブルだ。

とはいえ、これほど急ピッチでの事業拡大にオリヴァーはついていけなかった。オリヴァーが理解していなかったのは、さほど目立たないが、帝国の成功には欠かせない秘訣があって、それが変われば、フランチャイズ全体が崩壊してしまう、ということだった。そして、まさに、それが現実になった。

第1の成功の秘訣は、取締役のサイモン・ブラグデンだ。古参幹部として、チェーン展開を始めた当初から運営を統括し、いつ、どこに、どう新店を出店すべきかを熟知していた。これは彼にしかない複製のむずかしいスキルで、レストラン業界での実績をテコに、フランチャイズのパートナーに誰を選ぶかまで決定していた。パートナーとして理想的なのは、オリヴァーと価値観を共有し、利益率が多少犠牲になっても良い有機食材を仕入れて料理の質を保つことを優先する人物だ。ブラグデンは、ポジティブな企業文化を維持することにも腐心した。おかげで、従業員の回転が速いレストラン業界にあって、ジェイミーズではキッチン・スタッフの離職率は低かった。人材の採用と配置では、ブラグデンの勘が冴えた。オリヴァーの事業拡大にあたって、ブラグデンは欠くべからざる存在だった。

そして、拡張できないのはオリヴァーもおなじだった。オリヴァーは、チェーンが拡大しても、できるだけ店に顔を出し、経営を見るよう努めた。彼のスピリットとミッションは、ジェイミーズ・イタリアンというブランドの一部だが、この部分はスケーラブルではなかった。世界中で彼の名のもとに供される料理をつくってはいないとしても、そのインパクトは各店舗で感じられた。残念ながら、チェーン店にとってのオリヴァーの重要性を、オリヴァー自身が過小評価していた。

暗転する事案と最悪の事態

2017年、ブラグデンが2人の幹部とともに会社を去ると、事業は暗転し始める。オリヴァーは外部から人材を連れてきたが、それが失敗だった。多店舗のレストラン事業を統括するだけの力量がなかったのだ。オリヴァーが幹部に据えたのは、義理の兄のポール・ハントだった。ハントは元証券ブローカーで、1999年にインサイダー取引で罰金刑を受けていた。この事実からして、ジェイミーズ・イタリアンの価値観を大事にする文化に相応しいとはとても言えない。それ以上に、このポストに必要なレストラン業界での経験がない。債務を抱え、赤字を垂れ流す支店に大ナタを振るうのは得意でも、ブラグデンが本領を発揮したレストラン事業の要の出店場所やパートナー選びは、まるで駄目だった。ジェイミーズ・イタリアンの将来のCEOが、こう反省の弁を述べることになる。「あまりに急ピッチでチェーン展開を進め、出店場所も間違っていました」

ハントは従業員の引き留めもうまくできず、ポジティブな企業文化を多店舗で維持するには力不足だった。元従業員は後に弱い者いじめと性差別が酷かったと証言しており、それで会社のモラルを大きく下げてしまった（念のために言えば、オリヴァーは公の場では義理の兄ハントを擁護し、その責めを軽くしようとした）。

悪いことに、この時点でオリヴァー自身が手を広げ過ぎていて、ジェイミーズ・イタリアンに割ける時間がわずかしかなくなっていた。オリヴァーの不在にハントの力不足が重なり、リーダーシップが機能せず、アプリ主体のフード・デリバリーサービスの攻勢による市場の変化に機敏に対応することもできなかった。これはよく頭に入れておいてもらいたいが、スケールアップで成功するとは、生産性、流通、需要を維持すればいいというものではない。環境が変化し始めたときに適応できる機敏さの問題でもある。そして、人間は複製できるわけではないので、主要な人材の層が薄ければ事業は先細りになる可能性がある。

だが、ジェイミーズ・イタリアンの場合、どんなレストランにも起こりうる最悪の事態――新たな競争相手に負けるより悪い事態が起きた。料理の質が下がったのだ。ネットやマスコミでは、最悪の評価が積み上がった（トリップアドバイザーの「料理もサービスも酷い」というカスタマー・レビューは、無数の利用者の声を代弁していた）。有力な『サンデー・タイムズ』紙では、ジェイミーズ・イタリアンでの体験は泣きわめきたいほど酷かったと酷評されたが、泣きわめきたいのはジェイミー・オリヴァーのほうだっただろう。2019年初頭時点で、レストラン・チェーン全体の赤字は1億ドルにのぼった。オリヴァーは、イギリス国内で25店舗を閉鎖し、1000人の従業員を解雇せざるをえなかった。2020年には、台湾や香港をはじめ、さらに多くの店舗の閉鎖に追い込まれた。

チェーン展開で成功するという、ほとんどのシェフが成しえない夢を、オリヴァーはわずか数年で実現したが、高まったボルテージは持続することができず、結局、事業は失敗に終わった。

交渉可能か交渉不可能か

ジェイミーズ・イタリアンの崩壊の原因は、偽陽性でもなければ、顧客を理解していなかったことでもない（味覚は嘘をつかないし、メニュー構成や料金は、ミドルクラス向けに設定されていた）。そもそもオリヴァーが、頂点に昇り詰めた理由をよく理解していなかったことが原因に思える。どのような条件が揃えばチェーン展開してもうまくいき、高いボルテージを維持することができるのか評価していなかったのだ。

第2章で、ボルテージ低下の原因として、自分たちが相手にしている人や顧客が、どの程度大きな集団を代表しているのかを見誤る問題を取り上げた。だが、アイデアや事業のスケールアップを目指す際に、もう一つ考慮しておくべき点がある。「状況の代表性」、つまりスケールアップするには、どんな状況が必要かだ。ジェイミーズ・イタリアンがチェーン展開するのに必要な状況の条件は、始めたときとおなじだっただろうか。ある不可欠な要素が変わるまでは、イエスだ。

レストラン・チェーンに限らず、アイデアや事業を広げていくには、高いパフォーマンスを牽引しているものを見極め、全力でそれを取り入れる。それにはまず、自分たちの成功の秘訣が「シェフ」なのか、それとも「食材」なのかを見極める必要がある。アイデアや商品が小規模で成功したのは、それに欠かせない人材がいたからだろうか。たとえば、効率的な事業プラットフォームを構築できたのは、有能なエンジニアがいたからなのか、あるいは非営利団体で資金調達がうまくいったのは、有名人が広告塔になってくれたからなのか。それとも、アイデアや商品そのものが魅力的で成功したのか。成功の秘訣が人だった場合、理解しておくべき重要なポイントは、アイデアの実行責任者は、素材に忠実だろうか（政治界隈では、「政治的意図」と言われる）。これを知ったら、半ば成功どころか、成功したのも同然だ。

小規模な成功の秘訣が「シェフ」（人）なら、拡大にはおのずと限界がある。既に見たように、独自のスキルをもつ人材は本質的にスケーラブルでないからだ。だが、だからと言ってうまくいかないわけではない。最初からどこが限度か知っていれば、収益をあげることはできる。そうした例は枚挙にいとまがないが、わたしの祖父が創業した家族経営の運送会社、リスト・トラッキングはその一つだ。祖父は独立独歩の人だった。トラック1台、身一つで、それなりの暮らしをした。後を継いだ父は事業を多少広げたが、それでも一人経営者として、トラック数台を使うだけだった。さらに兄が引き継ぎ、現在は基本的にもう1人と共同で経営にあたっている。祖父、父、兄は素晴らしい働き者だ。だが、どうだ。彼らはスケールアップしない。食材ビジネスではなく、シェフ・ビジネスだからだ。もちろん、100台も1000台もトラックと運転手を抱えるまでに事業を拡大した運送会社はあるが、多くの中小企業がスケールアップできないのは、個人の力量の問題だ。そして、それで構わない。わが一族の男たちは、一生、小さな会社を切り盛りすることを受け入れ、それで幸せだし、うまくやっている。

個人商店タイプか、ウーバー・タイプか

要点はシンプルだ。自分のアイデアや事業は、個人商店タイプか、ウーバー・タイプかを知ることだ。ジェイミーズ・イタリアンのように、シェフと食材両方が成功の秘訣だとすれば、どちらがより重要かを見極めなければならない。食材に関して言えば、交渉可能か、交渉不可能かを見極める。その後、交渉不可能な食材——それなしで存続できない食材が、スケーラブルかどうかを見極める。

この本の出版社、ペンギンランダムハウス傘下のカレンシーについて考えてみよう。同社の主な素材は販売網であり、これはスケーラブルだ。全国で200軒の書店が新たに出店しても、翌日には書籍を配送できるだけの体制とシステムが整っている。だが、もう一つの主要な素材である優良なコンテンツは、簡単には拡張できない。素晴らしいアイデアや素晴らしい書き手の数は限られているからだ（世界の一流シェフの数が限られているのとおなじだ）。そのため、さ

らに事業を拡大するつもりなら、どの素材がスケーラブルで、どの素材がスケーラブルでないかを見極めなければならない。カレンシーの場合、規模を倍にするつもりなら、販売網は倍にできても、コンテンツの質を維持することはできないだろう。

じっくり身のまわりを観察すると、至るところに交渉可能財と交渉不可能財が存在していることに気づくはずだ。自動車を分解して部品にしてみると、どれが交渉可能財でどれが交渉不可能財かはすぐわかる。自動車本来の目的を果たすには、4本のタイヤとエンジンは不可欠なので交渉不可能財だ。一方、最先端のナビや後部座席のテレビ画面は、なくても構わないので交渉可能財だ。経済学では、こうした部品の価値をウエイトづけすることを「ヘドニック・アプローチ」という。スケーリングの科学では、おなじようにヘドニック・アプローチでアイデアを評価することが、中心的な課題になる。

交渉不可能財の価値は無限大だ。スケールアップする際、それなしでは機能しないのだから。一方、交渉可能財の価値は有限である。スケールアップは、交渉不可能財が入手できる限りにおいて成功する。一般に、事業が成功していても、交渉不可能財をスケールアップできなくなった時点で、ボルテージは下がり始める。

交渉不可能財を守り続ける

これまでの例が示しているとおり、成長するにつれて高いボルテージを保つには、成長の源泉であるスケーラブルな交渉不可能財を忠実に守り続けなければならない。たとえば、エアビーアンドビーのケースでは、スタート時の交渉不可能財は、デジタル・プラットフォームとホスト（宿提供者）のネットワークだった。同社は、これらの素材を拡張できた（他のサービスの実験的な拡張を妨げるものではなかった）。成長するにつれて、新たな交渉不可能財を取り入れたり、上乗せしたりする場合もある。ネットフリックスを例にとろう。草創期の同社の代表的な交渉不可能財は、DVDの郵送に必要な配送インフラだった。今も配送インフラが重要であることに変わりはないが、交渉可能財になった。新たに交渉不可能財になったのが、ストリーミング配信用のコンテンツのライブラリと、そのコンテンツを配信するオンライン・プラットフォームだ。

だが、規模が拡大するにつれ、交渉不可能財を維持し続けるのはむずかしくなっていく。わかりやすい例が、医療現場が長年抱える課題――患者にいかに正しく薬を飲んでもらうかだ。これは、医療コンプライアンス（粘着性）として知られている。効果的な医療には処方薬が欠かせないため、これは交渉不可能財だと言える。良くなりたいなら、処方薬を使う必要がある。

軟膏を塗れば真菌感染症の発疹が治り、抗生物質を飲めば喉の痛みもすぐに治まる。当然ながら、処方されたとおりにきっちり薬を服用しないと、必要な効果は得られないし、時には命を落とすことにもなりかねない。

にもかかわらず、世界中の医療関係者が、患者が処方箋を守ってくれないことに頭を悩ませている。じつは、なぜ、こうした現象が起きるのか、医師たちは100年以上前から理解しようと努めてきた。恩恵を受けるはずの患者が適切にそれを管理しないのであれば、医学の知識や進歩を広く行き渡らせることはできない。つまり、従順でない患者は、常にスケーリングの障害なのだ。

コンプライアンス問題

コンプライアンスの欠如は、政策や公共財を大々的に導入する際にも大きなカベになる。こう考えてみるといい。利用者がいなければ、新たに公園を整備しても地域社会にメリットはないし、応募者ゼロなら再就職研修プログラムを導入しても意味がない。こうした個々の例はたいして重要でないと思うかもしれないが、利用者ゼロの公園が500か所もあり、応募者ゼロの再就職研修プログラムが500か所で導入されている状況を想像してみて欲しい。酷い失敗が大々的に展開されるわけだ。

コンプライアンス――別の単純な言い方をすれば「利用」は、どんな政策やプログラム、事業でも、拡大するにあたって不可欠な要素、交渉不可能財である。フォーカス・グループの参加者を、プログラムを広く導入した場合の対象者と読み間違えないよう注意が必要だったのとおなじように、パイロット調査を設計する際には、調査を広げた場合にコンプライアンスのレベルが落ちないかどうかを見極める必要がある。この隠れた罠は、ビジネスの世界にも広がっている。

コンプライアンスに関する研究は特に医療分野で盛んだが、それには理由がある。もちろん、医学の権威が患者の健康を気にかけているということはあるが、なんといっても大きいのは、巨大製薬会社（ビッグ・ファーマ）の利潤動機であり、自社の医薬品を服用してもらうことに強力な既得権益がかかっているからだ。だとすれば、この分野の研究の多くが、ビッグ・ファーマの資金で賄われているのは意外ではない。保険会社にも、あきらかな利潤動機がある。きちんと薬を飲んで健康になってもらえば、保険金の払い戻しが少なくて済む！　おなじことは生命保険にも言える。長生きすればするほど、保険料の払い込みが増え、最終的な払込額が払戻金を上回る。

定期購入や定期利用を前提にしたビジネスは、このコンプライアンス問題にぶつかる。ビジネスをスケールアップするには、消費者に実際に商品やサービスを使って良さを実感し、繰り返し利用してもらわなければならない。食品スーパーのトレーダージョーズは、特製ディップを試して気に入ってもらえないことには、リピーターになってもらえない（肉体的に中毒になるタバコにもおなじことが言える）。再就職研修プログラムでは、初日に参加して役に立つと思ってもらわなければ、継続的な参加は見込めない。処方された薬を2、3日飲まなくても調子が良ければ、患者は途中で服用を止めてしまうだろう。つまり、アイデアや商品をうまく広げたければ、対象者を特定するだけでは十分でなく、アイデアや商品を望ましい形で確実に使ってもらわなければ意味がない。これは交渉事以前の問題だ。

適切なインセンティブの導入

当然ながら、本人のためになるはずの薬をなぜ飲まないのかという問題は、トレーダージョーズでディップをなぜ買わないかよりも、心理的に複雑な問題だ。薬の場合、支払いはただちに発生するが、その効果を実感できるのは先なのに対し、トレーダージョーズのディップは、口にした瞬間に美味しさが実感できる点に違いがある。人間には目の前の事柄を重視する「現在バイアス」があるので、効果が表れるまでに何週間も何か月もかかったのでは、薬をきっちり飲んでもらうのは簡単ではない。とはいえ、突き詰めると、どちらのケースも（その中間のあらゆるケースも）課題はおなじだ。成功するかどうかは適切なインセンティブの導入にかかっている。それができなければ、どうなるか。わたしは、シカゴハイツ幼児センターの教育カリキュラムで実際に経験した。

シカゴハイツでの実験が3年目を迎える頃には、子どもたちに大きな成果をもたらすプログラムの設計はできていた。カリキュラム自体は二つの柱から成る。一つは認知スキルと非認知スキルの両方を伸ばす指導時間をしっかり取ること。そして二つ目は、親に関わってもらうことだ。どちらも欠かすことのできない交渉不可能財だ。親にはまずペアレント・アカデミーに申し込み、そのうえでプロトコルを守ってもらうという、2段階の苦労があった。地域の生活環境にはばらつきがあるため、多くの親にこちらが求める形で関与してもらうのは容易ではない。そこで、確実に参加してもらうために、インセンティブとして金銭を支払うことにした。

金銭的インセンティブを外したら

親が子どもの学校に関わる動機づけに金銭は必要ない、との甘い考えをもっている人は少なくないが、わたしの調査では、こうした金銭的インセンティブは強力な行動ナッジとなることが判明していた。親が働きづめで、生活必需品を買うのにも苦労している貧困地域では特に効果が高い。シカゴハイツで金銭の支払いが必須なのはわかっていた。だが、どれほど重要かを痛感したのは、ロンドンのある校区から、われわれのカリキュラムを導入したいと打診を受けてからだ。

同僚のロバート・メトカーフ、サリー・サドフとともに、ロンドンのカリキュラム作成を手伝う段になって落とし穴に気づいた。この校区では、子どもの教育に関与してもらうために親に金銭的なインセンティブを与えることが禁じられていた。その理由はどれも納得いくものだったが、親に金銭を支払うことがわれわれのプログラムを広げる際に不可欠な交渉不可能財である、という事実は変わらない。当局にそう説明したが、ともかく、金銭的インセンティブなしにカリキュラムを導入するのだと譲らない。

危惧していたとおり、親はプログラムへの参加を渋った。——ほとんどは、時間を割けないからだった。申し込んだ親も、アメリカの低学力地域の怠惰な学生より出席率が悪かった。当然ながら、そうした親の子どもたちがカリキュラムから得るものはなかった。得られるはずがない。親は、プログラムに不可欠な交渉不可能財を受け取っていないのだから。これは言うなれば、花粉症の最盛期に薬を飲まないで、アレルギーが治ると期待するようなものだ。

要点はこうだ。アイデアや事業をスケールアップするとき、他の人がそれにどう関与するかを完全にコントロールすることはできない。時に交渉不可能な部分を守ってもらうためにインセンティブを与えることはあるが、それを強制はできない。こうした要件を満たせないと大失敗につながる。ロンドンのケースがそうだが、親への金銭的インセンティブを外したのは、車のタイヤを外したようなもので、決定的な間違いだった。

プログラム・ドリフトとは

交渉不可能財への忠実度の欠如が、もっと微妙なケースもある。これが「プログラム・ドリフト（ミッション・ドリフト）（迷走）」につながる。プログラム・ドリフトは、アイデアを利用する側ではなく、導入する側の忠実度の欠如に由来するという意味で、ノンコンプライアンスとは大きく異なる。プログラム・ドリフトは、組織上の制約や、導入者が元のプログラムを忠実に再現できない、またはしないことにより、スケールアップに伴って交渉不可能財が充足されないことを指す。大規模に導入されるプログラムは、当初とはまったくの別物になる。プログラム・ドリフトをレストラン・チェーンで喩えると、最初の2、3店はメニューにロブスター料理を載せておいて、全国展開する段になると、おなじ料理をカニでつくるようなものだ。プログラム・ドリフトの例として、アメリカ政府が全米で導入した「ヘッド・スタート」プログラムを見てみよう。

「ヘッド・スタート」は1965年、リンドン・B・ジョンソン大統領の「偉大な社会」の一環として立ち上げられた。「偉大な社会」は、「貧困との戦い」のための法整備も含めた包括的な社会政策だ。この施策の柱の一つである「ヘッド・スタート」は、幼児の早期教育から健康、栄養まで、低所得世帯が直面しているさまざまな困難の緩和を目指していた。30年後、「ヘッド・スタート」の傘のもとに、焦点を絞り込んだ新たなプログラム「アーリー・ヘッド・スタート」が導入された。この背景には、近年、特に3歳までの乳幼児の発達について科学的な解明が飛躍的に進んだことがある。これを受けて開発されたプログラムは、安全な環境で乳幼児に手厚いケアを施し、身体面、認知面、社会性、感情面の発達を促すことに重点がおかれていた。以来、連邦政府資金によるこの早期児童介入政策は、世界最大規模に拡大している。

プログラム数は、開始時の1995年の68から2019年時点で1200強に増加し、「アーリー・ヘッド・スタート」を経験した子どもや家族は300万人にのぼっている。

既に確立していた「ヘッド・スタート」モデルを踏襲した「アーリー・ヘッド・スタート」は、子どもの教育にもっと積極的に関わってもらうよう、親の支援に重点をおいた。「アーリー・ヘッド・スタート」の要（＝交渉不可能財）の一つが、家庭訪問サービスだ。月に2回、各家庭を訪問し、約1時間半にわたって子どもの発達について話を聞き、アドバイスする。導入から数年で、参加率や子どもの発達に大きな成果が見られた。少なくとも小規模なら全面勝利だ。だが、規模を拡大すると、ボルテージが大幅に低下した。特に問題家庭への訪問サービスに効果が見られなかった。詳しく調べると、家庭訪問サービスの質のばらつきが大きいことがわかった。規模を拡大してサービスに携わる人間が増えると、質が低下する機会も増える、というわけだ。

問題は、担当者が訪問する問題家庭が多く、それだけ子どもに構っていられない親も多い、ということだった。こうした問題家庭の親が、子どもの教育に時間をかけられないのも無理もない。食費を稼ぎ、請求書の支払いをするだけでいっぱいいっぱいなのだ。生活はまったく余裕がない。結果として、家庭訪問サービスは、「アーリー・ヘッド・スタート」の手法やミッションとは「かけ離れ」、最早、当初設計・テストした「アーリー・ヘッド・スタート」とは別物になった。名称こそおなじだが、中身がまったく違う効果のないものになってしまった。

プログラムの迷走

規模の拡大に伴い、家庭訪問サービスが交渉不可能財を忠実に維持できなかったのは、プログラムそのものが、その不可欠な要素――交渉不可能財を理解していなかったからだ。そもそも親に時間があり、子どもの学習に関わることができること――それこそが、交渉不可能財だった。結果として参加率が下がり、多くの子どもがその発達と将来の生活にプラスになったはずのサービスからさらに遠ざけられることになった。

学術調査、政府・慈善団体の助成金を受け、非政府組織が実施するプログラムでは、プログラムの迷走はよくあることだ。その原因は、資金の出所が複数で、それぞれに優先順位やアジェンダがあることによる。たとえば財団の寄付者は、全員の学力向上を望む。学校区は1人の落ちこぼれも出してはいけないという。そして大学の研究者は、論文にして発表できる結果が欲しい。当事者がそれぞれの球を押しつけ合う結果、不可欠な要素の交渉不可能財が希薄化する。こうした状況のボルテージ低下は、とりわけ厄介だ。公共制度で大規模に実施されるプログラムは、適切な評価に長い時間がかかるからだ。それゆえ失敗が何年も放置されたままになる。結果として問題が特定され、理解され、是正されるまでに、多額の資金と労力が虚しく費やされることになる。

迷走の問題は、動きの遅い政策介入や学術調査だけの話ではない。ビジネスの世界も汚染されている。特に迷走が起きやすいのが、商品の質が顧客満足の基準を維持できない場合だ。たとえばジェイミーズ・イタリアンでは、杜撰な管理と無理な出店が料理の質の低下を招いた。ポール・ミドラーは「質の消失」と評した。興味深いのは、ミッションが迷走して最も槍玉にあげられるのが、非営利組織と営利企業の共同事業だ。

過去70年間、営利企業は戦略的優先課題に社会インパクトを含める方向で動いてきた。一方、多くの非営利組織は、事業を存続させるために収益部門をもたざるをえなくなっている。それによって今、何が起きているか。ベンチャーキャピタルは資金を拠出するだけでなく、投資した事業で世界を改善したいと考えている。一方、非営利組織は、収益事業でプログラムを支えようとしている。たとえば、AARP（旧称、全米退職者協会）は、保険事業で年間10億ドル以上稼いでいる。だが、社会事業も収益事業も、2頭立ての「2人の主人に仕える」と、ミッションが迷走しやすいことが、調査で判明している。利益と社会貢献がともに欠くべからざる交渉不可能財のとき、リソースが少な過ぎて、それぞれに必要な支援ができないのだ。

では、ノンコンプライアンスやミッションの迷走を、組織はどう阻止すればいいのか。出発点としては、それぞれに経済的、心理的なインセンティブを取り込むことだ。コンプライアンスを向上させるには、そのメリットをすぐに目に見える形にする一方、コンプライアンスのコストを下げる。ミッション・ドリフトに関しては、たとえば、企業の創業者や、最初に画期的な発見をした科学者など、アイデアを忠実に守ることに個人的な強いこだわりがある人がいると、実行チームによる迷走は最小限にとどまることがわかっている。要するに、実行役がミッションをなぜ実行するか理解していれば、思い入れがぐっと強くなる。

だが、21世紀のビジネスでは、スケールアップした場合に深刻なボルテージ低下につながる交渉不可能財への忠実度の欠如が、迷走とは関係ない場合が多い。一見、見事にスケールアップできそうな素晴らしい新素材——革新的な最新テクノロジーの導入をした結果なのだ。

スマート・テクノロジーとスマートでない人々

ほとんどのデジタル技術は、本質的にスケーラブルだ。一連のコードは即座に無限に複製できるし、人々はまさにそのために、それなりのカネで購入したのだから、製品にすぐ「適応」できる。そのため、最新技術が事業の基盤にあれば、規模を拡大してもおなじものが複製されるだけなので、交渉不可能財は安泰だと思うかもしれない。

だが、そううまくはいかない。

第2章で取り上げた節電プラットフォームのオーパワーの例を思い出してみよう。節電イニシアチブを導入して2年後の2010年、わが研究室の博士課程の優秀な学生ロブ・メトカーフが、集まったデータの分析を提案した。オーパワーはハネウェルと組んで、スマート・サーモスタットを考案したばかりで、ゲームチェンジャーになると自信満々だった。スマート・サーモスタットでは、住人の活動時と就寝時で室温を変えたり、オフピーク時に電力の購入を増やしたり、ピーク時の購入を減らすなどして節電できる。スマホのアプリとも連携していて、室内にいるときは、スマホさえもっていれば簡単に温度を調節できる。

勝てる製品の要素がすべて揃っていた。試作品として、すべてのエンジニアリング・テストに合格し、異例の好結果が出たことから、オーパワーはカリフォルニア中央部で広く売り出した。だがなぜか、期待された節電効果はまったくあがらなかった。そこで、われわれのチーム（クリス・クラップ、ロブ・メトカーフ、マイケル・プライス、わたし）が取締役会に呼ばれ、原因を究明することになった。

約20万世帯のデータを見ると、ボルテージ低下の原因はシンプルだった。製品を購入したからといって、必ずしもコンプライアンスを守るわけではない。たしかにスマート・サーモスタットは顧客の家庭に設置され、アプリはスマホにダウンロードされていたが、適切に使われていたわけではなかった。デフォルト設定では節電する仕組みになっていたが、徐々に設定を解除し、元の利用パターンに戻っていた。そのためスマート・サーモスタットが謳っていた利点は帳消しになった。

顧客は生身の人間

問題は、エンジニアが現実の人間の行動をモデル化していなかったことにある。要するに、これだけ節電できる、とのふれ込みは、最適な使い方をする「完璧」な顧客を前提にしたものだった。だが、顧客は生身の人間だ。気まぐれで、よく間違いを犯し、早合点し、目先のご褒美になびきやすい。取扱説明書をよく理解して、それに従うわけでもない。出勤して家を空けるときもスイッチを切らないのは、留守番の愛犬に寒い思いをさせたくないのかもしれない。あるいは、帰宅してから暖房を入れるのではなく、暖かいわが家に帰りたいのかもしれない。人間のいい加減さ、怠け癖、無駄の多さを侮ってはいけない。特に規模を大きくする場合は！エンジニアは、こうした人間の特性を頭に入れたうえで、製品を考案し、テストしておくべきだった。画期的な製品も、実際のユーザーで適切なテストを実施しなければ、さまざまな間違った使われ方をして、意図した成果がまったく見られない事態が起こりうることを想像できていなかった。

要するに、スマート・サーモスタットをつくってはみたが、それを利用する人間は、それほどスマートではなかった。じつは、オーパワーの問題は、処方薬をきっちり飲まない患者の問題とさほど違わない。医薬品も画期的なテクノロジーも、理論的には完全にスケーラブルな素材だ。ただし、それは適切なコンプライアンスさえあればの話だ。そこで、われわれチームは、顧客にもっとスマート・サーモスタットを活用してもらうために、どのようなインセンティブをつけるかをあきらかにするフィールドワークを設計した。当初の結果は有望だった。

もちろん後から振り返れば、オーパワーが製品の設計段階で、コンプライアンスの課題を見越して対処しておけば、期待外れの結果になるのを避けられただろう。それには想像力と、エンジニアほど技術に詳しくない一般人を対象にしたベータ・テストが必要だ。アップルのような一流テック企業は、たいてい、これを実践している。スティーブ・ジョブズのレガシーを引き継ぐアップルは、ベータ・プログラムで、ユーザーに発売前のソフトを試してもらい、バグを見つける。登録ユーザーは、発売前のソフトにいち早くアクセスし、使い勝手をフィードバックする。

インスタグラムが世界に広がった理由

スマート・サーモスタットのような画期的な製品は、利用者側の学習が必要だが、ユーザー・フレンドリーな製品は、世に出た直後に簡単に広がる。インスタグラムがいい例だ。使い方は至って簡単。手引きは要らないし、写真を投稿しない人でも、アプリを使ってみることはできる。このシンプルさと使い勝手の良さが、インスタグラムの交渉不可能財だ。世界で10億人以上が利用するようになった今も、利用者が100人しかいなかった当初とおなじようにアプリは動いている。

最後にテクノロジーで規模の拡大がことのほかうまくいった例として、ビジネスではなく社会運動の例を取り上げよう。2020年春、ミネアポリスの警察官デレク・ショーヴィンによって黒人男性ジョージ・フロイドが殺された後、まだ誰も訴追されていない段階で、「草の根司法プロジェクト」の指揮により、ミネソタ州の公的機関に正義を求める抗議の電話が殺到した。ボランティアは、「草の根司法プロジェクト」から教えられた番号に電話をかけ、指示されたメッセージを伝えるだけでいい。一つの役所に電話をかけ、担当者に伝えるか留守電にメッセージを残した後、アスタリスク・キーを押すと、自動的に次の役所につながる仕組みだ。ボランティアはひたすらアスタリスク・キーを押して、メッセージを残しまくって抗議の声を確実に伝えた。何日も経たないうちに、デレク・ショーヴィンは逮捕され、起訴された。現場にいた他の警官も後日、逮捕された。この正義の勝利には、いくつもの要素が関わっているが、自動電話ドライブ技術が大いに貢献したのは間違いない。使い勝手のいいテクノロジーは広がっていくものなので、自動電話ドライブ技術は、自分たちの主張を大勢の人々に届けたいアクティビストにとって、今後も貴重なツールであり続けるだろう。

ここでの教訓は、コンプライアンスを簡単にする、ということだ。さまざまな平均的人間を対象に、新たなテクノロジーを設計、テストする場合、最初は時間もカネも手間もかかり、創造力を要するだろう。だが、「うまくいかないことは、規模を拡大してもほぼ常にうまくいかない」というマーフィーの法則を踏まえれば、最初にそれだけのエネルギーを注ぐ価値はある。

交渉不可能財を見極める

事業を拡大したときの状況変化に伴うボルテージ低下を避けるには、伝統的な調査や製品開発モデルを逆にするといい。まず、規模を拡大し、全人口を対象に、さまざまな状況で成功するとはどういうことかをイメージする。長期的な成功とはどういうものかを考える。このゴールを達成するために、不可欠な要素――自分たちの交渉不可能財は何かを見極めることから始める。たとえば、5万人規模の教員を対象にした教育プロジェクトでは、優秀な教師10人を選んでパイロット調査をしてはいけない。トップ層の教員10人は、最終的に採用しなければならない残り2番手、3番手の教員4万9990人を代表していない。カリキュラムを普及させるためにアルバート・アインシュタインのような人物が必要なら、アインシュタイン並みに教える能力をスケールアップできるテクノロジーを開発する。そうでなければ、カリキュラムは拡張できない。政策立案者について言えば、エビデンスに基づいた政策から、政策に基づいたエビデンスに転換すべきだ。

規模の構築、利用可能なテクノロジー、安全上の懸念、押しつけ行為など、規模拡大に伴って組織上の制約が出てくると考えられるなら、最初の調査で、これらの制約が交渉可能か否かを検証する。交渉不可能財で、規模を拡大したとき利用できないなら、そのアイデアはスケーラブルではない。こうした一般的なアプローチは、「後ろ向き帰納法」と呼ばれる。第5章で詳しく取り上げよう。

アイデアで何を提供すべきか。いったん現実を受け入れれば、もっと現実に即してアイデアをスケールアップし、成功につなげることができる。制約のなかで動き始める前に、妥当な設定での制約を理解する必要がある。ペースを落とせ、というわけではない。走り出す前に、どの方向に走るかを見極める、ということだ。わたしはこれまで、ビジネス界の足の速いランナーと数多く手を携えて仕事をしてきた。最速ランナーと組んでも、走る方向が間違っていれば勝つことはできない。

だが、交渉不可能財をスケールアップしようとすると意図せざる結果を招き、それまでの苦労が水の泡になりかねないとわかったとしたら、どうすればいいのだろうか。

第4章

チェックリスト④

ネガティブなスピルオーバーはないか

1965年、伝説的な消費者保護活動家で、当時31歳の弁護士ラルフ・ネイダーは、第一作の『どんなスピードでも自動車は危険だ』を刊行した。予想外に大ベストセラーになったこの本は、書き出しから本気モードだ。「半世紀以上にわたって自動車は、数百万の人々に死とケガ、さらに計り知れない哀しみと喪失をもたらしてきた」

書き出しに続く各章でネイダーは、自動車の設計を違う角度から解明し、ドライバーや通行人、歩行者を不必要に、あるいは過度に危険にさらしていると糾弾した。たとえば、衝突事故を科学的に検証して、自動車メーカーが安全よりもスタイルを優先して設計していることをあきらかにした。交通渋滞の激しいロサンゼルスなど大都市の大気汚染も、自動車が引き起こしているという。ネイダーはこうした状況を嘆き、規制の必要性を強く訴えた。そして、訴えは功を奏した。いつもなら腰の重いアメリカ政府が迅速に対応し、ネイダーの本の出版から数か月も経たないうちに、アメリカ運輸省道路交通安全局を創設したのだ。

表面的には、ラルフ・ネイダーがアメリカの道路を安全にすることに成功したかに見えた。だが、実態はそう単純ではなかった。

シートベルトをつけるとかえって危険な運転をする？

時を進めて1975年、シカゴ大学の同僚で俊英のサム・ペルツマンが、「自動車安全規制の効果」と題する論文を発表した。タイトルは控えめだが、ペルツマンの結論は衝撃的だ。ネイダーが先頭に立って10年にわたって取り組んできた自動車の安全性向上策は、実際には人々を安全にしていなかったのだという。ペルツマンはこう断言した。「この調査のなかで最も自信をもって提示できる結論の一つは、自動車安全規制がハイウエイの死亡率に影響を与えていないことである」。これ以上に驚きなのは、その理由についてのペルツマンの説明だろう。安全規制が導入されたことで、ドライバーは自身が安全だと思い込み、かえって危険な運転をしてしまい、それが事故の増加につながっているというのだ。ドライバーは、意識的かどうかはともかく、「シートベルトをつけていて安全だから思いきりペダルを踏もうと思う」。たしかに個々のドライバーは、シートベルトをつけていれば事故に遭っても安全だろうが、みながそう思って危険な運転をすれば、全体の事故発生件数は増えることになる。言わば、ボルテージの上昇が、その後のボルテージの低下で帳消しになってしまうのだ。意図せざる衝撃的な結論だ。

当時、ペルツマンの論文は論争を巻き起こし、当然ながら、規制賛成派と規制反対派の政争の道具になったが、この間にさまざまな研究が行なわれ、自動車以外の分野でも似たような結論が導き出された。安全対策が導入されると、人間はかえって危険な行動をとりがちであることが判明したのだ。バイク乗りに安全用ヘルメットを渡すと、無謀な運転をするようになる。悪いことに、バイクの周りを走る車の運転も乱暴になる。ペルツマンが切り拓いた研究を直接受け継いだ２００９年の調査では、頭と首を固定する新たなシステムを使った競技ドライバーは、重傷は減ったが、事故発生件数と車両の損傷は増えていた。要するに、安全対策には、その目的を損なう可能性があるのだ。

ペルツマン効果と呼ばれるようになったこの現象は、「リスク補償」の研究の切り口として使われることが多い。リスク補償とは、ある状況で、どれだけ安全と感じるかによってリスクの選択が異なることを指す（安全だと思えばリスクを多くとり、安全でないと思えばリスクをあまりとらない）。９・11の同時多発テロを受けて、テロリストが核兵器を掌握することへの懸念が高まった際、政治学者のスコット・セーガンが、核施設を守る保安員を増やすとかえって危険になると主張したのは、こうした理由からだ。ペルツマン効果は、保険市場にも及ぶ。保険の加入者が非加入者よりもリスクの高い行動をとる現象は、「モラルハザード」と呼ばれる。人間のこうした行動パターンは、スケールアップする際に、間違いなく重大な意味をもってくる。

スピルオーバー効果

明白なのは、一見、自由意思に見える日々の選択が、じつは自分たちが自覚していない隠れた効果に左右されている、ということだ（シートベルトは締めて、そのうえで安全運転しなければならない！）。だが、スケーリングの文脈で考えると、避けなければならない、ボルテージ低下のもう一つの要因が浮かび上がる。「スピルオーバー効果」だ。スピルオーバー効果とは、ある出来事や結果が別の出来事や結果に意図せざる影響を及ぼすことを指す。ある市が工場を新設したところ、工場が大気汚染を引き起こし、周辺住民の健康被害が生じるケースは、スピルオーバーの古典的な例だ。スピルオーバー効果は、逃れられない出来事の連鎖、人間の創造物、自然界について物語っている。「スピルオーバー効果」という用語は、心理学から、社会学、海洋生物学、鳥類学、ナノテクノロジーまで幅広い分野で使われているが、本書の目的に照らし、人間的なアプローチで、あるグループの行動が別のグループに意図せざる影響を及ぼすこと、と定義しよう。さまざまな属性の人を対象にスケールアップするときほど、スピルオーバーが発生しやすく、目に見えやすくなる。スケーリングに関するマーフィーの法則を覚えているだろうか。うまくいかないものは、規模を拡大してもうまくいかない。もう少し退屈な言葉で言えば、予期せぬ何かは、スケールアップしないときよりも、スケールアップしたときに起きる確率が高い。

スケールアップに伴って表れるスピルオーバー

スピルオーバー効果は、「意図せぬ結果の法則」として知られる、大きなカテゴリーに含まれる概念だ。説明するまでもないが、ある結果を意図してとった行動が、時に意外な結果を生み出してしまう。ラルフ・ネイダーは善意から自動車の改革と規制を求める運動を展開したが、その結果が意図に反していたように、事業や政策が目指す効果が一つだとしても、それが別の効果をもたらさないとは限らない。そして、こうした現象は、スケールアップしたときに際立つものだ。

その背景には、経済学で「一般均衡効果」と呼ばれるものがある。これは市場全体またはシステム全体の変化を指す用語で、規模が小さいときには表れにくい。経済学での一般均衡効果とは、市場の変化に合わせて自動的に調整される需要と供給の関係を指す。もっと広い意味では、あるシステムの均衡が一つの領域によって乱されるとき、均衡が回復するまで、システムが他の領域を自動調整していくことを意味する。どこか1か所を調整すると、結局、システム全体が調整されることになる。

一般均衡効果がわかりやすいのが労働市場だ。ある年、全国の大学2年生の50％が専攻を経済学に変える決断をしたとしよう。数年後に彼らが就職市場に入るときに何が起きるだろうか。経済学専攻の学生に対する需要が急に盛り上がることはないとすると、大量のエコノミストの労働市場への流入（供給の増加）は、彼らの賃金を大幅に引き下げる。ボルテージは急落する。では、実験的に100人の大学2年生をランダムに選抜し、そのうちの半数に強制的に専攻を経済学に変えさせた場合、就職時の彼らの賃金はどうなるか。このように専攻を変える学生が限界的に増えても、彼らの賃金にはまったくマイナス効果にならない。わずか50人では、労働市場の均衡を乱すことはできないからだ。

ここにヒントがある。通常、われわれのフィールド実験でわかるのは、先ほどの小規模な実験の延長線上の答えだ。実験の結果は、大きな動きを物語っているわけではない。対象者は全員ではないし、大学2年生の50％ですらない。だが、現実に知りたいのは、大きな動きだ。政策をスケールアップする場合は特にそうだ。わたしのアイデアについて、全員が何かを変えたとき、あるいはすべてを変えたとき、全体にどんな効果が表れるだろうか。アイデアはペトリ皿に存在しているわけではない。そしてイノベーションは、その目的に反してマイナスの効果をもつ可能性があり、それは「規模を拡大して初めて目に見える」のだ。

就業機会を増やす目的で導入した大規模な職業訓練プログラムは、だいたい似たような結果に終わっている。大規模な職業訓練プログラムは、理論的には素晴らしいが、現実には、高度なスキルを身につけた求職者が増えて、高賃金の職を求める競争が激しくなり、すべての高スキル人材の賃金が下がる可能性がある。そうなると職業訓練プログラムの魅力はなくなる。少なくとも功罪相半ばになるだろう。ここでも、一般均衡効果が期待を裏切りかねないわけだ。

料金を上げてもドライバーの収入を増やせなかった理由

一般均衡効果を解明するうえで、もう一つの完璧な例を提供してくれるのが、ライドシェア業界だ。たとえば、わたしがウーバーに在籍していたとき、創業者のトラヴィス・カラニックは、基本料金を引き上げることでドライバーの収入を増やす試みに同意した。これはロジカルなアプローチに思えた。料金を上げれば、売り上げも増えそうだ。だが、それは見せかけだった。

エコノミストのジョナサン・ホール、ジョン・ホートン、ダニエル・ネフルが、基本料金引き上げの影響を、36都市について105週にわたって検証したところ、興味深いパターンが見つかった。たしかに基本料金を引き上げると、数週間はドライバーの収入も増える。だが6週目には、引き上げ前の水準を若干上回る程度にまでに下がり、15週目には増収分が完全に消滅していたのだ。なぜか。基本料金の引き上げによって、ウーバー車を運転することがより魅力的になる。既存のドライバーは乗車回数を増やす一方、新たなドライバーも参入する。その結果、市場の供給サイドの競争が激しくなった。平均して個々のドライバーが受け取るチップの総額が減り、意図していた料金引き上げによるメリットは帳消しになってしまったのだ。大規模なドライバーの基本料金引き上げによる意図せざる効果――スピルオーバーは、良い意図をもったウーバーの対策を無にしてしまった。

後にわたしは、似たようなスピルオーバー効果を、シアトルのウーバーの乗客のあいだでも発見した。起きたことは、かなり単純だ。ウーバー利用者の一部に、ある金曜日の午後だけ使える5ドルの割引クーポンを配り、当日午後の彼らの行動を、クーポンを渡していない一般利用者と比較した。たしかに、クーポン利用者の乗車回数は一般の利用者を上回り、クーポン利用者による増収分で割引による減収分を十二分に穴埋めできた。一見、ジャックポットを探り当てたかに見えた。ほんの少し手を加えるだけで、大当たりする可能性がありそうだ。

この成功に気を良くしたわれわれは、5ドル割引クーポン作戦をシアトルのもっと多くの顧客グループに広げることにした。だが、この拡大作戦は、さらなる増収につながるどころか、手酷いボルテージの低下を招いた。当初の実験と同様に、クーポンで乗車回数はすぐに増えたが、市場の均衡が崩れて、突然、シアトル市全体の乗車回数が減り始めたのだ。最初は魅力的だったオファーが、一夜にして忌避されるものに変わった。美味しかった料理が余ってダメになるように。なぜ、こんなことが起きたのか。

データを見ると、その理由がはっきりわかった。最初の小規模実験での成功が偽陽性だったわけではない。実験に参加した利用者が、シアトルの利用者全体を的確に代表していなかったからでもない。規模を拡大すると、当初はクーポンによって需要が急増するが、ある時点でドライバーの供給が追いつかなくなる。ドライバーが不足すると、料金があがり、待ち時間が長くなり、それが需要全体の減少につながる。単純に、生きて呼吸している市場が、新たな均衡に落ち着いたのだ。5ドル割引クーポン作戦の効果は、利用者のごく一部のグループを対象にした実験では間違いがないと思えたが、規模を拡大すると失敗に転じた。マルコム・グラッドウェルの言葉を借りれば、良いアイデアが悪いアイデアに変わるティッピング・ポイントがあったのだ。

究極のマクロ・レベルでも、スピルオーバー効果はおなじようにはたらく。たとえば、免疫学者は一般に、多くの大気汚染や水質汚染は無害だと主張する。きわめて濃度が低く、人間の体に備わっている免疫機構でダメージを修復できるため、病気になることはないという。だが、こうした汚染物質を排出する発電所が増設されたり、新設されたりすれば、臨界点を超えるかもしれない。自動車や航空機の歴史を見るだけでいい。こうした輸送技術の革新によって、生活は格段に良くなった。19世紀に生きた先祖は、いとも簡単に驚くばかりの速さで世界各地を訪れ、現地の人々と交流しているわれわれの姿に目を丸くしていることだろう。だが、規模を拡大して、長い時間軸で見ると、輸送技術の進歩は気候変動の大きな原因にもなっていて、地球上の人間の生活を根本的に変えるよう迫っているようだ。

マイナスのスピルオーバー効果ばかりではない

ややもするとスピルオーバー効果に起因する、まだみぬ問題に焦点をあてがちだが、スケーリングについて言えば、意図せぬ効果はマイナスばかりでは決してない。国際開発の世界では、海外援助組織が現地社会に与えかねないダウンストリーム効果が大いに懸念されてきた。特に開発経済学では、極貧地域の現地住民に対する現金給付の効果が注目される。たとえば、かなりの数の現地住民に現金を配るか、少額融資を供与することによって現地経済の活性化を目指している非政府組織は、起こりうるスピルオーバー効果を把握しておきたい。現金給付がきっかけでインフレが起こり、混乱を拡大させてしまうのか、あるいは社会階層の分化をさらに進めてしまわないのか。

こうした問題に答えようと、2014年、著名なエコノミスト・グループ——デニス・イーガー、ヨハネス・ハウスホーファー、エドワード・ミゲル、ポール・ニーハウス、マイケル・W・ウォーカーが、ケニア農村部の貧困地区でフィールド実験を行なった。ビクトリア湖近くのシアヤ地域の653村で茅葺屋根の家に住む世帯からランダムに1万世帯を選び、世帯あたり1000ドルを1回限り支給する。総額はなんと1000万ドル(!)だ。調査にあたったエコノミストによれば、「このプログラムのピークの12か月間の現金給付額は、現地の国内生産(GDP)の15%超に達した」

その後2年半にわたり、あらゆる経済データを収集・分析したところ、マイナスのスピルオーバー効果の証拠は見つからなかった。たとえば、恐れられていたインフレは亢進しなかった。逆に、いくつかプラスのスピルオーバーが起きていた。現金給付で消費は大いに盛り上がった。現金給付を受けた世帯で増えたのは想定どおりだが、実験に参加しなかった世帯でも消費が増えていた。当然ながら、現金給付を受けた人たちの消費が盛り上がると、現地の商店や企業の利益が増える。そうなれば資金的余裕ができて、現地住民の雇用を増やすことができる。結果として、事業主も雇用された住民も、自分で使える現金が増える。このように経済全体に大規模な現金注入をした結果、総合的には、諺で言われるように、すべてのボートを押し上げる上げ潮が生まれた。現金給付を受けなくても、地域経済全体への給付の効果の恩恵を享受することができた。これは、一般均衡のスピルオーバー効果によるものだ。

ビジネスの世界では、一般均衡のスピルオーバー効果を指す言葉として、「ディスラプション（創造的破壊）」がバズワードになっている。デジタル時代は、これまで何度かディスラプションを引き起こしてきたが、今後もそれは続くだろう。急激なイノベーションの進展は、均衡を激しく揺るがし、旅行代理店や紙の雑誌などの多くの企業、あるいは産業全体を歴史の藻屑と消し去ろうとしている。とはいえ、均衡を求めるシステムがみなそうであるように、事業環境でも自動調整機能がはたらき続ける。常に新しい企業や産業が生まれ、消滅した企業や産業の居場所を埋めていく。

マクロとミクロ

マクロ・レベルのスピルオーバーは、見出しになりやすい。雇用を生み出したものの、汚染物質を垂れ流し、近隣住民の健康を害した工場の例は、数知れない。あるいは、新たな高速道路建設で、市の交通網は充実して便利にはなるが、近隣の住宅は騒音と大気汚染で価値が下がる。こうした例は枚挙にいとまがない。経済学ではこれを「外部性」と呼ぶ。ある意図をもった行為が生み出す意図せざる反応が、広範囲かつ一般に及ぶからだ。

規模を拡大すると、こうした意図せざる反応が地球全体に波及する可能性もある。だが、思い出してほしいが、スピルオーバーは、ひどく込み入った個々人の選択がやがてクリティカルマスに達し、沸き上がるものだ。その仕組みをマクロ・レベルで理解することは、スケーラブルな事業を立案し、持続させるために不可欠だが、マクロだけに焦点を当てるのは間違いだ。

もう少しミクロのレベルのスピルオーバーは、マクロ・レベルと変わらない影響力をもつが、その現れ方は間接的で、追跡できないこともある。これについて思い出されるのが、地元のイリノイ州フロスムーアの青年野球チーム、フロスムーア・ファイヤーバーズのために一肌脱いで資金集めをしようとしたときのことだ。

スピルオーバーの社会的側面

２０１０年夏、わたしは２００人以上の訪問員（勧誘員）を雇い、貧乏な青年野球チーム、ファイヤーバーズのために、個別訪問で寄付を募ることにした。訪問員にいくら時給を支払えばいいのかよくわからない。そのとき、これをフィールド実験の機会にすればいいのだとひらめいた。希望する寄付金総額を集めるのに、時給10ドルは訪問員にとって十分なインセンティブになるのだろうか。現金のインセンティブを増やせば、訪問員のモチベーションは上がり、寄付金がもっと集まるのだろうか。そこで、ささやかな実験をしてみた。２００人をランダムに二つのグループに分け、時給をそれぞれ15ドルと10ドルにする。当然ながら個別に知らせるので、訪問員は自分のグループの時給しか知らない。その後、訪問員はバンに乗り込み、それぞれが担当する近隣の地域に寄付を募りに向かう。移動の手間を省くため、バンは二つのグループの相乗りだ。彼らは時給についてあまり口にしないだろうとは思っていたが、聞かれたときは、時給の違いはありうる、と答えるつもりだった（聞いてくる人はいなかったが）。

データを調べてみると、時給15ドルの訪問員のほうが、かなり働きがいいことがはっきりした。時間あたりの訪問件数、１件あたりの寄付額とも、時給10ドルの訪問員を上回っていたのだ。５ドル上乗せした甲斐があった。

翌年の夏、ふたたび資金集めの時期が訪れると、もう一度、訪問員を雇い、今度は全員に時給15ドルを支払うことにした。恵まれない野球選手のために、前年夏の科学的発見を活かせると思ったのだ。すべてが順調だったが、夏の終わりの週末に近づいたとき、手元資金が足りなくなってきた。経費を切り詰めないと寄付金の目標が達成できないとわかったので、新たにバンに乗り込む訪問員には、時給10ドルだけ払うことにした。時給15ドルの訪問員とおなじだけ寄付金を集められるかどうかは自信がもてないが、時給10ドルの投資は、それだけの価値があるだろうとは思っていた。驚いたことに、仕事の熱心さや集めた寄付金の額では、時給10ドルの訪問員は15ドルの訪問員に引けをとらなかった。

この成り行きには困惑した。インセンティブとしての現金の多寡が、訪問員のモチベーションや成果に目立った影響を与えないことなどあるだろうか。時給の効果の核心をつかむには、もう一度、フィールド実験をするしかない。

そこで翌年の夏、バンを三つのグループに分ける実験を設計した。第1のグループのバンは、時給15ドルと時給10ドルの訪問員が数人ずつ同乗する。これは最初の夏の実験とおなじで、低賃金と高賃金の労働者の混成チームだ。第2グループのバンは時給15ドルの訪問員、第3グループのバンには時給10ドルの訪問員ばかりが同乗する。重要なのは、第2、第3グループの訪問員は、互いについても、他の訪問員がどれだけもらっているかも知らないということだ。

時給に差をつけて起こったこと

すると、面白いことが起きた。第2、第3グループを比較したところ、成果に違いは見られなかった。各グループの効率は変わらず、各戸を訪問し、寄付をお願いするという行為に、時給の違いは影響を与えていなかった。だが、第1グループの混成チームでは、集めた寄付金額や仕事の熱心さに違いが見られた。あらゆる面で、時給の高い訪問員が時給の安い訪問員を上回っていたのだ。

わかったのは、5ドル高い時給がインセンティブになって、時給の高い訪問員が熱心に働いたわけではなく、5ドル安い時給が逆インセンティブになって、時給の安い訪問員がやる気をなくした、ということだ。時給の安い訪問員は、自分より多くもらっている人がいると知って、やる気が失せたのだ。じつは、わたしが最初の夏に想定したことに反して、訪問員同士は時給を話題にし、それが時給の安い人たちのやる気を失わせていた。このグループは、訪問件数も少なく、あろうことか窃盗に手を染める者までいて、集めた寄付金をくすねる割合が、時給の高い訪問員よりも多かった。

これは「怒りによる士気低下」と呼ばれる心理現象だ。有名なジョン・ヘンリー効果の裏返しだ。ジョン・ヘンリー効果とは、実験で生じるバイアスで、介入群のメンバーと比較されていることがわかっていると、対照群のメンバーが通常以上に張りきってしまうバイアスを指す。

わたしのフィールド実験では、訪問員はまさにこの逆をやった。時給に差があり、自分の時給が安いとわかったときの怒りの感情が意図せぬ効果を生み出し、寄付金集めで手を抜くことになったのだ。

相手に支払う金額が多いほど、相手もそれに応えてくれるのは直感的に理解できるかもしれない。だが、出来事、人、状況が複雑に織り込まれたタペストリーの内側では、この一見正しそうな真実が意外な形で崩れるものだ。わたしは全員に時給10ドルを支払うべきであって、そうすれば貧しい野球青年たちのためにもっと多くの寄付金を集められただろう。

このフィールド実験の結果は、寄付金集めにとどまらない大きな意味合いをもつ。多くの産業の企業や組織に対し、従業員の報酬の透明性を高めるようはたらきかけることに関係する。最下層からトップまで全員がいくら稼いでいるか、誰もが把握できるように、少なくとも社内では給与データを公表すべき、との考え方だ。野球チームの寄付金集めでのわたしの経験をもとにすれば、給与を透明にすると、同僚が自分より稼ぎがいいことを知り、「怒りによる士気低下」が加速すると予想する向きがある。だが、話はそれで終わらない。

想定以上に幹部の給与が高いとわかったらどうなる？

２０１７年、２人の俊英エコノミスト、ゾエ・カレンとリカルド・ペレス・トゥルギアが、アジアの大手商業銀行の従業員２０６０人を対象に、独創的なフィールド実験を行なった。幹部や同僚の給与についての誤解が、従業員のモチベーションや行動にどんな影響を与えているか探ろうというのだ。2人が調べたところ、この銀行の幹部の報酬は、平均して他の従業員よりも114%から634%多かった。一方、一般従業員の給与を、おなじユニットのおなじ肩書の同僚の平均と比較すると、16%高い者から16%低い者までばらつきがあった。上司や同僚の給与についての認識をあきらかにすることを目的とした調査では、一般従業員は幹部の給与を14・1%少なく評価していたが、同僚の給与については実態とあまり差がなかった。これはきわめて重要だ。というのも、自分が思っている以上に幹部の給与が高いとわかれば、余計に怒りが湧いてきて、やる気をなくす可能性があるからだ。

ここからが面白いところだ。カレンらは、従業員に幹部と同僚の給与の情報を与え、その後の数か月の行動を観察することにした。結果を分析してわかったのは、幹部の給与が自分の想定より10%高いと知らされた従業員は、仕事に少し力を入れるようになった。平均労働時間はその後の90日間で約1・5%増えていた。逆に、同僚の給与が自分より10%高いと知らされた従業員は、その後の90日間の労働時間が9・4%減っていた。あまりにやる気をなくし、会社を辞める者もいた。

幹部が自分の想定より多くもらっていることを知った場合は、モチベーションに影響する。これは、将来自分も幹部になれば給与もあがるかもしれないと楽観的になるからだ。この全体への影響は強力で、幹部が自分より多くの給料をもらっていることへの怒りから来るやる気の低下をはるかに上回る。対照的に、同僚の稼ぎが自分よりも多いと知ったとき、（おそらく正しい認識なのだろうが）不公平な差に対する怒りから、将来の明るい展望を失ってしまう。

では、こうした類の給与の透明性をスケールアップした場合のスピルオーバー効果とは、どのようなものだろうか。第1に、認識しておくべき重要な点として、組織は成長しても、一般従業員にくらべて管理職のポストを増やさないものだ。一般に、管理職1人につき部下の従業員を数人採用するので、従業員に対する管理職の比率は低下する。大企業では、管理職よりも同僚がはるかに多くなる。そのため、企業が管理職の給与を公開したいと望むなら、組織が大きくなるにつれて、この選択の価値提案は向上する。ボルテージの上昇が期待できる。だが、下位レベルの従業員の給与公開は、（こうした従業員の給与が全員平等でないと想定すると）組織が大きくなるにつれてボルテージの低下を引き起こす可能性がある。怒りによる士気低下を経験する従業員が多いからで、手を抜いたり、転職を考え始めたりする人が出てくるだろう。

もっと広い意味では、人の選択は（周囲の影響を受けない）真空の状態で行なわれているわけではない。この点をリーダーは認識しておかねばならない。個人の行動は、入手できる情報によって左右される。自分のおかれた状況を、他人のそれと比較できる場合は特にそうだ。先の時給の例で実感できたように、こうした隠れたスピルオーバー効果はきわめて重要で目配りすべきであり、効果的に対処するには機敏さが求められる。予想外の結果を招き、新たな知見をあきらかにしてくれるサプライズから学べることは少なくない。

ハイ・ボルテージの社会的スピルオーバー

自覚しているかどうかはともかく、人間の行動は、同僚や仲間（ピア）からの影響を強力かつ意外な形で受けている。職場でのそうしたダイナミクスを理解することは大事だが、仲間内でのスピルオーバーは、職場に限った話ではない。わたしは親になって、自分の子どもたちが人的資本形成（「教育」の経済用語）において、仲間から受ける影響を真剣に考えるようになった。じつは、教育における仲間の影響（ピア効果）は、近年、研究者や教師の大きな関心を集めている。子どもの教育成果の決定要因として、教師の質やクラスの人数、親の関与など、広く引用されている要因に匹敵するほど、友人関係の影響が大きいとの見方が多い。エコノミストのブルース・サセドーテの素晴らしい研究によって、初等、中等、中等後教育における一定の条件内の特定の成果については、仲間の影響がきわめて重要な決定要因であることがあきらかになっている。わたしがチームを率いてシカゴハイツ幼児センターの創設準備をするなかで期待していた成果には、この研究と、親としての個人的経験が投影されている。

「処置効果」のスピルオーバー

スクールを開校した初日から、早期幼児教育は基本的に社会活動だと考えていた。となればスピルオーバーが起きる可能性があり、それが良いものであって欲しいと願っていた。先行研究で既にあきらかになっていたことがあった。われわれのような研究では、「処置群」（ランダムに選抜されて処置（介入）を受ける参加者。われわれのケースでは、プリスクールのカリキュラムを受ける参加者）は、ごく近くにいることを通して、「対照群」（処置（介入）は受けないが、比較対象として計測される参加者）に意図せず影響を与える可能性がある。

シカゴハイツ幼児センターでは、この意味での「処置効果」のスピルオーバーが起きる可能性は高そうだ。二つの群の親子は近隣に住み、おなじコミュニティに属しているのだから。当然ながら、大きな疑問は、シカゴハイツのプログラムを他の学校や多くの子どもたちに広げた場合、こうしたスピルオーバー効果がどれだけ広がるかだ。だが、何よりもまず、スピルオーバー効果をマイナスでなくプラスにしなければならない。聡明な同僚、ファテメー・モメニとイーブス・ゼノウが加わり、実際どうなるかを検証してくれた。

数か月が経ち、さらに数年が経った。この間、来る日も来る日も、愛らしい幼児が教室にぞろぞろとやって来た。教室では、熱心な教師たちがわれわれのカリキュラムに忠実に従ってくれた。処置群向けの主なカリキュラムには、幼児の認知スキル（論理や記憶などの知的活動のスキル）と非認知スキル（チームワークや共有などの対人関係スキル）の両方を強化するよう設計された特別な手法が取り入れられていた。1日が終わると、どちらのグループの子どもたちも揃って帰宅し、多くは一緒に過ごす。鬼ごっこやスポーツに興じ、想像力あふれるゲームを考案し、一緒に楽しむし、当然、仲違いもする。要するに、子どもは子どもで、たえずコミュニケーションをとりながら、こうした活動をすべて一緒にやっているのだ。こうして処置群から対照群への「直接的なスピルオーバー」が起きる。

基本的に、処置群の子どもが、急速に身につけた認知スキルと非認知スキルを対照群の子どもに伝えていたのは、「単純に距離の近さと日々の交流による」。一緒の時間を過ごすことで、処置群の子どもの話し方、他の子どもとの分け合い方、遊び方が、さりげなく無意識のうちに対照群の子どもに記憶され、やがて対照群の子どもたちも、処置群が教えられた行動や選択、スキルを真似るようになる。この効果はきわめて局所的で、空間的距離が縮まるほど効果は高まる（近所に暮らす子ども同士の効果がそうだ）。またしても、すべてのボートをもち上げる上げ潮の原理が見られたわけだ。あるグループの一部のメンバーにとって良いことがスピルオーバーして、グループ全体のメリットになる。このスピルオーバーは、プログラムをスケールアップした場合にコミュニティのほとんどの子どものためになるボルテージの上昇を生み出すことを保証してくれたようなものだ。

似たような効果は処置群でも見られた。処置群で、認知スキルや非認知スキルをいち早く身につけた子どもたちが、自己強化型サイクルを生み出し、処置群全体のスキル獲得スピードが加速していった。単純に、子どもたちは切磋琢磨することでより早く成長するのだ。処置群の好結果はすぐに対照群にスピルオーバーし、ボルテージ・ゲインは指数関数的に高まる。好結果の2乗だ！　この効果は、スケールにビルトインされている。参加者が多いほど、有利になるからだ。

ポジティブなスピルオーバー

一方、シカゴハイツでは、別のスピルオーバーも発生していた。子どもたちが一緒に遊ぶようになると、親同士も自然と話をするようになった。処置群の親は、子どもがプログラムに参加していること、自分もペアレント・アカデミーに参加していることを積極的に語り、自分たちが学んだ新しい手法を伝えることもあった。言い換えれば、ニュースはシカゴハイツ幼児センター周辺で起きていて、子どもの将来に関する親のモチベーションが野火（！）のように広がったのだ。対照群の親（プログラムに申し込んだが、ランダムな選抜から漏れて、子どもが対照群に割り当てられた親）は、当然ながら、処置群の親とおなじように子どもの将来を案じていた。そのため、処置群の親からプログラムの内容を聞くと、自分も子どもの認知スキルや非認知スキルを伸ばそうと、工夫したり、自分たちだけでスキルを伸ばせる方法を探すようになった。放課後プログラムなどの補完的なサポートを利用したり、ペアレント・アカデミーに参加した親から聞いた手法を試したようだ。

この効果はある意味で、幹部の給与が思ったより多いと知った従業員が、仕事に一段と身を入れるのに似ている。対照群の親は、ランダムな選抜で子どもが処置群に入れなかったことを怒るのではなく、子どもの教育に一段と熱心に取り組むようになった。これは処置群の親がモデルとなって、自分の子どもも処置群の子どもとおなじような成果をあげられると楽観したからだ。プログラムに参加した親は、新たな可能性に目を見開き、子どもたちが取り残されないことを求めた。シカゴ幼児センター・プログラムの予期せぬ効果は、ポジティブなスピルオーバーが大規模に起きたことだ。プログラムの効果の当初の評価にスピルオーバー効果を合わせたプログラムの総合的な効果は、少なくとも10倍に膨らんだと言えるだろう。ハイ・ボルテージの実例だ！

ネガティブなスピルオーバー

とはいえ、ネガティブなスピルオーバー効果があったことも明記しておかねばならない。プログラムに参加した親たちは、子どもの教育に余計にかける時間をどこかから捻出しなければならなかったわけだが、データによると、たいてい子どもの兄弟姉妹と過ごす時間が削られていた。つまり、意図せぬ結果として、兄弟姉妹には親の目が行き届かなかったことになる。前述の直接的なスピルオーバーにくらべると、この効果は小さいが、この負の効果の説明をしておかなければ、プログラムの介入が実際以上に効果的に見えただろう。完全な全体像を把握するには、エコシステム全体に注目し、エコシステム内のすべての子どもへのプログラムの影響を説明する必要があった。

ネットワーク外部性

シカゴハイツ幼児センターで見たポジティブなスピルオーバーは、「ネットワーク効果」または「ネットワーク外部性」と呼ばれるタイプのスピルオーバーの一種で、デジタル化された21世紀の企業にとってきわめて重要だ。フェイスブックやリンクトインを例にとろう（どんなソーシャル・ネットワーキング・プラットフォームでもいい）。このプラットフォームの利用者が自分以外に10人しかいないなら、ネットワークが小さ過ぎて会員になるメリットは少ない。フェイスブックの場合は、多くの知り合いの生活と常時つながっていたいものだし、リンクトインで会員が少なければ、仕事上の知り合いを探す新たな基盤にはならない。だが、こうしたサービスは、利用者が多ければ、そのメリットはきわめて大きくなる。このタイプのボルテージの上昇は、「放物線則成長」と呼ばれる。ネットワークが成長するにつれ、その会員が享受するメリットが飛躍的に増大し、「ロックイン」と呼ばれる状態に至る。これは会員がそのプラットフォームを利用せざるをえず、離れられない状態だ。

あるいは、第2章で取り上げたリフト・ピンクについて考えよう。市場に参入する乗客が増えるにつれ、ドライバーの参入も増える。乗客とドライバーのマッチングが簡単に成立するので、待ち時間が減り、料金も低下する。そして、待ち時間が短く、料金が安いと、さらに乗客が増え、おなじサイクルが繰り返される。これが大規模に起こるなら、非常に良い話だ。

ネットワーク外部性は、社会の他の領域でも起きる。たとえばワクチンを例にとろう。ポリオでも麻疹でもインフルエンザでも新型コロナでも、ワクチン接種を勧めるのは、その人が感染し、死亡する確率を下げるためだ。これは一時的なメリットだ。だが、規模を拡大したとき、つまり、人口の大部分がワクチンを接種した場合にもスピルオーバー効果がある。集団免疫に達すれば、周りの接種者全員が免疫をもっていることから、未接種者も間接的にワクチンの恩恵を受ける。もちろん、裏を返せば、ワクチン接種を拒否する人が多ければ多いほど、人口全体へのリスクが大きくなる。現代の科学者が反ワクチン派を糾弾する社会的メッセージを利用する理由の一つがここにある。ネガティブなスピルオーバーを抑制するのだ。

意外な形で表れるスピルオーバーの教訓をまとめておこう。事業をスケールアップし始めると同時に、意図した効果だけでなく、予期せぬ効果、意図せぬ隠れた効果に目を光らせておかねばならない。すべてはつながっていて、あなたが張っている蜘蛛の巣は、規模を拡大するにつれて糸が絡まり、複雑になっていく。

注意点を簡単におさらいしておこう。三つの基本的なカテゴリーで、スピルオーバーを検討し、計測すべきだ。

1.「一般均衡効果」一般均衡効果は、規模の拡大に伴い発生する傾向があり、意図せぬ結果を招く。それが市場全体にポジティブまたはネガティブな効果を大規模にもたらす可能性がある。

2.「社会面の行動のスピルオーバー」自分の行動に他者が影響しているとき、社会面の行動のスピルオーバーが起きている。他者のふるまいを観察し、真似しようと思うこともあれば、直接影響を受けることもある。他者を観察して（意識的か無意識的にか）自分自身の行動を変えることになるが、ポジティブにもネガティブにもなりうる。

3.「ネットワーク効果のスピルオーバー」ある製品の利用やある政策の導入が広がり、すべての利用者、すべての政策対象者のメリットまたはコストが増大するのが、ネットワーク効果のスピルオーバーである。ネットワーク効果は、意図的に埋め込まれている場合もあれば、規模の拡大に伴い自然に生まれる場合もある。

ネガティブなスピルオーバーを見つけたら、すぐに対処しなくてはならない。ポジティブなスピルオーバーを見つけたら、それを活用する。アイデアをスケールアップしながら、元々謳っていた成果を実現できる秘訣が、そこにあるからだ。これができれば、スケーリングの第4のハードルを越えたことになる。だが、「五つのバイタル・サイン」の5番目、最後の落とし穴でボルテージはかき消されかねない。スケールアップに伴ってコスト負担に耐えられなくなる場合である。

第5章

チェックリスト⑤
コストがかかりすぎないか

アリヴァーレは、何百万人もの健康に革命を起こそうとしていた。2014年に設立、翌年に事業を開始した同社は、生物学と医学が交わる領域を開拓した先駆的な科学者、リロイ・フッドの発案によるスタートアップだ。フッドはDNA解析での画期的なイノベーションをもとに道を切り拓いてきた。DNA解析技術でヒトゲノムの理解が格段に進み、遺伝的素因とそれが将来の健康に与える影響という点と点が結ばれるようになった。リロイと共同創業者でCEOのクレイトン・ルイスがアリヴァーレで目指したのは、「サイエンティフィック・ウェルネス」という新たなフィールドに画期的な進歩をもたらすこと。データに基づいて個人に合わせて最適化した健康や生活スタイルの提案を、人々の生活に直接届けることだった。

アリヴァーレが提供するサービスは、それを支える科学的プロセスは複雑とはいえ、いたってシンプルだ。顧客は登録を済ませると、遺伝子診断を受ける。その結果は生物学上の弱点を示す貴重なスナップショットとなる。その後は定期的に血液検査や腸内細菌叢の評価、ヘルスコーチの1対1の面談が続く。コーチは、各種の検査結果をもとに、食事や運動、その他の行動について個人に合わせた指導をしてくれる。顧客が受け取るのは、一連の検査で判明した遺伝的バイオマーカーに基づく専用のアドバイスだけではない。自身の体がアリヴァーレのプログラムにどう反応しているか、リアルタイムでフィードバックも受け取る。

この画期的なアプローチは、現在の健康だけでなく将来の健康も改善する、というのが壮大な謳い文句だった。遺伝子に特定の病気にかかりやすい傾向があり、まだ発病していないが、高齢になると発病する可能性がある場合、アリヴァーレの的を絞ったガイダンスを頼りに、今、賢明な選択をすれば、将来、病気にかかる確率を引き下げることができるかもしれない。あるいは、過去の不健康な習慣が身についていれば、コーチは手遅れになる前にそれを直す指導をしてくれる。言い換えれば、アリヴァーレは、医師、説明責任のあるコーチ、予言者の三役をひとくくりにして、健康と長寿を目指す新たなモデルを取り入れたサービス、将来にわたって生活の質の向上を約束するサービスを提供するわけだ。資本市場で難なく5000万ドルを調達し、「ギーク・ワイヤー」から2016年を代表するスタートアップに選ばれたのも不思議ではない。シアトルを本拠とするアリヴァーレをめぐる興奮は、顧客の健康の将来ばかりが理由ではなかった。健康という概念そのものの将来に、新たな約束をしているように思えた。これは、いかにもスケールアップするに相応しいアイデアだと考えられた。

アリヴァーレが、実態以上に騒がれていたように聞こえるかもしれないので、念のために言えば、文化的な強迫観念と数十億ドル産業のなかにあって、同社の将来性が楽観視されたのは、単にセクシーで、その場限りの宣伝文句が功を奏したからではない。健康をロケットで21世紀にもっていくというフッドとルイスのビジョンは、これまで本書で検証してきた、スケーリングの際の四つの落とし穴をクリアしていた。彼らが顧客に提供するサービスの要諦には、エビデンス・ベースの科学――フッドらが開拓してきた遺伝子分析のブレークスルーと、ピア・レビュー済みの観察研究（2019年）があり、バイオマーカーとコーチングの効果によって、アリヴァーレの顧客2500人の健康状態の改善が臨床的に確認されていた。つまり、同社のゲームチェンジャーとなる技術は、偽陽性には見えなかった。さらに、同社のサービスをアピールする潜在顧客の数は青天井だ。健康になり、将来の病気を避けたいと思わない人などいないのだから。しかも、サービスはカスタマイズ可能で、個々人に合わせて最適化されるので、幅広く多様な人々のニーズに応えることができる。フッドらは、自分たちの交渉不可能財（ラボの検査とライフスタイル・コーチング）を把握し、それを維持し続けなければならないことをよくわかっていた。また、特にスピルオーバーは見当たらなかった。アリヴァーレの成功は、保証されているかに見えた。

それでも同社はスケールアップできなかった。

スケーリングのコスト面

1776年、アダム・スミスは、古典派経済学を代表する著作『国富論』を出版した。同書で有名なのは、なんといってもスミスが打ち出した「見えざる手」という洗練されたアイデアだ。見えざる手とは、需要と供給を、変化しながらも健全な均衡状態に保つ、自由市場の見えざる作用を指す。スミスは消費者が購入するもの（＝需要）と生産者が販売するもの（＝供給）がギブ・アンド・テイクの関係で、見えざる手によって自然に調整されるプロセスを検証するなかで、経済がスケールアップしていく仕組みを発見した。それが、「規模の経済」である。

規模の経済という用語に馴染みがなくとも、ある意味で、地球上の誰もが規模の経済の恩恵を享受してきた。スマホをもち、映画を鑑賞し、電力を使い、処方薬を受け取っているなら、規模の経済の勝者の側にいる。こうした商品を市場に投入するには、多額の投資が必要だ。スマホは、製品を設計し、金属やプラスチックを材料に工場で組み立てる。映画は、俳優やスタッフを集め、セットを制作して撮影を行ない、完成した作品を宣伝しなければならない。電気を家庭に届けるには、電線や電力網を管理する技術などのインフラが必要だ。画期的な医薬品は何年も研究開発を重ね、薬をつくり、臨床試験を経て市場に出回る。こうした先行投資は、「固定費用」と言える。これは避けられない。

だが、こうした初期投資をした後は、製品を生産する平均費用は、規模の拡大とともに劇的に低下する。数十万個から数百万個も大量に生産すると、その費用は希薄化するので、つくればつくるほど1個あたりの費用は安くなる。

アップルが各工場に発注するｉＰｈｏｎｅの台数が増えるほど、1台あたりの生産コストは下がり、利益を確保しながら、手ごろな価格で消費者に製品を届けることができる。映画会社が、映画の上映を全国、さらには全世界に広げれば、鑑賞料金を低く抑えながら、映画の損益を黒字にできる。電力会社は、いったん市内に送電網を整備してしまえば、利用世帯が増えるほど、電力供給の平均費用は下がる。画期的な医薬品は、いったん開発してしまえば、服用者が増えるほど、薬1錠あたりの生産費用が下がる。これらはいずれも規模の経済の例で、生産量の増加に伴って1単位あたりの平均生産費用が低下する。言い換えれば、スマホ、映画鑑賞券、電力が売れれば売れるほど、企業は顧客に高い価格を課さずとも、製品やサービスを提供できるようになる。消費者は低価格を好む傾向があるので、見えざる手によって、規模の経済を達成した企業は勝者の一員になる。

逆に、製品の生産量や事業が拡大するにつれて平均費用が「増加」する場合を、規模の不経済という。これは、たとえば、生産に不可欠なリソースが稀少な場合や入手が困難な場合に起こりえる。石油の掘削や天然ガスの抽出を考えてみよう。最初の数百万バレルは、低コストの設備で油井から簡単に取り出せるが、油井の量が減って最後に抽出する段には、高額で特殊な設備が必要になる。おなじように、ある学校区が、完璧な資格をもつ教師だけを採用することを目標にしているとしよう。最初の10人あまりは簡単に採用できるだろうが、最後の数十人は、供給が限られる優秀な人材を他の校区と奪い合うことになるため、採用コストが大幅にあがるだろう。アイデアのスケールアップが、コストの大幅な上昇を意味するとすれば、アイデアのボルテージは一気に下がる可能性がある。

アイデアがいくら良くても……

『国富論』で、スミスが力を入れて論じたのが、分業と専門化を進めることで規模の経済を実現する、という考え方である。これは常識的な議論だ。労働者が得意な作業一つに集中すれば生産性が高まるだけでなく、時間の経過とともに作業の習熟度が増す。言い換えれば、専門化によって効率が高まるため、コスト効率の良い生産が実現する。企業は生産量を増やせば増やすほど、こうした利点が増大していく。ｉＰｈｏｎｅの製造工場を例にとると、労働者の組み立て作業の効率があがると、生産性が上昇して1台あたりの生産コストが下がり、理論的には小売価格も下がることになる。

この考え方が重要なのは、アイデアがいくら良くても、製品の生産コストが収益を上回る場合、あるいは非収益事業で支出を正当化できるほどの成果がない場合、ボルテージは失われ、アイデアはスケーラブルではない、ということだ。これまでの４章で述べてきたハードルを乗り越えたとしても、それは関係ない。証明済みのアイデアがあり、顧客を大勢つかまえ、事業に欠かせない交渉不可能財を守り続け、負のスピルオーバーは見当たらず（逆にポジティブなスピルオーバーが多くあったとしても）、コストを制御できないとすれば、単純に、そのアイデアはスケールアップできない。話はそれで終わりだ。

（サプライサイド経済学にしっかり根づいた）規模の経済の概念を、よく耳にするようになったのは、おそらく１９８０年代のレーガノミクス時代からだろう。サプライサイダーは、経済成長を加速させる最適な方法は、政府が減税と規制緩和を実施して事業コストを引き下げ、それをもとに製品やサービスの消費者価格を引き下げることだと主張した。サプライサイドの経済理論はマクロ経済学の領域に入り、スケーリングの科学に直接関係するわけではないが、それでも事業コストが一国の経済の繁栄から個人の事業の成否まで、あらゆるものに強い影響を与えるというのは、逃れようのない事実である。

そして、この事実がまさにアリヴァーレにあてはまった。その革新的なアプローチは、結局、コストの問題で行き詰まったのだ。

好機が訪れるまで

アリヴァーレは、事業を開始した当時、年間約3500ドルで顧客に最先端のウェルネスプログラムを提供した。遺伝子検査や心理テストなどラボのコストに加え、ヘルスコーチら従業員の給与で一般管理費がかさみ、画期的なサービスの料金を少しでも下げれば収益は脅かされる。だが、顧客の側から見ると、コーチングとバイオメトリック・プログラムで長期的に生活の質が向上し、医療費が減るなら、年間3500ドルの料金は断然、お得なのではないか。健康で長生きできるなら、カネに糸目はつけないのではないか。そう想定された。

だが、あなたはそうかもしれないが、ほとんどの人が負担できる金額は3500ドルよりずっと少なかった。

最初の料金設定が高過ぎたことで、アリヴァーレは、自社や投資家が想定した需要を創出できなかった。一見したところ、これはまだ警告とは言えなかった。事業が採算にのり利益を出すまでに何年もかかる企業は少なくない。需要に影響を与えるのは、料金設定だけではない。マーケティングや競争などさまざまな要因があり、それによって顧客基盤の確保が遅れることもある。アマゾンですら黒字化するまで10年かかっている（ジェフ・ベゾスがインフラ整備を優先したのが一因だが、規模の経済のおかげでコスト面で圧倒的に有利になった）。単純に当初の路線を変えず、提供する商品やサービスを微調整し、新たな宣伝戦略を試しながら、同時に資本の減少を抑えられるかどうかの問題だ。だが、アリヴァーレの場合、時間が経過したからといって、利益を確保できるほど顧客が十分に増えたわけではなかった。入会した利用者は同社のサービスに圧倒的に満足していたが、新規の顧客が、一般化した同社のサービスに飛びつくことはなかった。アダム・スミスの見えざる手は、見えなさ過ぎたようだ（奏功しなかったようだ）。人々の肩を叩いて「これ、試してみろよ」というほど気軽に利用する代物ではなかった。

だが、事実として新規顧客がアリヴァーレの求めるペースで会員にならなかったにもかかわらず、同社の経営陣は料金引き下げに否定的だった。財務的に事業を存続させるには、料金引き下げはできなかった。単純に、同社の商品の供給コストは高過ぎた。さらに、規模の経済もなく、一定数の顧客を獲得できれば利益率の改善が見込めるわけでもなかった。スマート・サーモスタットのようなテクノロジーと違って、安い限界費用でヘルスコーチを量産することはできない（人間をスケールアップするのは、ほぼ不可能だ）。各種の検査や血液検査の件数も、病院や診療所が享受している規模の経済を活用できるほど多くはなかった。CEOのクレイン・ルイスが後に語ったように、遺伝子検査、血液検査、腸内細菌叢分析、コーチングをすべて合わせたコストは、「べら棒に高かった」。要するに、アリヴァーレは高過ぎる初年度の年会費なしに、自力で成長することはできなかった。結局、サイエンスに基づく画期的なウェルネスプログラムを、安くつくることはできなかったのだ。年会費を安く設定すれば、最初から大赤字になる。そこで、3年間、年会費とサービスを据え置きながら、手元に残った資金をマーケティングに投じ、新規顧客の獲得を目指すことにした。だが、新規顧客は現れなかった。

年会費を下げても失敗

事業開始から3年後の2018年、アリヴァーレは、年会費を3500ドルから1200ドルに大幅に引き下げた（月額では290ドルから99ドルへの値下げになる）「ヘイル・メアリー」パスを発行した。かなり手頃だが、この新料金でも翌年の加入者は2500人にとどまった。手頃な料金設定は、エンジンを急発進するのではなく、燃料タンクに穴を空けたようなものだった。機体は致命的なペースで燃料漏れを起こし、営業に必要な資金が枯渇した。経営陣は多少の学習効果を活かし、各種検査のコストを少しばかり引き下げたが焼け石に水で、会社を救うことはできず墜落してしまう。アリヴァーレは、世間に対し状況悪化の警告を一切発することなく、2019年4月に突然、自社の死亡広告を出した。

私共は、個人のデータに基づいて最適化した未病・予防コーチングを、アメリカの新たなウエルネスの常識にするとのビジョンのもと、アリヴァーレ社を創業しました。
遺憾ながら、本日をもちまして、当社の一般利用者向けプログラムは終了させていただきます。本日でプログラムは終了いたしますが、私共のプログラムには多くのお客様にご参加いただき、高い満足度を得ていました。また、多くのお客様の臨床的な健康指標も著しく改善していました。この度の営業停止の決定は、当社がプログラムを提供するコストが、お客様にご負担いただける会費を上回っていたことに尽きます。プログラムの土台となる遺伝子、血液、腸内細菌叢の収集コストは、いずれお客様に手頃な価格で提供できるレベルまで下げられると考えていますが、残念ながら当社は、その時期が到来するまで赤字を続けていくことはできません。

同月、アリヴァーレは120人の従業員を解雇し、店舗を閉鎖した。取り残された顧客の多くは、自分専用につくられたヘルスプログラムを突然失い、奈落の底へ突き落とされたかのようだった。関係者全員にとって痛恨の極みだった。会社の幹部は初年度の年会費を引き下げることができていれば、顧客基盤を拡大し黒字化できていただろうと考えた。だが、経常費用が高過ぎた。撤退後、会社の苦境を振り返って、ルイスはこう語った。「コストを引き下げ、シンプルなプログラムで始めるのではなく、旗艦店サービスに徹底的にこだわった。そうしたことで危機に陥ったのはあきらかだ」。有望に思えた科学的ウェネルスプログラムの実験は、スケールアップに失敗してしまった。

規模の経済から固定費用へ

アリヴァーレの致命的なボルテージ低下の一因は、初期の利用者が一般利用者をどれだけ代表しているかを読み違えていたこと、つまり潜在顧客を過大評価していたのだと考えたくなる。結局、同社の事業が失敗に終わったのは、年会費を大幅に下げた後でさえ、十分な需要を生み出すことができないと見込まれたからだ。アリヴァーレはそもそも、「モノをつくれば、後から客は来る」方式をとり、そのモノが間違っていたのだろうか。アメリカの消費者は、わかりやすい目先の体調改善ではなく、目に見えにくい長期の予防策に重点をおいた未来志向型のヘルスケア戦略を受け入れる準備ができていなかったのだろうか。端的に言えば、そもそもスケーラブルな顧客がいなかったのではないか。

この議論にはもっともな点があるが、他方で、アリヴァーレのサービスを求める人たちが大勢いたのもたしかだ。初期の需要から、多くの人々がウェルネス商品に惹きつけられるだろうと見られた。彼らは数千ドルの年会費を敬遠しただけなのだ。需要は**あった**が、資金が細りつつあった同社が求める水準でも十分な料金設定でなかったし、拡大のスピードも十分でなかった。サプライサイドのアリヴァーレのコストが高すぎたため、競合他社と差別化してより多くの顧客を獲得し、規模の経済を刈り取る前に資金が尽きてしまった。

ここでの教訓はこうだ。事業のスケールアップを成功させるには、事業のアイデアを気に入ってくれる人がどれだけいるかだけでなく、どれだけカネを払ってくれるのか、それを提供するのにどれだけコストがかかるのかを見極める必要がある。

「コストの罠」にはまる

アリヴァーレが陥ったコスト面からの挫折は、スタートアップにはよくある話で、最初にうまくいき急速なスケールアップが求められる場合には特に多い。ワイズ・アクレ・フローズン・トリーツの例を見てみよう。2006年、ジム・ピカリエロは、メイン州の海岸沿いの小さな町の学校跡地で、精製されていない砂糖を使ってオーガニックのアイスポップ製造を始めた。アイスポップ好きの人々の健康志向の高まりにいち早く気づいたピカリエロは、2年後には12人の従業員を雇い、本格的な製造設備を備え、東海岸のスーパーマーケット・チェーンと契約するまでになった。そこにビッグ・チャンスが舞い込んだ。西海岸での販売契約だ。だが、悲劇が訪れた。ピカリエロは後にこう振り返っている。「チャンスをつかんで、注文をすべてさばくことはできなかった。年末には破産し、わたしは無職になった」

何が悪かったのか。まず、こうしたアイスポップの製造・販売は安くできるわけではない。製造設備に高品質の原料、保険、マーケティングなどの費用をすべて合わせると、月の経費は3万ドルにのぼった。規模の経済は小さく、その売り上げでは、こうした営業費用が賄えず、会社の資本を食い尽くしてしまった。２００８年の大不況に襲われなければ、まだ望みはあったかもしれない。エンジェル投資家が現れ、時間的猶予を与え、黒字になるまで事業拡大を続けさせてくれる可能性は絶たれた。ピカリエロは後になって、スケールアップする前にもっと資金を調達しておくべきだったと語った。だが、そうしていたとしても、コストがこれほど高ければ、不幸な結末を先送りするだけに終わっていただろう。ワイズ・アクレ・フローズン・トリーツは、あらゆる事業を脅かす「コストの罠」にはまっていて、規模の経済が罠から抜け出させてくれることはなかった。

宇宙旅行産業のケース

規模の経済といえば、工場の組み立てラインから出てくるような、低コストの量産品を思い浮かべがちだが、ありえそうにない事業にも、規模の経済は見られる。およそスケーラブルに見えない高級品や一流サービスにも規模の経済がはたらく。最近登場した宇宙旅行産業は、興味深いケーススタディになる。現在、世界に少なくとも10社あまりの企業が宇宙空間への往復のチケット販売を目指している。特に有名なのが、リチャード・ブランソンのヴァージン・ギャラクティック、ジェフ・ベゾスのブルーオリジン、イーロン・マスクのスペースXだろう（スペースXの壮大な長期目標は、単なる宇宙旅行にとどまらず、太陽系を飛び越え人類を火星に移住させることだ。ブルーオリジンの究極の目標も同様に、はるか彼方の宇宙での人類の生存だ）。

3社はいずれも、乗員を安全に宇宙空間に送り込み、地球を周回させるために必要な技術開発に長年にわたって多額を投じてきたが、コスト面だけを考えると、宇宙旅行はあきらかにリスクの大きい事業だ。

当初、宇宙旅行のチケットは極端に高かった。本書の執筆時点で、ヴァージン・ギャラクティックは、1人あたりの料金を25万ドルに設定する計画だ。これでは潜在顧客基盤は限りなく小さく、商用宇宙事業だけに力を入れるなら、投下資本を回収できる可能性は限りなく低い。そのため、各社は既存の（既に支払いが終わった）研究や技術を活かせる収益源を開拓している。3社とも、宇宙を拠点とするプロジェクトの研究者や、国際宇宙ステーションで作業する研究者向けの貨物輸送に携わっている。スペースXはNASA（アメリカ航空宇宙局）と官民パートナーシップを締結し、多額の補助金を得ている。こうした継続的な収入は、より大きな目標を実現するのに必要な投資資金を賄うのに役立つだろう。

とはいえ、これらの並行収入源では十分ではなさそうだ。宇宙探査をスケールアップするカギは、コスト・サイドを反転させること、つまり規模の経済の追求にある。

実業家としてのイーロン・マスクを際立たせているのは、飽くなき規模の経済の追求だ。かなり前にオンライン・バンキングの世界を変革して以来、マスクは規模の経済の繁栄を追求してきた。電気自動車のスタートアップ、テスラについて考えてみよう。株式時価総額が1兆ドルを超える株式市場の寵児、その成功は、二つの主要コンポーネンツ、バッテリーと太陽光発電にあり、どちらも生産数量が多いほど、製造コストが大幅に下がる。さらにテスラにはすぐれて先進的な仕組みがあり、マスクが愛着をこめて「超弩級エイリアン」と呼ぶ「機械をつくる機械」、つまり完全自動生産装置によって生産効率を高めるように、すべての物事が進められている。

スペースXすら、規模の経済のアイデアを活用する方法を見つけている。同社のロケット2機がケネディ宇宙センターに同時に着陸する様子がおさめられたビデオを見ると、それがよくわかる。ほんとうに素晴らしいのは、ここからで、再利用可能なコンポーネンツをもとにした製造戦略がとられている。完全自動化と可能な限りの再利用が、スペースXが1週間に1機以上のロケットを製造できる原動力。この戦略によって既に同社は、（通信事業者が驚愕する）通常の数分の1のコストで、衛星ネットワーク、スターリンクを軌道上に乗せている。スペースXは、再利用可能なロケットで規模の経済のメリットを追求することで、衛星を軌道に乗せるまでのコストを、じつに18分の1に引き下げた。

宇宙旅行事業が拡大し、いつか人類が他の惑星に定住できるようになる日が訪れるかもしれないが、それは長い道のりで、天文学的（！）なコストがかかるだろう。だが、それまでにも、こうした宇宙開発企業は、規模の経済を追求して平均費用を引き下げていて、そのことで少なくとも、スケールアップする際に有利になる。

多額の初期費用をどうするか

ムーンショットに必要な投資資本は、より広い意味で、多くのスケーラブルなイノベーションが揺籃期に直面する課題を示している。スタートアップの場合は、最初のコストのハードルを乗り越えるのに必要な資本を喜んで出してくれる投資家を巻き込まなければならない。大きなアイデアをもっている研究者の場合、信頼できるデータを収集するには時間がかかるので、大型の助成金を獲得したり、気前のいい寄付者を見つけたり、企業とパートナーシップを組む必要がある（われわれが学んできたことだが、これらいずれも、ミッションが迷走してしまうリスクがある）。多くの産業では、財政的に裏づけのないニューカマーには、こうした初期費用が高過ぎて参入障壁になっている。わたしが仮に、フェイクニュースやヘイトスピーチを検出して削除する新たなソーシャル・メディア・プラットフォームを思いついたとしても、一介の経済学者のジョン・リストに過ぎず、素晴らしいプラットフォームを構築するためのコンピューター・エンジニアリングのスキルをもっていないし、知り合いの投資家を納得させられるだけの経験もない。また、アイデアが的外れの白日夢ではないことを示すパイロット調査のデータがあるわけでもない。エンジニアを雇い、実績のあるパートナーを誘い、プロトタイプをテストする資本がなければ、わたしのアイデアは離陸しようがない。

固定費用の良いところは、テクノロジー、プロトタイプ、データプルーフ、あるいは事業の基盤になるイノベーションをいったん手に入れてしまえば、その費用は二度と必要ない、ということだ。原材料や従業員の給与、バイオメトリック・テストやヘルス・コーチングなど経常的な費用と違って、初期投資が多額であれば、さらなる多額の投資を必要とせず、見返りが得られる（だからこそ、特許権や著作権が存在し、血と汗とマネーを投入して何か新しいものを生み出した人が、こうした初期の努力の恩恵をしばらくの間、独占的に受けられるようになっている）。あなたが供給したものが市場に需要を生み出しているとすれば、次の段階ではスケーリングをさらに進めていくのが理想的だ。規模の経済を活用するのだ。

ライドシェアを見てみよう。リフトとウーバーは、革新的な輸送モデルを立ち上げるために、多額の初期固定費用を必要とした。最も高くついたのは、デジタル・インフラを整備するためのコンピューター・エンジニアリングの部分だ。デジタル・インフラは、じつにさまざまな機能をもつ。ベンダーと顧客のインターフェースを通じてリアルタイムでドライバーと乗客をマッチングし、乗車料金を決め、支払いを決済し、ドライバーと乗客の評価を更新し、苦情に対応する。他にも小さいが重要な機能がいくつもある。これを整備するのが安く済むわけがなかった。だが、いったんすべてが揃って、走り出せば、規模の経済がはたらき始める。プラットフォームに加入する乗客が1人増えるごとに、固定費を希薄化させることができ、乗車1回あたりの平均費用は下がっていく。

初期投資の教訓

ここでの教訓はこうだ。固定費用がいくらになりそうかは最初から見積もっておく。次に、十分な資金を確保する。そして、そうできたとしても、アイデアをスタートさせるための初期費用をなるべく抑える方法を探す。これは、宇宙旅行のような巨額の費用がかかる事業ではむずかしいが、ソフトウェアなどのスタートアップ事業では実現可能だ。たとえば、従業員の給与は下げて、ストックオプションを付与することで相殺する方法がある。ストックオプションが将来、大化けしていいご褒美になるケースもあるだろう。初期費用が小さければ、それを回収するために顧客に課す料金は低く抑えられる。そうなると、需要が増えるはずだ。原材料を再利用して初期費用を相殺する方法もある。あるいは、主力製品の製造過程でできる副産物を販売してもいい。多くの石油会社が原油と天然ガスの両方を生産しているのは偶然ではない。天然ガスは原油掘削プロセスの副産物だし、糖蜜は砂糖精製の副産物、おが屑は材木産業の副産物、フェザーは家禽類加工の副産物だ。

そして、できれば、将来の成長に伴い、規模の経済の可能性をビルトインするよう努める。多くの場合、固定費用と変動費用には大きなトレードオフが発生するだろう。いくつかの例が示唆していたように、初期費用が多額であれば、後になって限界費用が大幅に下がることが少なくない。そのため、必要な資本さえ手に入るのであれば、多額の初期費用がむしろ好ましい場合もある。営業費用は、スケールアップするにつれて下がるのが理想的だ。

事業を立ち上げる準備が整ったら、今後の営業費用がどのくらいになりそうかを計算し、予想より少なくとも10％高く見積もっておく。次に、この営業費用を予想売上高と比較し、採算がとれるまでにどのくらい売り上げを拡大する必要があるかを見極める（あるいは逆に、金庫が空になるまで、どのくらい資金がもつかを見極める。どのくらいの速さでカネが消えていくかには、目を光らせておかなくてはならない）。アイスポップ製造のジム・ピカリエロのアドバイスに倣って、最初にしっかり投資資金を確保し、逃げ道を長くしたいと思うかもしれない。

最後に、事業モデルにかなりの規模の経済をビルトインしたら、顧客を引き寄せるのに価格を低く抑えるのは理に適っている。最初は持ち出しになるかもしれないが、顧客の数が増えるほどコストが下がり、利益率が改善するとわかっていれば、価格を引き上げなくても利益を確保できる。多くのソフトウェアやアプリが「無料お試し」戦略をとっている理由は、ここにある。無料のシンプルなサービスで夢中にさせ、より高度で洗練されたサービスに課金してがんじがらめにする。最後に、需要がゼロになる「需要消滅価格」はいくらかを精査し、いくつかテストを実施して、価格を変えると需要がどう変化するかを見極める。損を出しながら販売するのは痛いが、顧客がゼロになるよりはましだ。

これらの原則が、初期費用と営業費用を引き下げる戦略を立案するうえで役立つはずだ。そして、それによりスケールアップのチャンスが膨らむだろう。

スケールアップに伴う社会の変化のコスト

ここまで主としてビジネスに焦点をあててきた。だが、スケールアップに伴うコストの問題はビジネス以外の世界でも一般的で、むしろビジネスの世界よりも切実かもしれない。公共政策、非営利組織、フィランソロピーは、そのプログラムや介入策が、社会や人々の生活にポジティブな影響を与えることを目的としつつ、利益を出さないよう設計されているがために、常にコストの問題がつきまとう。その費用対効果を測るためには、なんらかの指標を取り入れる必要がある。そこで、社会にポジティブな影響を与えるのに欠かせないのが、スケールアップしたときのコスト効率である。

ポリオ・ワクチンを例にとろう。1950年代のアメリカでは、毎年、多くの乳幼児がポリオ・ウイルスに苦しめられていた。この病気は感染力が強く、唾や鼻水などの体液や、汚染された液体を通して広がっていた。親たちが恐怖におののいたのも無理はない。深刻な公衆衛生上の危機だった。幸い、ウイルス学者のジョナス・ソークの研究が実を結び、第1号のポリオ・ワクチンが完成した。ソークは自身の子どもを含めて何十万人という子どもを被験者としてテストを実施し、ワクチンの有効性に関する疑念を晴らしていった。ソークのテストでは、ポリオ・ワクチンが、子どもの属性に関係なく、誰でも、どこに住んでいても効果があることを示していた（人口の代表性と状況の代表性を満たしていた）。そして、スピルオーバーは、ポジティブなものだけだった。ワクチンを接種した子どもの数が増えるほど、ウイルスの宿主が減るため、ウイルスは広がりにくくなった。集団免疫の効果だ。

だが、ポリオ・ワクチンが広く行き渡り、ほんとうの意味で成功したと言えるには、製造と流通のコスト効率を高める必要があった。幸い規模の経済のおかげで、ワクチンを安く製造し、簡単に輸送することができた（少なくとも、医療センターや都市部や農村部の保健師がワクチンを管理したアメリカではそうだった）。アメリカが1979年にポリオを根絶できたのは、こうした医療体制の質の高さがあったためだ。

コスト面の課題

これとは対照的な例として、公共政策の都市伝説の類になったものがある。ザンビア北部のウエストランドの僻地に点在する5万人あまりにワクチンを届ける計画があった。まず少人数を対象としたパイロット・プログラムを実施するにあたり、支援団体はホーバークラフトを購入した。入り組んだ大地を走り抜け、ワクチンを必要としている人々に届けようというのだ。このパイロット・プログラムはうまくいったが、スケールアップして5万人全員に届けようとしても、うまくいかないのはすぐにわかった。ホーバークラフトが高過ぎたのだ！　残念ながら、この地域の完全ワクチン接種を目指す計画を放棄せざるをえなかった。

理論上は、どんなプログラムでも、それに資金をつけることを正当化するには、プログラムの社会的便益が常に財務負担を上回っていなければならない。だとすると、社会的介入策に予算をつけて実行する組織や政府は、当然ながら、少ない予算で多くの成果があがるプログラムを好む。これが基本的な方程式だ。自治体が薬物依存症治療・回復プログラムに予算をつける場合、予算1ドルあたりの回復人数が多いプログラムが選ばれるだろう。プログラムの成功率が100%だとしても、1人あたり5万ドルかかるとすれば、スケールアップできない（有名人やテック長者がプログラムを利用するか、資金を出してくれる場合は別だ）。

さらに、介入策のスケールアップがうまくいった場合も、継続的な財政支援が保証されているわけではない。おなじようにスケーラブルな解決策を必要とし、資金獲得で競合する喫緊の課題は数多くあるからだ。薬物依存症治療・回復プログラムが、コストを正当化できるだけの便益を地域にもたらさないとすれば、自治体は予算を組み替え、学校の栄養摂取プログラムに振り向けるかもしれない。さらに、どんな問題にも、常に競合する解決策があるものだ。たとえば国際援助の世界では、さまざまな技術を使って貧しい農村部に低コストの再生可能エネルギーを届けることを目指す組織がごまんとあり、ソーラーパネルから小型風力タービン、さらには豚の排せつ物のメタンガス発酵を利用した発電システムまで資金を求めて競い合っている。ボルテージの低いプログラムは、支援を受けられない可能性が高い。そして、ボルテージが低い原因は、往々にして、コストばかりが高くて、十分な成果をあげられないことにある。

これで、スケールアップに伴うコスト面の課題はあきらかになった。政府はあまり予算を使いたくない。スタートアップは高い初期費用に苦しんでいる。間接費用が高過ぎると、企業は価格で競争できない。画期的な最新のテクノロジーのスケールアップを目指すにせよ、調査に基づいた教育プログラムを拡充するにせよ、僻地にワクチンを普及させる活動にせよ――状況はさまざまだが、この章で述べてきた戦略の重要性は変わらない。だが、こうした戦略に文字どおり従ったとしても、スケールアップするにつれてコストを膨らませかねない要因が、もう一つある。人間である。

完璧はスケールアップの敵

シカゴハイツ幼児センターで初めて教育モデルを設計したとき、われわれチームには明確な目標があった。センターに通ってくる子どもたちの将来を改善するだけでなく、世界中の多くの地域に導入できるスケーラブルなプログラムをつくる、という目標だ。

親ならよくわかっているように、スクールにいるあいだの子どもたちの発達を支えているのが優秀な教師だ。つまり当初の交渉不可能財の一つは、文句なく最高の教師だけを採用することだった。100万人に1人ともいわれる、教室を活気づける天賦の才をもった教育者を、あらゆる手を尽くして探すのだ。表面的には、それが理に適っているように思えた。最高の教師を採用すれば、子どもたちは最高の教育を受けられるのだ。

一つだけ問題があった。最高の教師をつなぎとめるのは、きわめて高くつくのだ。

第3章で見たように、特別なスキルをもった人材――このケースでは教師をスケールアップするのはきわめてむずかしい。大勢の「シェフ」を見つけるのがむずかしいのと同様、高いスキルをもった人材は、たくさん「買った」からといって安くなるわけではない。コストコが毎週、各店舗向けにレタスを大量に仕入れて、卸値が安くなるのとはわけが違う。むしろ、逆のことが起きる。採用を増やせば増やすほど、高くなるのだ。質の高い人材に教師になってもらうには、教師の給与を引き上げて、ウォールストリートの銀行やシリコンバレーのテック企業など高い報酬を支払える雇用主との競争に勝たなければならない。シカゴハイツ幼児センターでは、これは無視できることではなかった。

カリキュラム設計担当チームは、類似の先行事業とおなじ轍は踏むまいと考えていた。たとえば1990年代、カリフォルニア州は、州全体で1クラスの定員を減らして、子どもの学力向上を目指した。問題は、このやり方でスケールアップすると、必要な教師の数が大幅に増え、確保できた人材はスキルや実績を欠いていたことだ。最近もおなじことが起きていて、テネシー州で1クラスの定員を減らすイニシアチブが導入されたが、期待された成果は出ていない。どちらのケースも、当初の小規模なテストの結果は有望だったが、スケールアップするとその効果は消滅した。原因は単純で、学校側は求める教師を採用することができなかったのだ。

「後ろ向き帰納法」を活用する

われわれはスケーリングの問題を解決するため、ドイツの数学者で論理学者のエルンスト・ツェルメロの研究に目を向けた。1871年、ベルリンに生まれたツェルメロは、長じていかにも欧州の気鋭の論理学者らしくなった。メタルフレームの眼鏡ごしに一点を凝視し、あご鬚を撫でながら、いつも数学の難問について考えていた。ツェルメロが没頭した難問の一つは、初期のゲーム理論に重要な役割を果たすことになり、考案者の名前にちなんで「ツェルメロの定理」と名づけられた。

ゲーム理論は、ゲームのプレーヤーが利用できるさまざまな戦略的で厳密な合理的意思決定を、数式を使ってモデル化する。実生活で完全に合理的な人間などいないのだから、ゲーム理論は実生活のシミュレーションとは言えないが、その知見は有用で、実生活に活かすことができる。ツェルメロは、チェスのような2人のゲームでは、任意の時点で強い立場のプレーヤーが、常に勝利につながる一連の方程式をもっていると仮定した。もちろん、すべてのプレーヤーがそれを解明できるわけではないが、論理的にゲームの構造に埋め込まれている。つまり、ゲーム理論の理論数学とツェルメロの定理の世界では、完璧な戦略的意思決定が証明できる形で存在している、ということだ。

ツェルメロが1913年に定理を発表してから40年あまり後、1950年代の数学者がツェルメロの研究を「後ろ向き帰納法」の概念と結びつけた。この不可思議な用語は、現在の問題に対して、ありうる最善の結果から後ろ向きに論理をたどっていくことを意味している。現在の問題は、たとえばチェスのゲームに勝つことでもいいし、スケールアップしてもコスト効率が高い新たな教育カリキュラムをつくり、それにそって戦略を設計することなど何でもいい。別の言い方をすれば、ここから向こうに行くのに、向こうから手前に戻ってくるイメージをするわけだ。スケールアップしたときの勝利や成功とはどのようなものか、ロジックを使って慎重にイメージすれば、それを実現するのに必要なステップが見えてくる。そうした必要なステップをイメージし終えたら、それを現時点で実行する。一流のチェス・プレーヤーはもちろん、スケールアップしても高いボルテージを保つアイデアの持ち主も同様に後ろ向き帰納法を使っている。

平均的な能力の教師を前提とする

シカゴハイツ幼児センターのプランニング・チームは、人的資本のジレンマを解決するため、後ろ向き帰納法を活用した。出発点としたのは、プログラムを数千校に拡大した暁には、超一流の応募者のなかから教師を選ぶことはできない、という現実だ。そのため、理想的ではないが、きわめて現実的な手を打たねばならなかった。ごく平均的な能力の教師が教えるという前提で、カリキュラムを設計するのだ。

市場の最上位1パーセントの教師は採用できなくとも、子どもの改善が見られるモデルを設計できれば、大量に上位人材を獲得するコスト負担で行き詰まるリスクは避けられる。これは、パイロット・プログラムを最高の教師で実施し、その結果を前面に押し出したいという誘惑に負けない、ということだ。パイロット調査で、めざましい結果を出すまでにはいかないかもしれない。短期的には宣伝費がかかるし、助成金も必要だ。だが、プログラムの長期的な成功にはパイロット調査が欠かせない。

シカゴハイツ幼児センターの開設の準備にあたって、われわれは30人の教師と管理職を採用したが、シカゴハイツの公立学校とおなじ採用方法をとった。つまり、おなじ候補者プールから選抜し、給与も同水準にした。彼らは名シェフではなかったが、かなり美味しい料理をつくることができた。こうした人たちが3万人必要なら、われわれは見つけて給与を支払うことができる。これが、最も大事な部分だった。高級食材だけを使ったレストランをオープンしたものの、2店目で余裕がなくなり、食材のグレードを落とさざるをえなくなったレストラン経営者のようになるのは避けたかった。教師の場合とおなじで、レストラン経営者も、最初からそこそこの食材を使っておけば余裕ができただろう。われわれも似たようなやり方をとり、最初の教師の質が高過ぎることが、後々、他の場所でボルテージの低下につながらないよう気を配った。

ヴォルテールの名言「完璧は善の敵」はしばしば引用されるが、少しもじって、「完璧はスケールアップの敵」としよう。さまざまな状況で交渉不可能財を大規模に再現することについては、完璧さを犠牲にするが、現実的な実行可能性を手に入れる。シカゴハイツでは、現実的なコストの限界を念頭におきながらプログラムを設計することで、将来的にスケールアップできるプログラムの有効性を検証することに集中できた。

事業の初期段階で最高の人材を求めないのは、直観に反し、馬鹿げていると思うかもしれない。この点についてはたとえば革新的なハードウェアを設計し、スケールアップを目指す場合、平凡なコンピューター・エンジニアを採用しろと言っているわけではない。ハードウェアやデジタル・インターフェイスは高品質でなければならない。交渉不可能財なのだ。だが、このハードウェアが大々的に売れ、メンテナンスに4万人の技術者が必要になった場合、全員が5つ星とはいかないだろう。開発段階の技術者もそうはいかない。一流とは言えない技術者を採用するのは理想的とは言えないが、それは交渉可能財だ。何より重要なのは、超速で成長しても堅実さが保たれる点だ。

理想の状態は、現実的でない場合がほとんどだ。そのため、現実を否応なくあらわにする問いを投げかけてみる。スケールアップしたときに、最高の人材を実際に採用できるか。予算に制約があり、有能な候補者が限られているなら、最高の人材を採用するのは実務上、無理なのではないか。たいていは無理だろう。将来を見通し、スケールアップしても持続可能な状態を確保するには、人的資本のコストを適切に管理しなければならない。

これまでの5章では、アイデアを確実に活かすためにクリアしなければならないハードル「五つのバイタル・サイン」について見てきた。偽陽性、人口の代表性、状況の代表性、スピルオーバー、コストの五つだ。スケーラブルなアイデアの決定的な特徴を把握する方法を学んだら、こんな疑問が湧いてくるかもしれない。「スケーラブルな良いアイデアを、ほんとうの意味で素晴らしいアイデアにするにはどうすればいいのか」

次からの章では、ボルテージ低下をどう避けるかではなく、ボルテージ上昇をどう実現するかを見ていく。わたしが開発した四つの戦略を、本書の後半で紹介しよう。行動経済学のインセンティブを活用して結果を最大化する。限界的に見落とされている機会を活用する。長い目で見て勝利するために、引き際を見極める。持続可能な勝つ文化をつくる。

さあ、一段とボルテージを上げよう。

第2部

最大の効果をもたらす四つの方法

第6章

方法①
スケールするインセンティブを使う

数年前、わたしと同僚で友人のスティーヴン・レヴィットのもとに、中小企業経営者向けの金融機関から面白い依頼が舞い込んだ。融資を申し込んできた人たちの性格を正確に評価したいので協力してほしいという。その理由は、かなり直観的なものだった。本人に誠実さがあれば、カネを貸しても自分の名誉にかけて返済義務を履行するはずだ。さらに、そうした人物は強いリーダーとして経営手腕に長け、賢明な投資先になるのではないか、というのだ。そこでわれわれは、こうした資質を推察できるようなフィールド実験を設計することになった。型通りの実験にはしない。学界の画期的なアイデアを取り入れ、応用したものにする。「財布落とし」実験だ。

数週間にわたって、融資を申し込んだ経営者がいる建物の前をリサーチアシスタントが通りかかり、「偶然」、目の前の歩道に財布を落とす。数秒後、研究チームの別のメンバーが財布を拾って建物の中に入り、外の歩道で見つけたがどうすればいいのかわからない、と言いながら経営者に財布を渡す。財布のなかには、名前と電話番号を書いた紙が入れてある。

われわれはそこで待機している。

第1の評価項目は、融資申込人が「財布を拾った」と電話をかけてくるまでの時間だ。そもそも電話をかけてくれば、の話だが。じつは、電話をかけてこなかった人が何人かいて、当然ながら彼らのスコアは減点になった。次に、財布を戻してきた人については、中身がいくら残っているかを調べた。元々財布には60ドル（20ドル札3枚）を入れておいたのだが、残っていたのは40ドル、20ドル、現金ゼロのものもあった。現金の一部または全部がくすねられたケースでは、「この状態で見つかった」と聞かされるのが常だった。電話をくれた人には礼を言った。必要なデータを集めると、経営者1人1人について性格／誠実度のスコアをまとめ、依頼主の金融機関に報告書を送った。

同社がどの申込人に融資することにしたのか、われわれの評価法が申込人のローン返済状況の予測にどれだけ役立ったかは聞いていない。だが、それは付属的なもので、この実験には、暗黙のうちに作用するもっと重大な問題があった。金融機関は、表面的には融資申込人の誠実さの評価を求めたが、その裏では、もっと深く本質的な問題を問うていたのだ。事業経営がうまくいくかどうか、どうすれば予測できるだろうか、ということだ。成功するには、なんらかの形で規模を拡大する必要があるため、誠実さで高得点のついた融資申込人は、スケーリングでも高い成功率になると考えるのは自然だろう。言い換えれば、ボルテージを高めてスケールアップできるかどうかを評価するのに、性格分析は隠れた近道になりうるのだろうか。じつは、必ずしも、そうとは言えない。

適切なインセンティブこそ重要

個人を尊重するわれわれの文化では、CEOや創業者がロックスターかセレブの地位に押し上げられる。事業の成否を予想するとき、組織全体ではなく、経営を担う人物の行動や性格、哲学に注目する傾向がある。CEOだけでなく、政府高官から有力な政治家、リサーチ・センターのディレクターまで、リーダーシップの地位にある人全員がその対象になる。リーダーの人となりとその行動を見れば大事なことがわかる、との見方が幅をきかせているのだ。極端な例だが、知り合いの資本金20億ドルのプライベート投資会社の経営者は、元CIAエージェント（！）を雇って、諜報機関ならではの手法で幹部候補者を評価している。経営者は、このやり方が会社の成功に寄与すると確信しているが、おそらくそうなのだろう。リーダーの性格が重要であるように、リーダーが組織内で育む文化もまた重要だ（文化のスケールアップについては、第9章で深く掘り下げよう）。だが、まったくおなじだけ重要というわけではない。

個人に広く注目が集まるのは、直観的に理解できる。人間は怠け癖があるから「ファスト思考」になり、なんらかの現象について手っ取り早い説明を求めてしまう。偉大なリーダーがいたから会社が成功すると結論づけたほうが、さまざまな要因の複雑な相互作用を検討するよりずっと楽だ。とはいえ、個人の性格の影響を過大評価し、状況的な要因の影響を過小評価すると、「対応バイアス」（「根本的な帰属の誤り」）と呼ばれる罠に陥ってしまう。スケールアップで成功するには、常に「誰」が重要なわけではない。重要なのは、「何」と「いかに」、つまり何を決断して、いかにそれを実行していくかだ。

リーダーシップのスタイルや個性を重視し過ぎると、成功の重要な要素である、組織内の人材のモチベーション向上を無視することにもなる。人々のやる気を高めて、共通の目標を目指すうえで、大事なことは唯一つ。適切なインセンティブを導入できるかどうかにかかっている。適切なインセンティブは、「誰」にはたらくかよりも、「どのように」はたらくかが重要だ。

適切なインセンティブさえを導入できれば、個々人の性格はほとんど関係なくなる。これは、いくつかの点で安心材料になる。第1に、質やコストの面から、人間をスケールアップするのは容易ではないから、成功が特定の個人に全面的に依存するものではないとすれば前向きになれる。もちろん、常に良い人材を採用する努力はすべきだが、たまに腐ったリンゴを採用してしまうこともあるだろう。そんなリンゴすら、適切なインセンティブがあれば、誠実に行動し、勤勉に働けるというのは朗報だ。第2に、インセンティブは、精緻に設計されていれば、いくらでもスケールアップでき、行動や結果にポジティブで大きなインパクトをもたらすことができる。さらにインセンティブは、リーダーの立場にあるか否かに関係なく、全員がその恩恵にあずかれる。

関係者が3人でも33万3000人でも、こうした人たちにインセンティブをつけられるかどうかは、勝者と敗者の分かれ道だ。経済学者がインセンティブに言及すると、たいていの人は、「また始まった。誰々の報酬を高くして、もっと働いてもらう、と言われるんだ」とうんざりした顔をする。ある程度までは正しいが、それがすべてではない。じつは、高業績の人材にインセンティブを導入するのに、必ずしも多額の報酬が必要なわけではない。その理由を解明するのに、意外なことが参考になる。チップを渡すときに、いくらにするかを決める瞬間だ。

ウーバー・チップ・カップ

ウーバーが事業を始めた当初、顧客に気に入られた点が多々あった。短い待機時間、乗客とドライバーを瞬時につなぐ位置情報トラッキング、タクシーより安い料金、チップを払う必要がない点も好評だった。ドライバーには、ウーバーのアルゴリズムに基づいた乗車料金を支払えばよく、いくらチップを支払うべきか考える必要がない。チップが多過ぎないか、少な過ぎないかとか、ドライバーにどう思われるかなど、案じる必要はないのだ。乗客の側から見るとスムーズな決済方法だった。

だが、それが変わるときが来る。

わたしがウーバーに入って間もない頃、ドライバーが乗客にチップを入れるカップを差し出したり、直接チップを要求したりするケースがあるとの報告が続々あがってきた。その理由は、ウーバーの最大のライバルで、わたしの将来の雇用主になるリフトが、プラットフォームに最初からチップの仕組みを取り入れていたこともあるだろうし、ドライバーがもっと稼ぎたいと思ったこともあるだろうが、その両方の可能性が高そうだ。いずれにせよ、ウーバーのドライバーはチップを欲しがり、タクシーでそうすることに慣れていたように乗客はチップを支払わなければいけないという圧力を感じていた。はるかに大きな問題が発生しなければ、創業者のトラヴィス・カラニックはこうした状況を無視していたかもしれない。2017年1月にツイッター上で始まった#DeleteUber（ウーバーのアプリを削除しよう）キャンペーンは、当時のドナルド・トランプ大統領が発表した移民排斥の方針に対してニューヨークのタクシー業界が反発してボイコットするなか、ウーバーが営業を継続して利益を横取りしたのが発端だ。ウーバーのアプリを削除した大勢の顧客は、ユーザーアカウント停止の要求を大量に処理できる高速自動処理システムがないことを知り、怒りを倍増させた。

こうした不手際は、顧客のあいだでウーバーの評判を傷つけただけでなく、ドライバーの怒りも買い、ウーバーに対する不信感が募った。だが、ドライバーは、ウーバーの事業モデルのなかでなくてはならない交渉不可能財だ。低価格で便利な乗車体験という、ウーバーが提供するサービスには、その前提として大勢のドライバーの存在が必要不可欠だ（少なくとも、自動運転車がスケーラブルになるまではそうだ）。彼らの信頼を早急に取り戻すために、手を打たねばならないのははっきりしていた。

チップの導入

チップが切り札になる、とわたしは考えた。トラヴィスは当初、反対した。乗車料金をできるだけ低く抑えるという、自身が掲げるミッションに反しているように思えたのだ。ウーバー独自の評価システムも心配だった。ドライバーと乗客の相互評価システムなので、乗客はドライバーに低評価をつけられるのを恐れ、チップを多く払わねばならないとプレッシャーを感じるのではないか、というのだ。だが、わたしはウーバーの2人の幹部、ダニエル・グラフ（市場担当）とアーロン・シルドクラウト（成長・ドライバー・データ担当）の応援を得て、チップ導入の根拠を示し、最終的にトラヴィスを納得させた。わたしは、こう主張した。ドライバーの引き留めは、会社の存亡に関わる問題であり、チップが引き留めに役立つなら、たとえ一部の顧客が失望しても、やるべきだ。くわえて、チップを導入すれば、ドライバーのやる気が高まり、サービスの向上が見込める。素晴らしいサービスに顧客から不満はでないだろう。

２０１７年の夏、ウーバーは一連のドライバーの待遇改善策を導入し、その一環として、乗客は選択制でチップの支払いができるようになった。だが、タクシーのチップと違って、対面で渡されるわけではないし、必ずしも降車時に支払う必要もない。そして、ドライバーは、チップの額を確認する前に、乗客を評価しなくてはならない。こうして、ライドシェアリングのなかった世界にくらべて、チップの支払いが感情的、心理的な葛藤を生まないよう配慮した。これが決め手の一つとなり、トラヴィスに賛成してもらうことができた。とはいえ、友人や知人からは、アプリにチップの仕組みを取り入れたことに怒るメールやテキスト・メッセージを受け取った。

感謝が失望に変わるとき

当初、ドライバーからは感謝された。だが、感謝はほどなく失望に変わった。チップのおかげで1回あたりの取り分は増えたが、賃金の総額は増えなかったのだ。なぜか。データを精査すると、プラットフォームにチップの仕組みを取り入れた結果、負のスピルオーバーを生み出していたことがわかった。チップが導入されると、ウーバーに登録するドライバーが大幅に増え、ドライバー1人あたりの乗車回数が減り、料金が下がってしまったのだ。

さらに、顧客によるドライバーの評価を見ると、われわれの期待に反して、チップ制はサービスの向上につながっていなかった。その理由については確信がもてなかったが、長年のホスピタリティ・マネジメント研究に反することが現に起きたのだ。言い換えれば、チップの導入は、多くのドライバーがウーバーのプラットフォーム上で労働時間を増やすインセンティブにはなったが、顧客サービスを向上させる十分なインセンティブにはならなかったということだ。

だが、こうした意外な結果が取るに足らないと思えるほどの大きな衝撃が次に訪れた。

乗客がチップを支払う頻度、あるいは支払わない頻度を調べたところ、「毎回チップを支払う乗客は、ウーバーの顧客の1％に過ぎなかった」。なんと、ドライバーにチップを支払うのは、100人に1人しかいなかったのだ！　一方、一度もチップを支払ったことのない顧客は60％、時々支払う顧客は39％だった。

控えめに言っても、この結果には愕然とした。だが、よくよく考えると腑に落ちた。たしかに純粋な経済的観点から見れば、チップは合理的でない。絶対支払わねばならない額に、なぜ上乗せしなければならないのか。だが、ここには、古典派経済学が示唆する以上の要因が作用していた。

ウーバーの顧客の39％は時々しかチップを払わず、60％は一度もチップを支払ったことがない理由は単純。「誰にも見られていないからだ」

彼らには失うものがなかったのだ。

損失回避

第1章で、認知バイアスに関するダニエル・カーネマンとエイモス・トヴェルスキーの画期的な研究を取り上げ、特に確証バイアスがいかに偽陽性を生み出すかを検討した。だが、彼らの最も有名で、かつ影響力のある研究のテーマは、人間の脳のもう一つのバイアス、「損失回避」である。

長いあいだ――今にして思えば、看過できないほど長いあいだ――社会科学者は、経済学と心理学はまったく別物だと考えてきた。経済学者は、人間は常に自身の利益になるような合理的選択をする、という「合理的エージェント」の選択理論に基づいて、経済のパターンを分析してきた。一方、心理学者は、およそ非合理に見える人間の思考や行動パターンにロジックを見出そうとした。これら二つの学問領域は、相互に口を出すことがないように思われたが、カーネマンとトヴェルスキーが協同して、こうした非合理的な人間心理が経済的な意思決定にどう作用しているのかをあきらかにして様相が一変した。2人の研究、さらに、その後の膨大な一連の研究によって、経済学と心理学を融合した行動経済学が誕生する。

損失回避は、行動経済学の柱の一つになる概念である。基本的な考え方はこうだ。人間はいかなる損失も嫌い、同額の利得を追求するよりも損失を回避しようとする。この概念を、別の枠組みで捉えると、こうも言える。損失の痛みは、心理的に同程度の利得の喜びよりも大きい。だからこそ、心理的痛みを伴う損失を回避することは、潜在的なインセンティブになる。

カーネマンとトヴェルスキーは、人間にこうした傾向があるがために、あらゆる類の軽率な意思決定をすることを示した。たとえば、住宅ブームが去って住宅価格が下がっているのに、売り手はなんとしても損を避けようと、時価よりも高い売り値を提示して、結局、売れずに長く不動産サイトに残ることになる。同様に株式の投資家は、損失の確定を避けたいために、損が出ている株を長くもち過ぎる反面、値上がりしている株は、相場が反転してみすみす利益を逃してはならじと、売り急ぐ傾向がある。こうした現象は、ディスポジション効果（気質効果）と呼ばれる。

損失に敏感になった人間

直観的な意思決定で、こうした非対称性が発達した理由は、進化を考えればごくあたりまえだ。人類という種が生き残りに必死だった約1万年前は、食料をほんの少し多く確保できれば、明日生き延びることができるが、なけなしの食料を失えば、明日はなかった。こうした状況では、損失の発生確率が利得の発生確率よりも高い。そのため人類は進化の過程で損失にきわめて敏感になり、なんとしても損失を避けるようになったのだ。

こうした損失回避の傾向は、カネや食料といった物質的なものにとどまらない。あらゆる類の損失にあてはまり、社会的損失もその一つだ。

人間は本来、社会的動物である。これも、遠い昔の種の進化に遡ることのできる特徴だ。おなじ部族の他のメンバーと仲良く協力しなければ、生き残ることができない。協力することで脅威を退け、集団で狩りに出かけ獲物を分け合う。頑丈な住居を建て、さらに協力してさまざまな課題に立ち向かう。結果として、他の人からどう扱われるか、どう反応されるかに、きわめて敏感になった。人目が気になるのだ。

これは「セルフモニタリング（自己監視）」と呼ばれ、自分の社会的立場を意識的、無意識的に他人の目で監視することを指す。われわれの祖先にとって、社会的立場を失うとは、部族から放り出されることを意味し、そうなると生き残れるチャンスは低くなる。そのため、当然ながら人間は、他の人に好意をもたれたいという欲求に強く動機づけられる方向に進化してきた。

チップの支払い

ここで、ウーバーのドライバーにチップを支払う話——あるいはチップを支払わない話に戻ってくる。

祖先ほど利害は大きくないが、普通は他人に悪く思われたくはない。だからこそ、日常生活において、社会規範や文化的な期待が大きな威力を発揮する。公衆の面前で社会規範を破ると、イメージが傷つくのだから。そして、チップの支払いが、アメリカ文化における社会規範の一つであるのは言うまでもない。レストランの給仕や美容師、マッサージ師、ホテルのポーターまで、さまざまなサービス提供者にチップを支払う。人前でのチップは、多いことも少ないこともあるだろう。たとえば友人と夕食代を割り勘するときには、どれだけチップを支払うかを友人に見られることもある。多くのケースでは、チップをもらった相手は、受け取ってすぐに金額を確認するだろう（こちらは席から立たずに、チップを確認したときの相手の反応に気づいている）。言い換えれば、人前では、支払うチップの多寡が、周りにどう見られ、自分自身をどう見るかに影響するので、社会的規範に従い、自分の評判を守るよう動機づけられて行動する。

だが、ウーバーの仕組みでは、チップの支払いが社会的評判に直結するプレッシャーを取り除いた。そして、プレッシャーがなくなると、既存の規範を冒すことへの懸念が消え去った。これは乗客にとって間違いなく良いことだったが、他人の目を意識して社会的規範を破るのを回避する、という強力なインセンティブまで消し去ることになった。

この話のポイントは、ウーバーがチップに人の目を取り入れるべきだった、ということではない（とはいえ、チップが自社の事業モデルの交渉不可能財である場合、チップを人前で渡すか、人に見られていない状態で渡すかについては違う考えをもつかもしれない。特にスケールアップした場合はそうだろう）。ポイントは、人にどう見られているかが、特定の行動のインセンティブになる、ということだ。

じつは、この手法はきわめて強力で、国富すら増大させる可能性がある。

1億ドルのナッジと社会規範のパワー

ドミニカ共和国は問題を抱えていた。数百万の国民が、払うべき税金を支払っていなかったのだ。

「死と税金を除いて人生で確かなことは何もない」というベンジャミン・フランクリンの名言に反して、ほとんどの国は多かれ少なかれ脱税と闘っている。途上国では顕著で、カリブ海の陽気な国々での脱税率は、他の地域よりも高かった。たとえば2017年、ドミニカの企業の62%弱が法人所得税を支払っておらず、個人の約57%が個人所得税を支払っていなかった。これだけの巨額が徴収されていないのだ!

当然ながら、税金が支払われなければ、インフラ整備や社会福祉などの重要な施策に回す予算が減るため、納税率を高めることがドミニカ政府の最優先課題だった。2018年、納税のコンプライアンス向上キャンペーンの実施を決めたドミニカ政府から同僚とわたしに協力の依頼が舞い込み、自然のフィールド実験ができる魅力もあって、この戦いに加わることにした。

キャンペーンの柱は、政府が市民と企業に向けて発する一連のメッセージだ。個人や企業が税金の不払いを決め込んでいたのは、そのメリットとコストを天秤にかけ、メリットのほうが大きいと判断したからだ(税金を支払わなければ、手元に多くの利益を残せるのに対し、罰金や禁固といった罰則が科されることは少なかった)。キャンペーンのメッセージでは、人々の脳内で、潜在的なコストが潜在的なメリットを上回ることを目指した。

一つのメッセージでは、脱税が禁固刑になることを印象づける。別のメッセージでは、新法が導入され、脱税して有罪になると、公的記録に残ることを強調する。要は、脱税で捕まると、自分の名前が世間にも知られることになる。このように名前が公開される点を強調したのは、人前でチップを渡す行為でも見られた周囲の評判のプレッシャーと損失回避のインセンティブを強化する狙いがあった。ドミニカ国民が社会的立場でダメージを受けたくないと思うように動機づけしたかった。

納税シーズンが近づいた頃、2万8000人の個人事業主と5万6000社あまりの企業にメッセージを送った。このうち半数は禁固刑についてのメッセージを、残りの半数は脱税者の氏名公表に関するメッセージを受け取る。これをナッジとした結果、納税するかどうかを決める費用対効果分析は、まったく違ったものになった。

ドミニカでのキャンペーン

ずばり、われわれの介入が当たった。

メッセージの効果で、2018年の税収は1億ドル以上増加した(これは、ドミニカのGDPの0・12%以上にあたる)。われわれのナッジなしでは政府は受け取ることがなかっただろう収入だ。意外ではないが、2種類のメッセージのうち効果が高かったのは、禁固刑に関するメッセージだった。結局のところ、人間として何より避けたのは、自由を失うことなのだから。だが、禁固刑の「脅威」は、スケールアップするのは簡単だが――単純に、おなじメッセージをより多くの人に送ればいいが――脱税者の大半を実際に収監するのは現実的でないし、倫理上の問題もありスケーラブルでなかった。幸い、名前の開示についてのメッセージもかなり効果的だった。社会的立場を失うと脅しただけで、ドミニカ政府の税収は数百万ドル増えた。しかも、納税人口のごく一部を標的にしただけで、これだけの効果があがったのだ。メッセージ戦略を全国に広げれば莫大な追加収入が見込めるし、確保できる税収にくらべれば費用もたいしたことはないと考えられた。

もちろん、これはあらゆる状況で通用する戦略ではない。たとえば、自分の事業をスケールアップしたい人に、人前で恥をかかせたり、評判を落とすぞと脅したりすることをインセンティブに取り入れろ、と言いたいわけではない。そんなことをすれば、職場はぎすぎすして、かえってやる気がそがれるだろう。

ここで言いたいのは、社会的立場でダメージを受けたくないと思うのは人間の特性の一部であり、特定の規範に従うことで評判を守るインセンティブをもたせれば、あきらかに行動に大きなプラスの影響を与えることができる、ということだ。さらに、このタイプのインセンティブは拡張しやすい。これが規範だと思う人が増えるほど――規範を破ることが不名誉になるほど――それに従おうというインセンティブが強くなるからだ。

だが、これはあくまでも、損失回避と社会的規範が興味深い形で（興味深いほどスケーラブルな形で）かみ合ったケースの一つだ。

環境意識の高まりに乗り遅れない

2013年、ヴァージン・アトランティック航空は、野心的な目標を達成するため、優秀な同僚のエコノミスト、グリアー・ゴスネルとロバート・メトカーフと契約を結んだ。同社は燃費の向上による炭素排出量の大幅な削減を目指していた。実現できれば、環境に良いのはもちろん、経費を大幅に削減できる。唯一の問題は、どのように手をつけるか、だった。

燃費向上のカギを握るのは機長だと認識していた。パイロットのちょっとした選択で、消費量が変わってくるからだ。たとえば離陸前、機長は機体の重量や天候を勘案して、機体に積み込む燃料の計画を立てなければならない。飛行中は高度を選択し、最短ルートを要求し、管制官からの指示に従う。両翼のセッティングなどの航空力学に関わる決定によって使用燃料の量が変わってくる。着陸後は、少なくとも1基のエンジンを切っても支障なく駐機できるが、切ることが必須になっているわけではない。

こうした判断の最終権限は機長にあり、会社側は燃料節約に関して奨励する手順は定めているものの、義務づけているわけではない。だが、ヴァージン航空は、炭素排出量を削減する方向で、パイロットに行動を促すナッジを取り入れるメリットがある、と考えていた。問題は、機長が長年慣れ親しんだ習慣を、いかに変えさせるかだ。

そこで、同僚エコノミストとわたしの出番である。われわれは社会規範を活用することを考えたが、ドミニカ共和国の税金の実験ほどあからさまではなく、陰険な雰囲気でヴァージン航空らしい明るい職場環境を台無しにしないよう心掛けた。

航空会社の機長は、その座を手に入れるために訓練を重ね、並々ならぬ努力で機長としての重責を果たしている。そのため、少なくとも理屈のうえでは、仕事に誇りをもっている人たちだと考えられる。こうした人たちなら、地球のために良いことをしようと責任感をもつ可能性が高く、少なくとも会社の損益に責任をもつだろう。ドミニカ共和国の脱税者と違って、燃料の無駄遣いという、望ましくない行動をとったところで金銭的なメリットがあるわけではない。とはいえ、決まった行動パターンを変えることについては、意識的にも無意識的にも抵抗があるだろうと考えられた。これらを念頭においてわれわれが立案した戦略は、懲罰的な手段にも、個人的な報酬にも頼らないものだった。カギとなるのは、単純な情報収集と内々の情報提供だ。それとないナッジが、社会的なインセンティブの役割を果たしてくれることを期待した。

パイロットに炭素排出量を削減してもらうには

2014年2月から9月にかけて、ヴァージン航空のパイロットの三つのグループに、毎月、それぞれ異なるレポートを送った。第1のグループには、本人の前月の燃費についてのレポート。第2のグループには、前月の燃費に加えて、各人に燃費節減目標を示し、目標達成を促すメッセージを添える。第3のグループには、第2グループとおなじく前月の燃費報告、個人の燃費節減目標の奨励に加え、目標が達成されるごとにパイロット本人名義で慈善団体に少額の寄付がされる、との情報を付け加えた（これは、「向社会的インセンティブ」と呼ばれる）。第4のグループは対照群で、単に燃料使用量が計測される、とだけ伝える。こうして7か月にわたって、いつものように世界中を飛び回るパイロットに、毎月ささやかなレポートを送り続けた。

このフィールド実験は、ドミニカ共和国の税金の実験と違って、社会的に恥をかく要素はなかった（収監のような要素は、まったくなかった）。どのレポートでも、燃費データを公表するとか、結果が年俸や業績評価に影響するかもしれない、などと脅すことはしなかった。ただ、この実験設計は、パイロットの年俸や業績評価を左右するわけではないものの、ヴァージン航空が炭素排出量の削減という「規範」の確立を目指していることを暗黙のうちに知らせていた。パイロットは、自身の選択が直接マイナス評価を受けることがなくても、選択の結果としての燃費データを幹部やわれわれエコノミストに見られることは認識していた。言い換えれば、パイロットが選択する行動の影響は、社会的な組織の仕組みのなかで結局は本人自身に返ってくる。そのため、新たな規範に従わなければ、面目を失う可能性があった。

ナッジを適用する

調査の結果判明したのは、パイロットが燃費を向上させる行動をとるインセンティブになったのは、同僚の手前バツが悪いという恐れではなく、自分自身が炭素排出量の削減という社会の期待（あるいは会社全体の規範）に応える人間でありたいという願望だった。このナッジを、335人のパイロット、4万便あまりのフライト、10万強のパイロットの判断に広く適用することができるだろうか。人間の脳には、こうありたいという自己のイメージを実現するための微細な調整機能が備わっていることから、このナッジは広く適用できるはずだ、とわれわれは前向きに考えた。

その考えは正しかった。データを分析すると、三つの介入グループはすべて、燃費を向上させる行動をとっていた。さらにうれしいのは、実験が行なわれているのは知っていても、介入群とおなじナッジを受け取っていない対照群のパイロットも、おなじように燃費を向上させる行動をとっていたことだ。これは、おそらく環境の変化に伴って行動が変化するホーソン効果か、見られていることを意識した効果だろう（ホーソン効果とは、1920年代のホーソン工場の実験で、明かりを替えたことで作業効率が高まったことにちなんで名づけられた）。ヴァージン航空のケースでは、単に燃料の使用量が計測され、われわれエコノミストにデータが送られると知らせるだけで、十分にパイロットが習慣を変えるインセンティブになった。産業心理学では、作業効率を向上させる手法としてホーソン効果が活用されているが、まさにパイロットでその効果が確認できたわけだ。

ナッジを適用した三つの介入グループのなかで、最大の効果があがったのは、前月の実績に加えて、明確な削減目標を示し、目標達成を促すメッセージを受け取った第2のグループだった。燃費向上効果は、前月の実績だけを知らされたグループを28%上回っていた。これはあたかも、目標を達成できないかもしれないという可能性だけで、パイロットは燃料を節減し、体面を保つようになる、つまり自分自身を期待に応え、規範を守る人間として見ることができるかのようだった。興味深いことに、慈善団体への寄付という追加的なインセンティブには効果がなかったようだ。平均すると、寄付に関するメッセージを受け取ったパイロットが、削減目標と奨励の手紙を受け取ったパイロット以上に燃費を節減したとは言えない。寄付がなくても、インセンティブの効果は最大になっていたのだ。

総合すると、実験の結果、ヴァージン航空が節減した燃料は7700トン、燃料費は537万ドル、削減した炭素排出量は2万1500メトリックトンにのぼった。さらにうれしいおまけとして、機長たちがこの実験を気に入り、79%がこうしたイニシアチブにもっと取り組みたいと回答した（そうしたくないと答えた割合は、6%にとどまった）。さらに、対照群にくらべて介入群の機長は、仕事の満足度の向上も見られた。

なぜスマート・サーモスタットは失敗したのか

こうしたイニシアチブは、効率的なデータ収集の仕組みを取り入れれば、簡単にスケールアップできる。これは、「五つのバイタル・サイン」が、この種のナッジに自然に馴染むからだ。エネルギーの節減が、航空業界だけでなく、21世紀の産業全般の関心事であることからすれば、これは朗報だ。その証拠は、オーパワーを見るだけでいい。第3章で取り上げたが、「スマート」なサーモスタット技術も、利用者が適切な使い方をしないために、スケールアップするとボルテージを失ってしまった。

スマート・サーモスタットの大失敗は、裏を返せば、一つの商品を売り込むよりも利用者に省エネのやり方を教えたほうが、オーパワーにとっても（消費者にとっても地球にとっても）メリットが大きい、ということだ。そこでオーパワーは、「ホーム・エナジー・レポート」と題する社会的ナッジのプログラムを導入し、利用者の電力使用量を近隣住民と比較した報告書を定期的に送付することにした。ヴァージン航空の実験と同様に、自己認識と社会的規範を利用した戦略だが、一つだけ強力なインセンティブを付け加えた。他者との比較である。これは、「隣人には後れをとるまい」とする、人間の基本的な願望にはたらきかけて省エネを促そうという考え方であり、パイロット全員に燃費報告書を送付したのに似ている。ここで問われるのは、地域社会で責任をもって省エネに取り組むセルフイメージだ。「環境に配慮した」隣人よりも、化石燃料を多く消費していることがわかれば、セルフイメージを保つことができない。データが匿名になっていて、テスラ車に乗っていたり、リビングの明かりを一晩中つけていたりすることを誰も知らなくても関係ない。社会的損失回避の心理は、どちらの方向にも傾く。25万世帯にホーム・エナジー・レポートを送付して38のフィールド実験を分析したところ、おなじ地域の近隣世帯と比較した電力使用量のデータを受け取っていた世帯は、平均の電力使用量が2・4％減っていた。

うれしいことに、データをさらに深掘りすると、ホーム・エナジー・レポートの効果は、われわれの想定以上に長続きしていた。オーパワーがレポートの送付を止めた後も、35％から55％の節電が続き、実験終了後、数年が経っても続いている場合が多かった。あたかも省エネの天使が消費者の肩に止まって、せめて隣の住民並みに節電しなさいと囁いていたかのようだ。セルフイメージを保ちたいと思う効果は、レポートにあった近隣住民の省エネに関する情報以上に長続きした。

スケールアップという目的から考えると、この発見の意義は大きい。1度だけ導入すればいいインセンティブのスケールアップが容易にできるだけではない。メッセージを継続して送るよりも、1度だけ送ったほうが効果が大きいのだ。メッセージを繰り返し送ると、効果が次第に下がっていくものだ。要するに、繰り返し送られるメッセージは陳腐化して、受け取る側には免疫ができるのだ。

セルフイメージと社会的規範

わたしが実施した他のフィールド実験でも、この種のインセンティブは、どんな状況でも、どんな人々に対しても有効であることがあきらかになっている。たとえば、省エネ型の蛍光灯は多くの利点があるにもかかわらず、アメリカ人家庭では抵抗感が強いが、シカゴでおなじように近隣住民と比較したメッセージを送る実験を行なった結果、多くの世帯で蛍光灯の利用を増やすことができた。この結果から、セルフイメージや社会的規範を守ろうとするパワーの活用は、人々の行動を環境や社会にプラスになるように変えるだけでなく、当初は抵抗感の強い最新のテクノロジーの普及にも一役買うことができるかもしれない。

こうしたインセンティブは、選挙ブースにも及ぶ。多くの人が投票に出かけるのは、他人から投票に行ったかどうか聞かれるのがわかっていて、行ったと言えば誇らしく、行かなかったと正直に言うのは恥ずかしいと思っているからだ。言い換えれば、時間を割いて投票所に足を運ぶことをしなかったと認めると、民主的プロセスに参加する熱心な市民としてのセルフイメージが崩れてしまう。わたしが実施した投票行動に関する調査では、単純に自身の行動について報告させるだけで（嘘をつくことができるとしても）、向社会的な選択を促すインセンティブになることがあきらかになった。

これは、さまざまな状況でスケールアップするうえで大きな意味合いをもつ。企業にとって、規模が拡大するにつれて、従業員のモニタリング・コストは重くなるが（相互信頼や従業員エンゲージメントをめぐる他の問題は言うまでもない）、先の知見を踏まえると、質問票や調査を活用するだけで、ポジティブな行動（訓練や能力開発のワークショップへの参加）を促し、（窃盗などの）望ましくない行動を減らせる可能性がある。質問票や調査なら、簡単に取り入れることができる。

同様に、企業が自社工場の排出する有害物質の情報を、公的なデータベースに提供する場合、マネジャーには有害な化学物質の使用量を減らそうという強いインセンティブがはたらく。また、職場のダイバーシティ（さまざまな属性の従業員が集まった状態）について年に1度データを公表すると宣言すれば、マネジャーは、ダイバーシティを真剣に受け止め、採用や宣伝活動などでの意思決定に活かすようになるだろう。じつは、いくつも部門を抱える組織が、さらに踏み込んで部門ごとのデータを公表する場合、マネジャーには、会社全体としての評判を高めるインセンティブだけでなく、他の部門よりも進んでいると見られたい、というインセンティブがはたらく。それがなければ、社会的立場とセルフイメージの両方を失うことになる。

社会性と損失回避の傾向を活用する

一般的なインセンティブとしては、従業員の報酬を増やす、昼食を無料にする、福利厚生を充実させる等があるが、これらは、企業の規模が大きくなるにつれて負担が過大になるおそれがある。これにくらべて社会的インセンティブは、規模を拡大してもずっと安上がりで済む。さらに、人間の心理は、グループごとに大きく変わるわけではないから（たいていの人は、似たり寄ったりの程度で損失を回避し、ほぼ全員が社会的イメージを気にするものだ）、このタイプのインセンティブ戦略は拡張しやすい。これに対して金銭的報酬をインセンティブにする場合、必要な額は人によって大きく異なり、不当に高い額が必要な人も出てくるだろう。スケールアップで目指すものは、利益や社会的インパクト、健康、学力向上などさまざまだろうが、インセンティブの設計にあたっては、人間の脳に備わった社会性と損失回避の傾向を活用して、関係者全体にメリットをもたらす行動が取れるよう配慮が必要になる。

こうした原則は、ビジネス以外の世界にもあてはまる。たとえば医師は、患者に毎日、薬の服用や運動の記録をつけさせることで、治療計画を守らせるインセンティブを付与できる。教師は生徒に学習時間や宿題を終えた時間を記録させる。とはいえ、こうしたインセンティブだけが、ボルテージを高める唯一の方法ではない。カネも有効だ（エコノミストとして、これを外すわけにはいかない！）。ただ、大規模な金銭的インセンティブは、「カネを出すから、もっと働け」という昔ながらの陳腐なやり方よりも、もっと創造的な形で導入することができる。

クローバック・アプローチ

人間は利得よりも社会的損失に敏感で、喜びを味わうよりも苦痛を避けようとする傾向があるが、おなじように、もっていないものを獲得する喜びより、今、もっているものを失うことを嫌う傾向がある。殊にカネについてはそう言えるが、じつは既存の金銭的インセンティブの多くは、特定の業績目標を達成すればそれなりの報酬を受け取れるというように、逆向きにできている。この方法のロジックはしっかりしているように見えるが、金銭的インセンティブとして大規模に導入するには、この方法が最も効果的だとは言えないことが調査であきらかになっている。物事の順番をひっくり返して、報酬を先に渡し、それに見合った仕事をして業績をあげてもらえばいいのではないか。

　人間が今もっているものを失うことを極端に避けたがる傾向は、贈与効果と呼ばれる。これを鮮やかに示したのが、ダニエル・カーネマンがジャック・ネッシュとリチャード・セイラーとともに行なった有名なラボ実験だ。実験はごく単純だ。被験者にはマグカップを渡す。何の変哲もなく高価でもない、ただのマグだ。次に、マグを売ってカネに変えるか、おなじくらいの価値のモノ（このケースでは、キャンディバー）と交換するチャンスを与える。すると、被験者はマグが自分のものだと感じた途端に、マグを手に入れるのに支払ったであろう金額の2倍の値段をつけたのだ。いったんマグが被験者に贈与されると、マグに対する愛着がぐっと湧いたのだ。

この一見、不合理な効果は、他の実験でも再現されている。ダン・アリエリーとジフ・カーモンは、NCAA決勝の4枚分のチケットを既にもっている場合、誰かから買う場合よりも圧倒的に高い料金をつけることをあきらかにした。社会的地位やカネ、あるいは台所用品にせよ、人間は今あるものを失うことを極端に嫌う傾向があるため、現状を維持するモチベーションが高いのだ。だが、実験室以外で、この効果をどう使えばいいのか。

フレーミング効果の実験

2008年、この疑問を探求する機会が訪れた。中国の電子機器メーカーから、一つの工場の生産性向上に力を貸して欲しいと頼まれたのだ。ワンリダ・グループは、中国の電子機器メーカー上位100社に入る企業で、南京、深圳に拠点をおき、2万人以上の従業員を抱えている。同社の幹部から、従業員の生産性向上を促す低コストのインセンティブのアイデアがないか相談を受け、タジム・ホサインとわたしは、別の損失/利得の認知バイアス「フレーミング効果」を使ったフィールド実験を提案した。フレーミング効果の考え方は、ごく単純だ。ある作業や状況を、損失で説明するのか、利得で説明するのか、伝え方や表現を変えることで、それに対する態度や行動が違ってくる、というものだ。

ワンリダ・グループは、ノートパソコン、パソコン、GPS、家電などの家庭用電子機器を製造・販売している。タジムとわたしは、主にDVDプレーヤーとデジタル・フォト・フレームを生産する南京工場で実験を行なった。実験では、さまざまなボーナスのスキームを使って、単純なインセンティブのフレーミングが、チームとしても個人としても生産性に影響を与えるかどうかを調べた。つまり、従業員にマグを渡すわけだ。

実際にはマグではなく、少額のボーナスを渡したわけだが、これはカーネマンの実験のマグとおなじ機能を果たす。一つのグループには、生産目標を達成したらボーナスを渡すのではなく、実際に仕事をする前に、ボーナスを渡すことにする。ただ、そのミソは、あらかじめ成果を見込んで資金を確保はしておくものの、すぐに支払うわけではなく、1週間の終わりに生産目標を達成できたら支払うと、従業員に伝えておく点にある。言い方は丁寧だが、目標を達成できなかったら、ボーナスとはお別れしなくてはならない、というわけだ。自分のものであるはずのボーナスを失ってしまうのだ。わたしはこれをクローバック・アプローチと名づけた。

損失介入と報酬介入

ご案内のとおり、これはひとえに、モチベーションのフレーミングに関わる問題だった。「損失介入」グループは、実際に自分の銀行口座に入金されているわけではないにもかかわらず、既にもらったカネが奪われそうだと感じていた。一方、「報酬介入」グループは、異なるフレーミング、すなわち、従来型のインセンティブである「目標を達成したら、カネがもらえます」という形で、ボーナスを提示されていた。このグループは、カネが自分のものだとは感じていなかった。

ワンリダ工場の従業員は、6か月にわたって通常の作業に従事し、標準的なスケジュールを守った。だが毎週、損失グループの従業員はボーナスを維持できるか失うか、報酬グループの従業員には、ボーナスをもらえるか、もらえないかが知らされた。言うまでもないが、どちらのグループも実際には、おなじ日におなじ額のボーナスを手にするという、おなじ目標を追いかけているが、その動機（インセンティブ）は大きく異なっていた。そして、この単純な事実が、彼らの生産性に大きな影響を及ぼしていた。

結果として、損失回避を重視するクローバック・アプローチの効果が、従来型のボーナス・アプローチを上回り、チーム全体の生産性は1％以上上昇した。6か月にわたる実験期間中、この効果が逓減することはなかった。1％はたいしたことがないように見えるかもしれないが、規模を拡大した場合、1％の生産性の上昇が続けば、長期的に大きなインパクトをもつことになる。ワンリダのような企業にとっては、数年内に利益が数千万ドル増える計算だ。

損失回避のパワー

クローバックの実験は、損失回避のパワーがいかに従業員をやる気にさせるかを示したもので、完璧にスケーラブルだと思える。重要なのは、被験者の全体の財政状況からすれば、このボーナスはたいした額ではなく、したがって、従来型の標準的なボーナスとして提示された場合は、十分なインセンティブにならない点だ。意識するかどうかはともかく、損をして嫌な気分になるのは避けたいという思いは、行動に変化をもたらすほど強力なのだ。

わたしは、他のフィールド実験でも、また中国以外のいくつかの国でもクロー バック・アプローチを取り入れて、人や文化、状況が違っても効果があるかどうか試してみた。効果はあった。たとえば、ウガンダのカンパラ郊外では、1200人に豆の選別をしてもらったが、生産性の上昇はワンリダをはるかにしのぎ、なんと20%にも達した！　この種の行動の効果はみなそうだが、境界条件がある。そうした境界条件の一つを、2000年代初頭にまとめた一連の論文で取り上げている。大きな発見の一つが、資産売買の経験が豊富な人は、損失を回避する兆候をほとんど示さなかった、ということだ。これは納得できる。というのは、過去に何かを断念した経験が多い人は、脳の別の部分で損失をコード化し始めることが、研究であきらかになっていたからだ。繰り返し損失にさらされたという事実は、この種のインセンティブをどこまで推し進められるかの、重要な境界条件になりうるが、組織内では境界条件にはまだ達していない。

この意味で、こうした形のフレーミングによるインセンティブは、ビジネスのスケールアップでボルテージを高めるために貴重なアプローチだと言える。何より素晴らしいのは、経営幹部や株主だけにメリットをもたらす偏った戦略でない点だ。クローバック・アプローチは、一般の労働者がボーナスを獲得する助けになる。さらに、われわれの研究でも、アレックス・イマス、サリー・サドフ、アーニャ・サメクの研究でも示されているとおり、多くの従業員は、頑張ればボーナスが確実に手に入るというクローバック・アプローチのインセンティブを楽しみ、評価している。何かが手に入り、頑張ればそれをもち続けられるのは気分がいい。だが、クローバック効果のスケールアップを目指す企業が、守らねばならないことがある。ボーナスを不可能な目標、非現実的な目標と連動させてはいけない。そんなことをすれば、従業員のストレスは溜まるばかりだ。また、どれだけ多くの従業員が目標を達成し、ボーナス支給の対象になっても、必ず全員に支払う準備をしておかなければならない。インセンティブのナッジを使う場合、ボルテージが高まることより、組織の倫理を守るほうがずっと重要だ。

キャッシュとトロフィー

クローバック・アプローチは、ビジネスによく馴染むように見えるが、非営利の分野にもポジティブなインパクトをもたらす。特に効果が高いのが教育だ。ビジネス以外の世界で、金銭を支払って行動を変えてもらうことには、多少のうしろめたさがつきまとうが、じつは、この方法は効果があり、排除する理由はない。多くの大学奨学金制度では、学生がＧＰＡで一定以上の成績を収めることを条件にしている。またシカゴハイツ幼児センターのケースで見たように、現金のインセンティブで、ペアレント・アカデミーの参加率が上がった。ごく少額でも効果があったことを踏まえると、こうしたインセンティブは、大規模な社会変化の醸成を目的としながら、予算が不足しているイニシアチブで使える可能性がある。社会的・経済的ギャップの縮小につながる特定の行動を促すのに、特に適しているかもしれない。わたしが直接、それを目の当たりにしたのは、ローランド・フライヤー、スティーヴン・レヴィット、サリー・サドフらのエコノミストと共同で行なったシカゴハイツでの実験だ。対象は幼児センターではなく、おなじ地区の小中学校だ。

シカゴハイツには、小中学校が9校あり、約3200人の生徒を抱えている。多くの大都市の学校区がそうであるように、有色人種の低所得世帯の子どもが中心で、伝統的な学力の指標では劣っている場合が多い。たとえば、われわれが介入する前年、イリノイ州の標準学力テストで最低基準を満たした生徒の割合は、州全体では81％に対して、シカゴハイツでは64％にとどまっていた。参照グループの生徒を、——そして他所の生徒を、社会体制上の負の連鎖から抜け出させることが、われわれに課された喫緊の課題だった。だが、実験の被験者は、生徒たちではない。教師に被験者になってもらうのだ。

2010年~2011年度のスタート時点で、われわれはシカゴハイツの学校当局と協議し、「希望する教師に実験を行なう。この実験に参加すればボーナスを支払う用意がある」と伝えた。教師はこのアイデアに乗り気で、じつに95％にあたる（！）１５０人が実験に参加することになった。この実験はウィン・ウィンになる可能性があったため、わたしは興奮していた。教師は（アメリカのほとんどの公立校の教師とおなじで、給料が安いことで有名だが）、いくらか現金を稼げるかもしれない。わたしはわたしで、クローバックが教育の質に影響するのか検証して、この介入策がスケーラブルかどうかを見極める。そして、子どもたちは教室でその成果を受け取ることになるはずだ。

生徒の成績による先生へのボーナス実験

実験の仕組みを紹介しよう。第1グループ――報酬グループの教師は、学年末の生徒全体の標準テストのパーセンタイル・スコアがどれだけ上がったかに基づいてボーナスを受け取る。ボーナスは、1パーセンタイルあたり80ドルで、最大で８０００ドルになる（生徒の学力向上の成果を測るのに、標準テストは唯一の指標ではなく、常に最も正確なわけでもないが、実験の設計の観点から、生徒、さらには教師をおなじ指標に従って評価できる点で魅力的である）。これに対して、第2グループ――損失グループの教師は、年度の最初に４０００ドルを受け取り、おなじ標準テストの生徒の成績が平均を下回った場合、４０００ドルと最終的な報酬の差額を返還すると記した契約書にサインする。だが、生徒の成績が平均を上回った場合は、最大４０００ドルのボーナスを追加で受け取り、総額は最大で８０００ドルになる。つまり、「報酬」グループも、

「損失」グループも、生徒の成績がおなじであれば、ネットで受け取るボーナスはおなじになる。違いは、タイミングとフレーミングだけだ。

ワリンダ工場の実験を最初から繰り返すようなものだが、被験者はDVDプレーヤーをつくるわけではなく、教育を充実させて、子どもたちにより良い未来をもたらすことを目指す。今回は、報酬の見込みを示すのではなく、プログラムの開始時に、クローバックの形で実際に現金4000ドルを教師に渡した。

秋が来ては去り、ミシガン湖周辺の身を切るほどの風が雪を連れて冬が訪れた。年が明けて、春になって気温が上昇し始めると、人間も含めて生き物たちが灰色の凍った世界から再び顔を出す。この間、シカゴハイツの子どもたちと教師陣は、ゆっくりではあるが複雑なステップを踏んで、生真面目に学習に取り組んだ。途中、何度もつまずいたが、多くの勝利もあった。うれしいことに、他の年より勝利が多かった。われわれのインセンティブのおかげだ。学年末が近づいた頃、標準テストを実施した。生徒は自分たちの点数が、教師の銀行振り込み額に影響するとは思ってもみない!

結果はどうだったか。損失グループの教師は、生徒の点数が大幅にあがっていた。既にもらったボーナスを手放したくないという願望が、実際にインセンティブとなり、教師は熱心に教えた。おなじ額のボーナスの後払いを約束されていた報酬グループの教師以上に熱心だった。何よりも良かったのは、損失グループの教師が、良い習慣を身につけたことだ。実験終了後、

5年にわたって教師の質を調べたところ、インセンティブがなくても、担当クラスの成績はあがっていた。5年後まで、こうした教師の1人にあたった生徒は、他の生徒よりも大きな得をしたことになる。うれしい贈り物がそうであるように、このインセンティブはその効能を発揮し続け、スケールアップしても大事にされるものになる。

生徒にも同じ実験をしたら

教師で実験がうまくいくと、おなじ戦略が生徒に通用するかどうか疑問が湧いてきた。そこで、シカゴ地区の6000人超の小学生と高校生を対象に、新たなフィールド実験を行なうことにした。金銭的報酬（10ドルか20ドル）と、非金銭的報酬（トロフィー）の両方を使って、学力向上を目指す。結果は心強いものだった。第1に、従来型のインセンティブは有効だったが、クローバック型が若干、効果が高かった。第2に、報酬は必ずしも現金でなくても効果があった。最初に現金またはトロフィーを渡しておくと、テストの点数が上がった。とはいえ、教育の最大の謎の一つは、人生で先々得るものが大きいにもかかわらず、努力しない生徒が多いのはなぜか、ということだ。そこでわれわれは、さらに報酬のタイミングを見極めることにした。

今回は、クローバックを逆向きにして、一部の生徒に、テストの点数が良ければ、テストの1か月後に、ご褒美をあげると伝える。するとどうだろう。このインセンティブはまったく効果がなかった。つまり、いくら大きなご褒美でも、すぐにもらえないなら、生徒の成績にはまったく影響しなかったのだ。この発見は、生徒が自発的に勉強しようとせず、中退が多いことの理由の一つになる。一部の生徒にとって、（大学に進学するとか、高給の職につく、といった）リターンはあまりに先のことなので、十分なモチベーションにならないのだ。結局のところ、インセンティブをわずか1か月先に延ばしてもモチベーションが損なわれるようなら、遠い将来、良いチャンスに恵まれるかもしれないという抽象的な見通しではたいしたやる気が起きないのだ。そのため気候変動対策や健康的な食事、禁煙を促すインセンティブについて考えると、コストはたった今、発生するが、その恩恵を受け取るのは先（時にはかなり先）なので、対策に身が入らないのも仕方ないと思える。インセンティブに関しては、タイミングがすべてなのだ。

教育のインセンティブは、どんなタイプのものでも、生徒にネガティブな下方効果を及ぼす、と論じる識者がいる。成績をあげる原動力は、内的ではなく外的なモチベーションであり、外的な報酬には限度があるが、個人の満足には限りがないからだ。外的なインセンティブに頼るのは、自分からやる気を奮い立たせるのではなく、他人に尻を叩かれるのを待つということだ。内的なモチベーションが既にかなり低い状況なら、それも致し方ない。シカゴのサウスサイドのコミュニティが、まさにこの状況で、チャンスがなかったため、子どもたちは学校で努力しても意味がないと投げやりになっていた。いくつかの研究で、ご褒美を与えることが大きなプラスの効果をもたらし、長期的な副作用もないことがあきらかになっている。そして、じつは、カネやトロフィーといった外発的な形のモチベーションが、内発的モチベーションを喚起する可能性がある。生徒はご褒美欲しさに勉強するが、学ぶこと自体がご褒美なのだと気づくのだ。頑張ったことのご褒美に、報酬を取り入れるスキルは、たいていスケールアップできる。

シカゴハイツでのわれわれの実験は、ビジネス界から遠く離れた領域でも、贈与効果をテコにする強力な根拠になるはずだ。このアプローチは理論的に、教育の世界に限らず、ソーシャルワークや警察など、教育以外の公的セクターや非営利セクターで有効だ。もちろん、現金ボーナスにはカネがかかるため「五つのバイタル・サイン」の最後の障害――コストの罠に陥るリスクは常にある。だが、クローバック・ボーナスの原資や調達先が見つかるのであれば、投資として検討に値するだろう。

ただし重要なのは、どのタイプのインセンティブをスケールアップするのか、従業員向けなのか、他の株主なのかをはっきりさせたうえで責任をもってやり遂げることだ。企業、地域社会、組織全体に恩恵が行き渡るように、ナッジが約束する報酬は、常に公平かつ平等に履行されなければならない。さらに、過度に上意下達な方法ではなく、ポジティブな組織の文化と調和がとれるような方法を賢く選ぶことが肝になる。つまり、何々しなければこれこれを失うリスクがあると、相手を脅して、常に不安にさせる方法はとるべきではないし、とる必要もない。目的は、全員に十分な恩恵が行き渡る状況をつくることなのだから。

こうした成果は、限られた時間や資源のポジティブな効果を最大化できるかどうかにかかっているとも言える。そのためには、発想を変える必要がある。利益率に沿って考えなければならない。

第7章

方法②
「限界革命」を導入する

ようやくここに来た。わたしがデスクに向かっているのは、アイゼンハワー行政府ビル。威容を誇る6階建ての花崗岩の建物で、ホワイトハウスのウエストウイングから徒歩2分。わたしのオフィスは、この19世紀の歴史的建造物の1階にあり、窓らしきものはない。窓があったとしても、外を眺める時間などなかっただろうが。2002年夏、ジョージ・W・ブッシュ政権のシニアエコノミストに任命されて数か月が経っていた。とても忙しく、月曜から土曜までは朝6時半に出勤して帰宅は午後9時頃というのがお決まりのパターンになっていた。日曜にはなんとか子どもたちと過ごすことができる。4人の子どもたちは年子で、末の子のグレタはこの夏、生まれたばかりだった。

数か月前、ホワイトハウス・チームの一員になる気はないか打診の電話をもらった。青天の霹靂だが、無下に断るのは勿体なさ過ぎる。面接を受けるために、すぐに1600ペンシルヴェニア・アヴェニューに駆けつけた。質問はアカデミアでは経験のないものだった。「あなたの傾向、信条を教えてください」

「社会的にはリベラルで、財政は保守派、矢のように真っすぐです」。自信をもって、こう答えた。面接官は顔色を変えずに、「あなたの著作から、そう思っていました」とだけ応じた。午後の大統領経済諮問委員会のエコノミストたちとの面接に臨む頃には、この仕事はなくなったと思っていた。ホワイトハウスが求めるのは、正真正銘の右派エコノミストに違いない。だが、面接の印象はまったく違った。

「午前中に、どんな質問を受けましたか」。諮問委員会の委員長のグレン・ハバードから聞かれ、政治的傾向を聞かれたと話すと、話を遮り、きっぱりこう断言した。「われわれは気にしません。あなたはエコノミストとして、ここに来ているのであって、経済学的思考で仕事をしてもらいます。われわれが求めているのは、あなたの頭脳であって、政治信条ではない」。わたしは仕事に戻った——というより、政府で仕事をする気になった。

翌日、ポジションを提示されたが、それから山のような経歴チェックが待っていた（わたしの幼稚園の恩師を訪ね、5歳！のときにどんな子どもだったかを尋ねた人物すらいた）。これほどの権限で、国に仕えるチャンスなぞなかったし、9か月後に大量破壊兵器を口実にイラク侵攻が行なわれるとは知る由もない。ホワイトハウスで働けるというだけで、自尊心がくすぐられた。結局、わたしはノーと言うことができなかった。国に仕えること以上に、この仕事は（ほぼ15年後のウーバーから打診があったときとおなじように）、実社会で、しかも全国的なスケールで、経済学と人間の行動を学べる、またとないチャンスだった。

政策立案は一つの巨大なフィールド実験

政策立案は、しごく現実的な意味で、一つの巨大なフィールド実験だと言える。アイデアを大規模に具現化して、その効果を追跡する方法なのだ。政府の政策は的確に実施すれば、現在および将来の幾多の人々の生活を改善できる可能性がある。それに、わたしの役割は科学的なものだ。率直に言って、政治はもっと科学を取り入れる必要がある、と常々思っていた。

こうしてワシントンD.C.に来たわけだが、やるべき仕事が山のようにあり、1日の時間が足りない。オフィスは書類の山で散らかり放題で、デスクいっぱいに広がり、何脚もの椅子の上に積み重なり、すぐに床を埋め尽くしてしまった。そして、その1ページ1ページが、わたしが呼ばれた仕事となんらかの形で関係していた。政策を大規模に導入する場合の費用・便益分析である。この分析が非常に重要なのは、100以上の連邦政府機関が毎年、約4500の新たな政策案を上程してくるからだ。このうち年間、50から100の案件が、「経済的に重要（便益か費用のどちらかが年間1億ドル以上）」という必要条件を満たしていた。経済的に重要な提案は、1件ずつ正式な費用・便益分析を受ける。

すべての意思決定の前段には、こうしたタイプの分析、利得と損失の比較考量がある。人は生活のあらゆる場面で、それと意識しないまま、こうした比較考量を実践している。たとえば、リンゴは健康にいいとの思い（＝便益）が、費用（価格の高さやキャンディバーほど楽しめない可能性）を上回れば、リンゴを買い物かごに入れる。アパートの便益（部屋の広さ、立地の良さ）が、費用（高い家賃、騒々しい隣人）を上回れば、賃貸契約を結ぶ。スポーツジムの便益（健康な肉体、社交）が、費用（月会費、プレッシャー）を上回れば、会員になる。カネだけでなく、時間の使い方を決めるときも、おなじように比較考量をしている。友情の便益が費用を上回れば、時間をひねり出して、友人とともに過ごす。

もちろん、コストが便益を上回っていると判断する場面は多い。高価なステーキ肉を毎週買うわけではない。どんなに気に入ったアパートでも、家賃が収入の70％を占めるようなら、借りるわけにはいかない。月に2回しか行かないなら、フィットネスジムを退会する。大人しいのに攻撃的な友人なら、わざわざ時間を使って会うこともない。こうした費用・便益のフレームワークは、教育、仕事、結婚、子どもをもつかどうかの、さらには罪を犯すか、不倫するかどうかといった意思決定にあてはめることができる。もちろん、時には誤算もあるが、その間違いは脳にしまっておき、将来の意思決定の参考にする。悠久の時のなかで人類に、役立ってきたのは、かなり柔軟な経済思考だ。

政策立案における比較考量も、何ら変わったところはない。つまり、うまくいっているときは、費用・便益思考がはたらいているのだ。

政府の費用・便益分析

裁判官のスティーブン・ブライヤーは、1994年にアメリカ最高裁の判事に就任する前年、『悪循環を断ち切る（未邦訳）』という著書を出版した。この時点までに、費用・便益分析は、政府の政策立案マシーンの不可欠な要素になっていた。じつは、この分析手法は、1936年の洪水管理法から取り入れられたが、ニクソン、フォード、カーター政権までは標準的な手法にはならなかった。その後、ロナルド・レーガンが登場し、「大統領令12291」で正式に取り入れられた。これで規制上の監督が強化され、連邦政府機関がなんらかの行動を起こす際は、便益がコストを上回っていることを証明しなければならなくなった（この大統領令は、レーガン大統領が積極的に推し進めた規制緩和と福祉予算の削減に不可欠なツールだった）。

ブライヤーはその著書で、こうした背景について論じているが、レーガンと違って、予算を削ることが、アメリカ国民の問題の解決策になると見ていたわけではない。ブライヤーが言わんとしたのは、政府は事業や政策に優先順位をつけて効率化すべき、ということだった。どの国も、（理論的には）徴収できる税金には限りがある。そのため政府は、できるだけ多くの国民生活を向上させる大規模なイニシアチブに予算を充てる義務を負っている。政府がそれを実行するには、費用に対する便益の計算にもっと習熟する必要がある、とブライヤーは考えた。

こうした論理の展開は、理論的には隙がないが、現実は一筋縄ではいかない。ブライヤーが指摘しているとおり、支出1ドルから最大の便益を引き出す方法を見極めるのは、そう簡単ではない。じつは、こうしたことをするために訓練されてきた、わたしのようなエコノミストですら、猛烈に苛立つ作業なのだ。たとえば、汚染土の除去作業が90％終わった時点で、残り10％をきれいにするために、政府はさらに予算を費やすべきか、あるいは、おなじように喫緊でコストのかかる公衆衛生上の問題に、残りの予算をまわすべきだろうか。

予算はどこにつけるべきか

もっと単純に言えば、予算はどこにつけるべきか。もっと広く言えば、蔓延する肥満や学力格差といった、政府が大規模に取り組む必要のある全国的な問題の対策の便益と費用を、どうすれば正確に測ることができるのだろうか。わたしのオフィスに書類の山が広がっていたのは、こうした悩ましい問題のせいだった。わたしは費用・便益報告を分析し、予算1ドルあたりの便益を最大にする、というただ一つの目的に基づいて政策を推奨しなければならない。

わたしの担当は環境問題（後に国土安全保障の問題）だったので、環境保護庁（EPA）、食品医薬品局（FDA）、労働省、エネルギー省、運輸省、住宅・都市開発庁と仕事をともにした。ブッシュ政権は厳格な費用・便益分析にコミットしていて、立ち入り禁止の領域はなかった。主なカウンターパートのホワイトハウス予算管理局の規制の鬼、ジョン・D・グラハムが、刺激的なアイデアを押しつけてきた。費用・便益分析を、救われた人数ではなく、救われた年数に基づいて検証すべき、だと言うのだ。これだと、若者に有利な政策を重んじることになる。情け容赦ないと思うかもしれないが、80歳ではなく8歳の子どもたちの命を救い、生活を向上させる政策をスケールアップすることは、長期的な累積効果が大きいので予算枠を拡大する必要がある、という理屈だ。

　当然ながら、人の命の価値はみなおなじで、優劣はつけられない、という批判的意見は数多くあった。こうした道徳的なアプローチに共感はしたが、経済的アプローチがわたしの本分だ。費用・便益分析は、レーガン政権ではしばしば政争の道具になったが、適切に活用すれば、限られた予算を最大限に活かす最高のツールになる。カネが無尽蔵にあるなら、政策立案者も、グラハムのような冷徹な言葉で予算に枠をはめる必要はないだろう。だが、政府の資金には限りがある。だからこそ、便益を最大化し、費用を最小化することが必要だ。そして、データを深掘りし始めると、予算がずいぶんお粗末な使われ方をしていることに気づいてきた。

ジョン・ナッシュ政策モーメント

ある日の午後（夜だったかもしれない。何しろ前に述べたように窓がないので、よくわからないのだ）、いくつかの連邦機関から届いた費用・便益報告を眺めながら、突然ひらめいた。冗談に、これはわたしの「ジョン・ナッシュ政策モーメント」だと言っている。ジョン・ナッシュは、聡明な数学者でノーベル賞も受賞したが、精神病に苦しんだ。映画の『ビューティフル・マインド』のモデルでもある。ひらめきの核心はシンプルだ。政策立案者が意思決定に使っているデータは、平均を表している。費用が1億ドルの新たな大気浄化政策が200人の命を救うとすれば、1人あたりの費用は50万ドルとなり、これが既成事実になる。だが、データを細かく分析すると、事はそう単純ではなかった。一つの政策に費やされる予算は、すべて均一な価値をもっているわけではないのだ。たとえば大気浄化法の予算の場合、最初の5000万ドルで削減される二酸化炭素の排出量は、次の5000万ドルよりはるかに多いだろう。

たとえばEPA内では、「最後の数ドル」が結果にどれだけ影響を与えるかについて、大きなばらつきがあり問題になっていた。鉱滓ダム（鉱山の選鉱・製錬工程で発生するスラグを堆積させておく施設）は、1人の命を救うのに数千万ドルかかるが、おなじ1人の命を救う汚染物質削減のコンプライアンス基準の導入には数万ドルしかかからない。そして、わたしは経済学の訓練を受けていたので、ブライヤー判事が提案したように、さまざまな機関が公表している図表や数字を調べて、納税者のカネを最大限活かす政策を見極め、優先順位をつけるには、平均1ドルあたりのではなく、最後に支出された1ドルあたりのプラスの便益を重視すべきであることを知っていた。

すべての支出を合算した費用・便益の平均では、「ある政策がスケールアップするにつれて、便益が大幅に低下する」ことを示す具体的な数字が隠されてしまうからだ。

たとえば、全国的に学生のアブセンティーズムを減らすことを目的にした3000万ドルの介入政策は、最初の2000万ドルはかなり効果的でも、残りの1000万ドルのリターンは逓減していくだろう。しかし政府が、すべての政策について、全体の便益が全体のコストを上回るだけでなく、最後の1ドルを最大限に活かせるように政策に優先順位をつけることは困難ではないか。だとすれば、納税者のカネを最もスケーラブルな形で配分していなかったことになる。だが、どうすれば、こうした問題を解決できるのか。

わたしは答えを知っていた。限界アプローチからのスケールだ。

限界革命

19世紀後半、経済学は飛躍的進歩を遂げた。これは「限界革命」と呼ばれるようになる。限界という名前がついてはいるが、限界的どころか、経済学の中心的な知見になった。限界革命と称される思考のブレークスルーは、経済理論の主役に躍り出て、経済学者が価値を測る方法を変えることになる。

限界革命の主な立役者は、異なる国生まれの3人、イギリスのウィリアム・スタンレー・ジェヴォンズ、オーストリアのカール・メンガー、フランスのレオン・ワルラスである（ワルラスは、一般均衡理論のパイオニアでもあり、第4章のスピルオーバーとの関連で少し取り上げた）。18世紀を通して経済学の関心は、財やサービスの価格が市場でどのように決まるのかを理解することだった。たとえば、金《きん》が食品よりも大幅に高いのはなぜなのか。貴金属なしでも生きられるが、栄養をとらないと人間は死んでしまう。それなのになぜ、ダイヤモンドは、生存に必要な水より大幅に高いのか。ダイヤモンドと水のパラドックスについては、今や世界中の教室で教えられている。

これは価値理論と呼ばれる。ジェヴォンズ、メンガー、ワルラスは、供給対需要という限られた概念を超えて、価値の議論に「効用関数」（効用理論）をもち込んだ（イギリス人経済学者のジェレミー・ベンサムの研究を下敷きにしている）。考え方はかなり単純だが、斬新だった。モノを所有するにせよ、サービスを利用するにせよ、体験をするにせよ、人がカネを支払うものは何でも、なんらかの満足、つまり効用をもたらす。この満足のレベルが、われわれが財やサービスから受け取る価値を決定している。

だが、議論にはもう1段階ある。ジェヴォンズ、メンガー、ワルラスは、効用は静的なものではないと定義づけた。財やサービスを、「単位」に分解すると、消費したのが最初の1単位か、最後の1単位か、そのあいだかで、消費者にとって価値が変わってくる。最後の1単位の価値は「限界効用」と呼ばれ、全単位を平均した価値とおなじになることは滅多にない。つまり、アイゼンハワー行政府ビルに戻り、どの機関やプログラムの最後の1ドルが最も効果的かを見極めるため、機関やプログラムごとに支出の最後の1ドルの価値を推計したのは、事実上、限界効用を計算しようとしていたことになる（ただし、当然ながら、消費に関する限界効用ではなく、政策に使われた支出の限界効用である）。

3個目のドーナツは飽きる

消費に関する一般的な法則に、限界効用逓減の法則がある。これは、最後の1単位の効用は、最初の1単位の効用ほど価値がない、という意味である。卑近な例だが、ドーナツで考えてみよう。

ドーナツはわたしの大好物。今日は既に2個食べてしまい（正直言って、気をつけてないと、ありうる）、3個目を食べるかどうか考えている。1個目を食べたときの満足感や、とにかくドーナツが好きなのでか、おそらく3個目にも手を伸ばすだろう。だが、3個目だけのことを考えて決めるとすれば、飽きそうだと気づくだろう。言い換えれば、3個目のドーナツから受け取る満足度——限界効用は急激に低下すると見込まれる。これがまさしく、多くの政府のプログラムで起きていることだ。プログラムの投資水準が上がるにつれて、1ドルあたりのリターンが低下し始める。

別の政策の例として、アメリカの対薬物戦争を見てみよう。法の執行や軍事面での薬物戦争に巨額の資金が投じられてきたが、追加の予算を薬物乱用防止や薬物依存症治療に投じるほうが、限界的な便益ははるかに大きいだろう。当然ながら、限界効用の計算違いで誤った政策に巨額の予算を投入すれば、浪費される金額は指数関数的に増加する。だからこそ、政府の費用・便益分析では、平均効用だけでなく限界効用にも注目する必要がある。

ジェヴォンズ、メンガー、ワルラスが開拓した限界分析は、子どもの学習の効果を最大化する手助けにもなる。たとえばテストの前夜の3時間をどう使えば効果が最大になるかを知りたいとき、家庭教師と勉強する時間と、オンラインで勉強する時間、教科書を復習する時間のそれぞれの平均を比較しても意味はない。比較するなら、それぞれの3時間目のリターン（成果）であり、最強のものを知りたい。限界リターンが大きいのはどれかがわかれば、それに充てる時間を増やせばいい。勉強時間の配分もおなじことだ。勉強やスキルの習得はリンゴを採るのに似ていると専門家は言う。最初は簡単に採れるが、最後の5％から10％はなかなか採れないのだ。数学のテストに向けた勉強を頑張っても、最後の1時間で上がる成績はわずか1％か2％だ。だったら、切り替えて他の宿題をやるか、睡眠時間を増やしたほうがいいかもしれない。

バイアスまみれの脳

経済学者が限界効用理論と呼ぶものの本質は、こういう風に考えるのがむずかしい点にある。バイアスまみれの脳には、自然に入ってこない。脳は、常に効率化のために物事を単純化するようプログラムされている。人間の脳はヒューリスティックス（「ファスト思考」）を適用しがちだ。たいていはファスト思考でなんら問題なく、必要なニューロンや代謝に負担がかかる「スロー思考」にくらべて労力が要らず（「安上がり」）だからだ。残念ながら、こうした傾向は、費用・便益分析を歪め、時間や資源の最も効率的な配分をむずかしくする。

電気料金の請求書を受け取ったときの消費者の反応について考えてみよう。気づいてないかもしれないが、電気料金は一般に、使用量が増えるに従って料金が高くなる従量制が課されていることが多い。たとえば、最初の１００キロワット時（ｋＷｈ）は、１キロワット時あたり10セント、次の１００キロワット時は、１キロワット時あたり15セントといった具合だ。こうした従量制の料金の変化に対する消費者の反応を調べた研究者は、消費者は限界料金ではなく平均料金の影響を受けていることを示す強力な証拠を発見した。消費者はファスト思考で考えていて、どこにサーモスタットを設置するか決める際に、消費電力量の最後の１キロワット時の料金よりも、平均料金――この場合、12・５セントを計算するほうが、ずっと楽なのだ。

エコノミストのリチャード・Ｊ・ゼックハウザーとジェフリー・Ｂ・リーブマン（オバマ政

権の予算管理局で働いた）は、これを実社会で研究し、消費者が料金スケジュールの違いを「取り除いて」一つのフラット料金として考える現象を冗談めかして「シュメデューリング」と呼んだ。消費者は限界ではなく平均に基づいて決めるほど、節約する機会を逃してしまう。

これは消費者だけにあてはまるものではない。たとえば、中小企業や伸びているスタートアップは、時間が経つにつれて費用が増えていくので、経営者や創業者が支出や予算について決める際、見るべきなのは、平均ではなく直近の費用だ。同様に、広告のリターンは、規模が拡大するにつれて逓減するため、マーケッターや起業家がどの戦略に投資すべきか決める際には、最後の1ドルのリターンを比較すべきだ。

この時点で、窓のない、書類であふれたワシントンD.C.のオフィスで、わたしがやるべきことは明確になっていた。各政府機関の各プログラムの限界分析を顕微鏡で精査し、限界効用逓減の法則が効き始めた正確な場所を特定するのだ。これができれば、プログラムがボルテージを失い始める正確な金額がわかり、政府機関は、残りの予算を、1ドルあたりのプラスの効果がより大きい他の政策に効率的に再配分することができる。その後は、全員がくつろいで、それによる限界利得が大規模に爆発するのを眺めていればいい。

効率的な再配分を阻むもの

そんなことが実際起きたのか？

もちろん、そうはならなかった！

限界思考が間違っていたからではない。多額の資金を再配分するには、時間と労力がかかり、政治的コンセンサスも必要だったからだ。実際、一つの組織から予算を取り上げ、別の組織に回すのは、そうそう簡単ではない。結局、ここは連邦政府なのだ。この時点までに、政府の官僚はただ動きが鈍いだけではなく、不合理で欲深いのを嫌というほど見てきた。その性質上、各機関が心配しているのは、みずからの生き残りだけで、それは予算がどれだけもらえるかにかかっている。その結果、効率（予算をどれだけ効率的に使うか）は二の次で、政治的な保身が第一の文化が出来上がっていた。各機関のトップやプログラムの責任者を務める官僚が、強欲な犯罪者だと言いたいわけではない（たまに、そういうこともあったが）。彼らは単純に、逃れられないドラマのプレーヤーなのだ。このドラマでは、各部門ができるだけ多くの予算や人手を確保しようと競い合い、ヨナを飲み込んだ聖書の鯨のように、予算をがぶ飲みする。悪いことに、各機関の予算は、前年までの実績をもとに決められるため、効率的に使おうというインセンティブははたらかない。

アメリカ政府、そして多くの国の政府の問題は、動きが鈍く、政治的駆け引きが渦巻く官僚メカニズムによって限界利得が損なわれている、ということだ。幸いわたしは、科学的エビデンスを活用したフィールド実験を行ない、その結果を環境、国土安全保障、移民、貿易政策に反映させるなど、行政府に対し（ひいてはアメリカ市民に対し）、政治ではなく！　他の領域で貢献することができた。そして2003年、政府の職を辞した。

だが、15年後、アイデアのスケールアップに限界思考をもち込む、2度目のチャンスが訪れる。政府ではない。政府には限界的な資金を節減しようという、利益主導のインセンティブがないが、食うか食われるかのビジネスの世界には、それがある。

ライドシェアのリフトで、わたしは「限界革命」を導入し、大規模にボルテージをあげることになる。

アダム・スミス・メモ

リフトで働き始めてまもなく、サンフランシスコの本社でCEOのローガン・グリーンが主催する幹部会議に同席した。出席者全員が見ているスプレッドシートには、さまざまな支出とそのリターンがずらりと並んでいる。リフトは、ビジネスモデルの両側――（ドライバーを勧誘する）供給側と、（乗客をつかまえる）需要側――のマーケティングに力を入れる必要があり、多額の資金を投入している分野の一つが当然ながら広告だった。フェイスブック、インスタグラム、グーグル・アド、テレビCM、ラジオのスポットなど、さまざまな媒体に出稿していた。コスト効率のいい媒体を見極める必要があり、それを議論していた。

コンピューターの画面上の数字に見入っていると、何かが点滅し、衝撃が走った。アイゼンハワー行政府ビルのオフィスでのジョン・ナッシュ・モーメントの再現のごとく、データが意味をもつ塊になって迫ってきた。何かがおかしい。数字が不正確なわけではない。経済学的に意味をなしていないのだ。この感覚には覚えがある。ホワイトハウスで過ごした日々からリフトでチーフ・エコノミストになるまでのあいだに、何十もの組織と仕事をしてきて、かつては例外だと思っていた根本的な間違いが、今ではあたりまえのように起きていた。

他の組織がそうだったように、リフトも限界思考ができていなかった。

会議終了後、有能な補佐役のイアン・ムイルをはじめとする、わたしのチームがデータを詳しく調べたところ、わたしの印象が正しかったことがあきらかになった。広告関連の部門損益表全体で、限界便益の逓減が見られた。たとえば、フェイスブックの広告の限界的な効果は、グーグルの50分の1でしかなかった。この場合、解決策は単純だ。フェイスブックの広告予算の一部を、限界便益が大きいグーグルの広告に移せばいい。だが、おなじような的外れの予算配分は、マーケティング以外の部門でも起きているのではないか、と思わずにはいられなかった。何より心配なのは、誤った予算配分の額が桁外れに大きいのではないか、ということだ。

まさに、そのとおりだった。ドライバーの勧誘から友だち紹介キャンペーンの予算まで、リフトは限界便益に基づいてスケールアップしているわけではなかった。戦略によってリターンのばらつきがあるが、全体としてリフトが見ていたのは、もっぱら広告など各事業の投資全体の平均リターンだけだ。それによって、どの限界便益が高く、どの限界便益が低いかについての真実が隠されていた。それは、つまり、最後の1ドルが最高のボルテージを生み出しているかどうか、リフトが把握していない、ということだ。

連邦政府では運に恵まれず、予算の使途の最適化に限界思考を取り入れることはできなかったが、リフトでは変革ができそうだと明るい見通しをもっていた。政治と違ってビジネスでは、赤字のまま大きくなり過ぎると、早晩行き詰まってしまうのだから。政府の官僚組織で不適切な予算配分を長年許してきた、経済的に非効率で不合理で的外れなインセンティブが、おなじように民間セクターに広がることはありえない。これは企業が、常に変化する市場で、競争力を維持するために、スリムで俊敏で柔軟であるよう訓練されていることが一因だ。だが、現実はもっと単純で、生き残りの問題なのだ。あまりに多くのカネを浪費してしまえば、企業は生き残ることができない。だからこそ、企業は効率的で非情にもなる。

「アダム・スミス、リフトに来る」

にわかに数字の意味がわかった。会議の後、われわれチームは、部門損益表からわかったことと、限界思考がいかに会社に役立つかについてまとめた全社あてのメモを作成した。題して「アダム・スミス、リフトに来る――見えざる手を活用してリソースを効率的に配分する」。このメモは、創業以来で最も読まれたメモの一つになり、新型コロナの流行でライドシェアリング業界が数か月止まった2020年春以降は、コスト節減の手引書の要になった。(『スター・

ウォーズ』のファンで）CEOのローガンが、コスト削減に「賞金稼ぎ」のアプローチを取り入れ、1ドルも無駄にしないと宣言した後は、メモのタイトルを「アダム・スミス、マンダロリアンを訪ねる」と変えた。書き出しはこうだ。

ドルが路上に放置されていたら、エコノミストは怒る。とりわけシカゴのエコノミストは。これを避ける方法を最初に取り上げたのはアダム・スミスで、1776年の著書のテーマは、いまやエコノミストのあいだで「見えざる手」と呼ばれている。

原則は単純だ。経済理論によれば、効率的な経営が行なわれるのは、すべての投入物に費やされる最後の1ドルの限界便益が会社全体で等しくなるときだけである。ここから、次の1ドルをいかに支出すべきかについての意思決定ルールが生まれる。追加の1ドルの限界便益が最も高い投入物に、投資を配分すべきである。

これは常識であり、リフトの全員が同意してくれるだろう。単純な言い方をすれば、ローガンが路上に1ドルが落ちているのを見つけたら、どこに投資すればいいのか。最も効果が高い投入物、1ドルの限界便益が最も高い投入物に投資すべきだ。この点については、全員がわかっている。

具体的には、ドライバーや乗客の獲得や、ドライバーや乗客のエンゲージメントなど、支出項目全体を1個1個突き合わせる形で比較すべきだと、原則は示唆している。最後の

1ドルの限界便益が、チーム、地域、プロジェクトを問わず等しいとき、リソースは効率的に配分され、成長は最大化され、投資から最大限の効果が引き出される、と言える。

このメモが真剣に受け止められたのは、何の変哲もない光景に限界便益が隠されていることに気づかされたからだろう。ローガンは全グループの幹部に、最後の1ドルの効果に注目し、それに従って意思決定するよう求めた。例外はなく、保険からマーケティング、ドライバーや乗客のインセンティブの予算に至るまで対象になった。社員がポジティブな反応を示した背景には、ローガンと共同創業者のジョン・ジマーがつくり上げた、リフトの前向きな文化があったことは明記しておくべきだろう。過去に限界リターンが逓減していく選択をしていたとしても、罰せられたり、強く批判されたりすることはない。今や俎上に載せられ絶体絶命の予算もあるが、誰も命までとられたわけではない。何より良かったのは、政府機関と違って、リフトは実際に限界思考を取り入れるよう動機づけられる背景があったことだ。

本書の執筆時点で、リフトは「高い効率」モードを維持している。ワクチン接種が行き渡り、経済活動が再開し始めても、限界思考が絶えることはなかった。シンプルに定義し直された。単に不要な経費を削り、事業を存続させる、という発想から脱し、再び事業を拡大し始めたときに、どこに支出を増やすべきかを限界思考によって決めている。ドライバーをオンラインに呼び戻すのに最善の方法は何か。グーグルの広告だろうか。友人に「プログラム」を紹介してもらうことだろうか。それとも、ドライバーになりそうな人に、車が手に入りやすくすることだろうか。需要サイドでも、限界思考で考える。職場に復帰し、新型コロナ前の生活に戻り始めたとき、A地点からB地点に行くのにリフトが最高の選択肢だと消費者に納得してもらうには、どうすればいいだろうか。安全対策だろうか。料金の割引だろうか。これらの選択にはすべて利得があり（関連して利得の逓減があり）、すべてにコストが伴うが、限界利得に基づいて決めている。

こうしたやり方が可能なのは、小回りが利き、データ重視で、資金的にも余裕があるシリコンバレーの企業だけだと思われるかもしれないが、そうではない。もう少し実験が必要なケースはあるだろうが、限界思考はどこでも通用し、規模を拡大しても高いボルテージを保つことができる。

限界利得についての実験

高校生だった1980年代半ば、2年間夏のあいだ、贈答用食品会社ウィスコンシン・チーズマンで働いた。（わたしがおやつによく食べる）チーズだけをつくる会社だ。仕事はフォークリフトの運転で、地下の倉庫から、組み立てラインまでチーズの塊を運ぶ。チーズはここでギフト用に箱詰めされ、世界中に発送される。

1年目の夏に、面白い現象が起きているのに気づいた。シーズン当初、組み立てラインはフロアの半分ほどを占める。驚いたことに、各ラインは1時間ごとにいくつもの塊を捌いていく。夏の4分の1近くが過ぎた頃、多くの作業員が雇われ、フロアの残り半分のラインが埋まる。フォークリフト・ドライバーのわたしの作業量は増えるが、ラインが2倍になったのに、運ぶチーズの量が2倍になることはなかった。

これが工場長を苛立たせた。ある日の夕方、工場長に呼び出されたときのことをはっきり覚えている。「ミスター・リスト。記録によると、君は新しいラインに元の半分しか運んでいない」

「イエス、サー。そのようです」

「これは受け入れられない。新しいラインにもっとチーズを運んでもらう必要がある」

肩をすくめて、ラインの責任者に目をやると、ぼそぼそと言い訳した。「フォークリフト・ドライバーが運ぶ量は適切です。ラインの作業効率がそこまで高くありません」

工場長は憤りを隠せなかった。無理もない。何か月も2倍近い作業員に給料を支払って、できたギフトセットは2倍には遠く及ばなかったのだから。「こんなことのために予算をつけたわけじゃない。やめだ！」

どうして、こんな事態になったのか。ことは単純だ。限界思考ではなく平均に基づいて予算をつけたのだ。工場長の予算では、最初の作業員と、後から来た作業員の生産性はおなじだと想定していた。雇う人数が増えるほど、限界生産性が低下し始めることを考慮していなかったのだ。これは、第5章で論じた、教師の採用で起きたのとおなじ現象だ。最も生産性が高い労働者は、最初に採用される傾向があり、「スーパースター」人材のプールが尽きても拡大を続けるつもりなら、生産性が劣る人材を採用するしかない。ただ、このケースでは、リターンの逓減がさらに酷くなる。ラインは、一番生産性の低い作業員に合わせてしか動かないからだ。要するに、会社は雇うべき最後の労働者の生産性ではなく、平均的な労働者の生産性をもとに予算を組んでいた。会社は細々と続いたが、2011年には工場を閉鎖してしまった。ウィスコンシン・チーズマンが限界思考を採用していたら、こんなことにはならなかったはずだ。

限界思考は詳細なデータから

ここでの教訓はこうだ。非営利、営利を問わず、ほぼすべての組織には、限界思考が根づいていない支出項目や生産分野がある。それは全体のなかに埋もれていて、気づかない場合が少なくない。こうした弱点を克服しなければ、スケールアップしたときにコストの罠に陥り、必然的にボルテージが低下することになりかねない。

投資でも生産でも、どこが弱いのかを把握するために、まず注目すべきは、収益性を高める手段がたくさんある場所だ。たとえばリフトでは、収益性を高める方法はいろいろあった。ドライバーの新規採用や新たな顧客獲得には、いくつものマーケティング戦略が使われていたし、保険料や訴訟費用を引き下げるために投資を行なっていた。このように、最後の1ドルの支出の価値を向上させるには、さまざまな方法がある。

ウィスコンシン・チーズマンの限界便益が最大となる手段は生産性だったが、工場全体で生産性に大きなばらつきがあった。工場全体の平均時間ではなく、各ラインが最後のバスケットの生産に要する時間を計測していれば、正確な全体像が把握でき、作業員をどう配置するのがベストか、ヒントが得られただろう。

結局のところ、データはただ集めればいいわけではなく、もっと詳細な形――時間の経過や、戦略や投資案件ごとにわかる形で集めることがカギになる。限界的な違いを見つけるには、対象案件を全部ひっくり返してみなければならない。そうすれば、どの案件がスケーラブルで、どの案件がそうでないかがわかるだろう。望んだ成果が出るものもあれば、完全な失敗に終わるものもあるだろう。言うまでもないが、組織内でこうした追跡作業をする際は、インセンティブの導入が不可欠だ。

複数の場所で実験し、データを比較する

限界アプローチで考えるとは、もっと実験する、ということでもある。組織にとって限界利得が最大となる手段を見極めるには、できるだけ多くの手段、そして手段の組み合わせを試してみなければならない。たとえばチーズマンで事業を拡大し続ける場合、ラインごとに作業員

の数にばらつきがあるので生産性の違いを比較すれば、各ラインに何人の作業員を配置すべきかの参考になるだろう。この発見のプロセスは、スケールアップする前も後も有益だが、変化していくスケールアップの途中が特に重要になる。前章までで論じた、集団の代表性と状況の代表性について思い出してもらいたい。ボルテージの低下が起きるのは、たいてい会社や組織が成長するにつれて人材が多様になり、状況が複雑になるなどして、期待していた代表性に達しない場合だ。そうなると、特定の部署や従業員グループが弱点になってくる。限界的なボルテージの低下が見られる場所を特定するには、複数の場所で実験を行ない、データを比較しなくてはならない。

こうしたタイプの調査は、顧客サイドでもおなじように有益だ。たとえば、新商品の販売にあたっては、全国平均で1日に何個売れるかではなく、地域別に1日の販売個数を調べる。こうして集まったデータは、限界的なリソースをどこに配分すべきかを決めるうえで参考になる。たとえば、規模の経済が活用できるようになるまで――つまり、売り上げが商品を棚に並べるコストを上回るまで――売り上げが低い地域への新商品の出荷を止める。いくつもの項目について、このやり方をするには、膨大な時間と資源が必要だが、異なる人、地域、状況をスケールアップした場合の最後の1ドルが等しければ、高いボルテージが達成できる。

目に見えないデータ

ただ、限界思考を大事にするとは、常にバランスシート上のデータを比較することだと考えてはいけない。肝に銘じておくべきことがある。一部の限界便益は、目に見えず、データを集めるのがむずかしいが、だから重要ではない、貴重ではない、というわけではない。わたしがこれを直に学んだのは、一部の寄付者の要請で、「メイク・ア・ウィッシュ財団」から、不治の病に冒された子どもたちへのプレゼントの費用・便益分析を依頼されたときだ。

子どもたちは、願いがかなって命が延びたのだろうか。多くの子どもたちの笑顔の価値を、数値化することができるのだろうか。この仕事は、ホワイトハウスの向かいの窓のない汚いオフィスで引き受けたどんな仕事よりもむずかしかった。だが、最終的にわたしが出した答えはシンプルだった。収益にならなくても、従来の尺度で測れなくとも、やる価値があり、スケールアップする価値がある。

どこに金《きん》の壺が隠れているかはわからない。だからこそ守りの姿勢ではなく、好奇心や実験を、文化的なDNAの一部にすべきなのだ。だが、弱点を見つけたら、軌道を修正し、予算を組み替えたり、仕事を再編したりすることだけが課題ではないかもしれない。往々にして、最初に取り組むべき別の課題がある。気持ちのうえで、過去の間違いは、過去の間違いとして切り離すことだ。

過去は過去

シカゴ大学で教え始めてまもなく、大学の資金調達部門から協力を求められた。当然ながら、目的は資金を増やすことであり、わたしは何年か資金調達の行動経済学を学んできたので、二つ返事で引き受けた。

最初にわかったことの一つは、資金調達部門には立派なコールセンターがあったが、もう使われていない、ということだ。理由を尋ねたところ、電話のほうが手紙より寄付金は集まるが、コストは手紙のほうが安いので、電話によるお願いは徐々にやめたのだという。どのようにその結論にたどり着いたのかを知りたくて、詳しく聞いたところ、電話1本あたりの平均総費用を計算していたことがわかった。つまり、電話をかける学生を雇う費用に、ネットワーク化されたテレフォン・バンキング・システムの構築にかかった費用を足して、電話をかけた回数で割っていたのだ。

「なんということだ」

資金調達部門は、経済学で「埋没費用」あるいは「限界費用」で呼ばれる原則、つまり、過去に投じた資金は現在の合理的な判断に影響を与えるべきではない、という原則を無視していた。既に使った資金は取り戻させない「サンクコスト」だ。今問題なのは、次の1ドルのリターンだけだ。

資金調達部門にとって、テレフォン・バンキング・システムへの初期投資もサンクコストだった。初期にかかる1回限りの固定費だ。カネは既に使われ、取り戻すことはできない。わたしは資金調達部のスタッフに、過去の支出はもう関係ないと伝えた。コールセンターのシステムは、経常経費に入っていないのだから、現在から将来にかけての計算から差し引くべきだ。

彼らの間違いはコールセンターに投資したことではなく、過去の投資を過去のものにしなかったことだった。経常費用を計算し直すと、電話1本あたりの費用が、手紙を出す費用を下回るまでに下がった。さらに電話は、コストが安いだけでなく、寄付金を確保するのにより効果的であることもわかった。この結果、資金調達部はテレフォン・バンキング・システムを復活させ、学生を雇い、それまでよりずっと多くの資金を集めた。

サンクコストの誤謬

将来に関して何かを決めようとする際に、過去の投資や間違いを検討すると、ほぼ確実に陥るのが「サンクコストの誤謬」だ。意味がないのに、既に使ってしまったカネや時間、その他のリソースに拘泥して、多くの場合、失敗する。シカゴ大学の資金調達部門で起きたように、時間とリソースを費やしたことが、後になって最適な戦略ではなかったことに気づくのだ。

だが、サンクコストの誤謬を回避するのは、口で言うほど簡単ではない。感情が合理的な意思決定を邪魔してしまうからだ。そして、既に見たように、人間が最も憎む感情、したがって全力で逃げようとする感情が、喪失と後悔なのだ。

私生活でもサンクコストの誤謬に陥ることはよくある。秋の初めに開催される野外コンサートのチケットを家族のために買ったとしよう。あまり寒くならないよう祈ったが、コンサート当日は寒冷前線が南下して、気温が氷点下になった。選択肢は二つ。ともかくコンサートに行くか、やめておくかのどちらかだ。チケットは既に買ってあり、行かなかったコンサートのためにカネを払ったことを後悔したくないので、妻と子どもにはこう言う。「寒さなんてどうってことはない。コンサートに行くぞ!」。それでどうなるか? みな震える寒さに、散々な目にあった。過去のサンクコストに将来を決めさせてしまったのだ。どちらにせよチケット代は支払ったものであり、コンサートに行ったからといって取り戻せるわけではない。暖かい自宅で家族揃って映画を楽しむなど、もっと良い時間の使い方があったのに、その時間を失うという、余計な代償を支払ったわけだ。

こうした状況を避けるのに役立つ思考実験がある。出来事をなかったものとして、尋ねるのだ。「チケットをもっていないとして、今買うだろうか?」。答えがノーであれば、過去に自分がチケットを買ったことは無視して、損失を抑えられる。多少残念ではあるが、最終的にこのほうがいい(寒さに震えることもない)。

こうした損切りを避け、サンクコストにこだわってしまう姿勢は、日常のあらゆる場面にみられる。土曜の夜に寒さに震えて音楽が楽しめないことよりも、もっと深刻な被害をもたらす。悪い関係をずるずる続けてしまうのは、既に投入した時間──サンクコストを「失う」という考え方を嫌うからだ。投資に失敗して大損しても──サンクコストにとらわれて売却しようとしない。これ以上、勉強したくないと気づいても、中退するよりもましだと学位をとるまで粘る。面白くもない仕事でも、社内で何年もキャリアを積んできたから、辞めようとしない。こうしたサンクコストの誤謬は、グローバルな舞台でも見られる。多くの人命やリソースを犠牲にしたがために、指導者は海外紛争から退くに退けなくなるのだ。取り戻すことのできない過去の損失によって、現在と将来が台無しになることが繰り返し起きている。

サンクコストを克服するには

サンクコストの誤謬に陥るこうした傾向は、限界思考を導入するうえできわめて重大だ。リフトでそうしたように、限界分析を事業にあてはめると、心置きなく過去の間違いを発掘することができる。リフトのケースでは、支出と資源配分については最適とは言えない決定をしていたことに気づいた。限りある資源の配分を間違い、今やサンクコストになったことに気づくのは苦痛が伴う。自分がつくった予算が配分を間違っていたことがあきらかになれば、評判を失い、職場を追われるかもしれない。そこで、サンクコストを取り戻すことに望みをかけて、間違いを繰り返し、投資をさらに増やしたい誘惑にかられる。既に大金を擦ったギャンブラーが、自棄になってカネを取り戻そうとするように。だが、希望のないところにいくらカネを注ぎ込んでも、うまくいくことはない。どんなに巨額を注ぎ込んでも。

政治的なカベや周りの評判を気にして、サンクコストの誤謬が根絶できないのは、組織文化に原因があることが多い（第9章で、詳しく論じる）。間違いをみずから認める場合、心理的な安全が担保されているだろうか。成功や失敗は、個人に属するのか、それとも集団に属するのだろうか。組織や会社の利益を個人の利益より優先させる、適切なインセンティブが導入されているだろうか。限界分析であきらかになった問題に忠実に対応し、浮き彫りになったサンクコストを克服できるかは、これらの質問に答えられるかどうかで決まる。

過去の間違いに足を掬われないために、文化以外に導入できる組織のメカニズムがある。たとえば、一部の資産運用会社では、ポートフォリオの担当者を6か月ごとに交代させている。運用が不調で売却すべき投資を新鮮な目で見ることができ、恥や後悔で正しい判断を曇らせないためだ。事業でもキャリアでも、個人の生活でも、客観的な第三者の視点を取り入れることで、過去のことは仕方ないと思える知恵を手に入れることができる。

損切りをする。サンクコストは過去のものにしよう。過去の自分がしたことが間違いだと気づいたとき、頭のなかでは、追加のコストがかかってもこのまま進め、という声がするかもしれないが、それは損失を回避しているだけで、後の祭りだと気づこう。そうした声は無視する。

みずから進んで過去の自分を否定し、将来の自分がその決断に感謝するようにしなければならない。

たとえそれが、考え難いこと——撤退することであっても。

第8章

方法③ やめるが勝ち

高校時代のわたしは、かなり優秀なゴルフ選手だった。タイガー・ウッズ並みとは言わないがウィスコンシン大学スティーヴンス・ポイント校のゴルフチームの一員になれるだけの実力はあり、そこで2度、アカデミック・オール・アメリカン・アスリート（全米学生認定アスリート）に選ばれた。情熱をもってゴルフに取り組んでいた。

わたしの家系は、祖父のアウグスト・シニアも父のアウグスト・ジュニアも、兄のアウグスト三世も男は全員トラック運転手で、わたしもそうなるものだと言い聞かされて育った。わたしは違う人生を夢見ていたが、どんな人生がいいのか、それはどこで見つかるのかはわからなかった。だが、ゴルフが、未知の可能性の扉を開いてくれた。ゴルフがなかったら、大学に進学することはなかっただろう。

学士号を取るまでには、社会的・経済的な梯子を駆け上がり、両親や祖父母には手の届かなかったチャンスにアクセスできるようになっていた。ゴルフでここまで来られたのだから、この先も隆々とやっていくには、ゴルフを仕事にするのが一番だ、と考えた。全身全霊で取り組めば、プロになれるチャンスはあるだろうか。ある、と固く信じていた。ただ、今思えば、私自身が確証バイアスの犠牲になっていて、負けたトーナメントという実証的証拠は無視して、都合良く勝ったトーナメントにばかり注目していた。うまくいったラウンドは難なく思い出せる。たとえば、権威ある大会の前半ホールで32を出したことがあるが、後半に41を叩いて自滅したことは都合良く忘れている。荷物をまとめて実家を後にし、スティーヴンス・ポイントに向かったとき、ＰＧＡツアーでプレーするのは夢だった。だったら、挑戦すればいいではないか。ゴルファーとして過去の成功を発展させていけば、ゆくゆくはＰＧＡツアーで活躍できると考えていた。

「今が潮時だ」

だが、大学1年目の思わぬ出来事で、針路を変えることになる。秋のゴルフシーズンも半ばになった頃、週末に休みができたので実家に帰ることにした。金曜の朝、腕試しのつもりで、ウィスコンシン州マディソンのチェロキー・カントリー・クラブに出かけたところ、チェロキーの学生ゴルファーの一団に出くわした。そのなかにイリノイ大学のスティーヴ・ストリッカーや、ハートフォード大学のジェリー・ケリーら、高校時代に競い合った顔見知りがいた。この2人は後にPGAのプロ選手になり、長く活躍した。数年ぶりの再会で、腕をふるうチャンスだと喜んだ。

わたしが2歳下だが、高校時代はなんとか互角に戦っていた。だが、今や何かが決定的に違う。全員で練習ラウンドを回りながら、どこか違和感を覚えた。信じがたいが、わたしがジョン・リストとして足踏みしているあいだに、彼らはジャック・ニクラウスになっていたのだ。それでも、わたしは、この事実を受け入れられず、軽く受け流した。「彼らはいつもわたしよりボールを飛ばしていたが、グリーンではたいてい追いついていた」と言い聞かせた。それに「これは、あくまで練習だ。問題は実戦なのだから、今日はどれだけのスコアが出るか見てやろう」

彼らが18ホールを回り終えた後、わたしは数人の友人と後に続いた。ティーも、コースも、気象条件もみな同じ。果たしてスコアはと言えば、スティーヴとジェリーは60台後半だった。彼らと一緒に回った十数人のゴルファーの多くも同様だ（そのうちの1人、高校生ゴルファーのマリオ・ティジアニも、現在、プロとして活躍している）。結構いいプレーができたと自負していたわたしは、75だった。ゴルフのスコアに詳しくない読者のために説明すると、A＋とDほどの開きがある。

その夜、眠れなかったわたしは、データ・マニアらしいことを思いついた。過去数年分の彼らの全スコアを調べ、おなじコースでのわたしのスコアと比較するのだ。作業には土日丸々かかった。簡単な作業ではない。当時はインターネットがなかったので、丸2日、図書館にこもって古い地元紙をめくりデータを拾い集めた。週末が終わり、眠い目をこすりながらスティーヴンス・ポイントまで車で戻る頃には、事実と折り合いがついていた。現実を受け入れるしかない。どんなにゴルフが好きで、どんなに練習したとしても、――わたしにとってゴルフが象徴的な意味をもつものであっても、PGAツアーに参加できるほどの実力はつかないだろう。いい線までもいかないだろう。大学生ゴルファーとしてはそれなりだが、最高のレベルで互角に戦うには、最後の数ストロークを削らなければならない。それはできそうもない。これ以上、自分をごまかすことはできなくなった。プロゴルファーになりたいというわたしの願望に現実が待ったをかけ、それが偽陽性であることをあきらかにしてくれたのだ。

才能があったから、ここまで来られた。だが、キャリアとしては、スケールアップはできない。これ以上、夢を追っても、ボルテージが下がるだけだ。もっと惨めな思いをすることになるだろう。今が潮時だ。そう悟った。

自分が貢献できそうなことをする

この決断は簡単ではなかった。ウィスコンシンの片田舎で幼い頃に身につけた価値観に反していたからだ。町の英雄と言えば、伝説のグリーン・ベイ・パッカーズのコーチ、ヴィンス・ロンバルディ。「勝者は決してやめない。やめたら勝者にはなれない」という彼の名言が地元の文化になっていた。わたしは、そんな文化にどっぷり浸かっていたし、それを誇りに思ってもいた。応援してくれる両親も同様で、わたしがゴルファーとして身を立てるものと信じ、粘り強く絶対あきらめるな、が口癖だった。

これは中西部に特有の現象ではない。アメリカ文化は全般に、途中でやめることを否定し、あと少しだけ粘り、あと少しだけ頑張れば、夢はかなうものだと教えている。これに輪をかけているのが、ソーシャル・メディアにあふれる成功物語で、どれもおなじセリフに行き当たる。「途中でやめずに、不調を耐え抜いたおかげです」。成功は讃えるべきだが、こうした気分のいい物語の影には、不断の努力をしながらゴールにたどりつけなかった者、勝利を味わうことができなかった者が大勢いるはずだ。そうした人たちは、どこで呟いているのだろう。20年前にあきらめて、まったく違う道を選んでいれば、素晴らしい結果が残せたかもしれない、と言っている人はいないだろうか。人々がスケーラブルでない夢の追求を断念しなかったために、社会はどれだけの命を救う医薬品、画期的な新製品、大胆な政策介入を失うことになっただろう。

これらは悲劇で、書かれていない物語だが、書かれていないのは、生まれたときから、途中であきらめてはいけないと言い聞かされていて、実際、途中でやめるチャンスがなかったからだ。だが、何か素晴らしいことを成し遂げるとは、じつは、やめることだ、と言ったらどうだろう。つまり、行き場のない夢や、情熱、キャリアをあきらめ、その代わりに自分が貢献できそうなことをするのだ。

経済学の道へ

わたしの場合、プロのゴルファーになるという夢をあきらめると、ほんとうに自分に合っていて、情熱を傾けられるものに目を向けることができた。経済学だ。1992年、わたしはウィスコンシン大学スティーヴンス・ポイント校の経済学部を卒業し、4年後にワイオミング大学で博士号を取得した。

博士号を取得した後、150のテニュア・トラック（終身在職権）のポストに応募したが、149に断られた。それでもめげることはなかった。自分で選んだ学問への情熱が勝っていた。ゴルフと違って、経済学なら自分の実力で十分抜きん出られる自信があった。立派なアイビーリーグの学位はないが、いろいろ調べて、その反応を見ると、わたしには経済学に向いたマインドが備わっているらしい。そこで今度ばかりは、ロンバルディのアドバイスに従って、やり通すことにした。フィールドワークに身を投じ、以来、それがわたしを採用してくれたセントラル・フロリダ大学でのキャリアを決定づけることになる。

その甲斐はあった。並行宇宙のジョン・リストは、ゴルフの「ティーチング・プロ」として、二流のカントリークラブでロンバルディの名言を引用しながら教えていることだろう。最悪ではないが、ベストでもない。幸い、この宇宙では、新たなフィールド実験と新しい科学で、常に自分自身の好奇心を満たすことができる。誇れることをいくつかやったし、人助けもしたと思う。ゴルファーになっていたら、たいしたインパクトも残さなかっただろう。社会にとって、ゴルファーよりもエコノミストが貴重だからではない（多くのプロゴルファーは、子どもたちに夢を与え、社会に貢献しているし、クラブ所属のプロもいい仕事をしている）。単純にわたしがゴルフより経済学が得意で、社会的に価値あることに貢献できる可能性が高かったからだ。別の言い方をすれば、エコノミストとしてのわたしのスキルは、ゴルファーとしてのスキルよりもずっとスケーラブルだった。

こうしたケースでは、やめることが最善になる。身を切られるような決断だが、うまくやめることがスケールアップの成功の秘訣の一つだと言っておきたい。じつは、人も企業も組織も、「十分にやめきれていない」だけでなく、「やめ時を逃している」。

そこで、否応なく疑問が湧いてくる。やめ時をどうやって知るのか。

時はカネなり

ゴルフのキャリアを断念した後に目を向けた経済学が、わたしの選択の正しさを科学的に説明できる学問だったのは偶然ではないだろう。説明に使われるのが、経済学の基礎的な概念の一つ、「機会費用」だ。これは、ある選択肢を選んだときに、逃してしまう利得だ。機会費用は、選ばなかった道を定量化する試みと捉えることができる。選ばなかった道は、たいてい、現在の道を断念していたら選んでいただろう道だ。わたしの場合、ゴルフのキャリアを追求していたら、やる気に燃える若者に経済学を講義したり、多くの学術書や書籍を出版したり、さまざまなリーダーに助言する機会はなかった。

ある日、これぞ機会費用のダイナミクスの有用な例だと思う出来事があった。当時8歳で、野球が得意な息子のメイソンが新しいバットを買おうとしていた。貯金325ドルで、高級なバットを買って、平均打率を上げるのだと張り切っていた（データサイエンティストの親バカの父は、息子が最初に打席に立った5歳！から記録をつけていた）。とても良い選択肢が2つ、すぐに見つかった。1本は200ドル、もう1本は325ドルだ。息子は決めかねていたので、わたしはエコノミストの父親らしく、こう言った。「メイソン、こう考えてごらん。もし200ドルのバットを買ったら、残りの125ドルでローリングスの新しいグローブが買えるよ」。メイソンはわたしの助言を受け入れた。すぐに安いほうのバットとローリングスの新作のグローブをレジにもっていった。

メイソンはどちらのバットを買うか決める際に、機会費用を考慮に入れたのだ。予算が限られているので、高いほうのバットを買えば、貯金を全額はたいたうえに、新しいグローブを買うのをあきらめなければいけないところだった。

機会費用の無視

こうした計算を直観的にやっている場合もある。だが、たいていは、両方の選択肢が視野に入ってくるまで、改めて機会費用を計算しようとしない。有力な心理学研究であきらかになったこの現象は、人間の判断や嗜好がもっぱら明示された情報に基づいていることを示している。第7章で論じたように、人間は何かを決めるとき、脳の近道、ヒューリスティックスを使う傾向があり、それによりファスト思考ができるが、機会費用を慎重に考える時間がない、ということでもある。これに関連して、感情予測――将来の感情を予測する能力に関する研究では、将来のウェルビーイングに関する判断は、現在の気分に過度に引きずられるため、他の重要な要因を無視していることがあきらかになっている。言い換えれば、目の前に居座る感情を重大視することが、いっそう衝動的な決断をしてしまうことにつながる。

スポーツ・カードを売買していたときには、始終、目にしていた。多過ぎて覚えていないが、買い手は2枚のカードのどちらを選ぶか決めかねていた。たとえば、250ドルのケン・グリフィーの新人時代のカードを買うのか、200ドルのアレックス・ロドリゲスのカードを買うのか。そこで、わたしは次のようにフレーミングした。「グリフィーのカードを買いますか？それともアレックス・ロドリゲスのカードにアッパーデックのカードを5パックつけますか？」。ついさっきまで、あれほど悩んでいたのが嘘のように、決断は容易になった。アレックス・ロドリゲスにアッパーデック5パックで決まりだ。

実証研究では、政策立案者も同様のバイアス、「機会費用の無視」と呼ばれるバイアスに弱いことが示唆されている。予算をつけるべき最善のプログラムを決める際、機会費用を無視して、他の案を十分に検討することなく、一つのプログラムにコミットしてしまう。「1000万ドルをこの政策に投じたら、どんな便益が生まれるか」とは、よく聞かれるが、「あるいは、1000万ドルを他の政策に投じたら、どんな便益が得られるか」とは滅多に聞かれない。ビジネスの世界もこうした現象と無縁ではないが、機会費用を理解できなければ競争を勝ち抜けないので、機会費用を無視しないための仕組みが導入されている場合が多い。そこで第7章の限界思考の概念に戻ってくる。限界思考は、機会費用と切り離すことができない。リソースが限られているとき、最後の1ドルを最大限に活かさなければ、もっと効率的にリソースを配分した場合に得られるであろう追加的な効果は機会費用になる。

時間の機会費用

機会費用を評価するには、アップデック・カード5パックやメイソンの新品のグローブなど、決断する際に明示されていない他の選択肢を検討する必要がある。だが、機会費用は、カネで買えるものばかりではない。機会費用を無視するとき、往々にして最も貴重なリソースを無駄にしている。それは時間である。

一つのものを買えば、他のものが買えないように、一つのことに時間を使えば、他のことに時間を使うことはできない。ある企業が、一つの製品のスケールアップにすべてのリソースを注ぎ込むと、他の製品をスケールアップすることはできない。政府が一つのプログラムをスケールアップするときは、他のプログラムはスケールアップできない。こうした事業や政策の実行には、カネだけなく、関係者の何千という時間が投入されている。こうして、組織が拡大するにつれ、使われるカネも時間も増えていき、機会費用が膨らんでいく。そして経済学的に言えば、時はカネなりだ。

シカゴの著名なエコノミスト、ゲーリー・ベッカーが、時間の実質価値をどう決定するかを研究し始めて以来、経済学では時間という捉えがたい経済概念を計測するさまざまな方法が探究されてきた。現在は、さまざまな状況、場所、属性集団における時間の価値が、なんとか推計できるようになっている。たとえば、鉄道建設計画があり、通勤時間が短縮される場合、この事業によって取り戻された時間の価値はいくらなのだろうか。通勤客が取り戻した時間で、どんな生産活動を行なうのか、その価値に注目することによって推計する方法はいくつもあるが、時間の機会費用は、失われるカネだけの問題ではない。地球上での有限の時間のなかで、人間が与えられた一瞬一瞬をどう過ごすかの問題だ。

最高に充実した人生を送りたい。だから、待ち時間が長く感じられるリフトには頼みたくないし（待たされること自体が嫌だし）、人は常に生産性を高める方法を探している。自分の時間でできることを最大化する一方、スパムメールを削除するとか、通りの角に立ってリフト車を待つといった無駄な時間の機会費用は最小化したい。

最適な撤退

大胆なアイデアのスケールアップを目指す人や組織にとって、機会費用は特に重要な検討項目だ。アイデアはスケールアップするほど、時間もカネも機会も失われる可能性があるからだ。さらに、何かに情熱を傾けてスケールアップに取り組む人には、感情のコストもある。自分の時間、つまり人生を賭けてきたことが、うまくいかないとわかったときの落胆や傷心は計り知れない。病気の治療法の発見を目指して、一つの研究系統に絞った科学者や、新技術である産業に革命を起こそうと意気込むスタートアップの創業者を思い浮かべるといい。こうした目標を追い求めることには多大な犠牲を伴うが、最大の犠牲は、選ばなかった進路という機会費用だ。だからこそ、心血を注ぎ膨大な時間をかけたアイデアがスケールアップに失敗したときはダメージが大きい。ボルテージが失われるだけではない。この過程で断念してきた有望な機会の数々が問題なのだ。間違ったアイデアに没頭する時間が長いほど、人生で最も貴重なリソースを無駄遣いしてしまう。だが、潮時を見極めれば（サンクコストを無視すれば）、何か他の成功の確率が高いことのスケールアップに取り組むことができる。

これは「最適な撤退」だ。

長年夢に見たプロゴルファーとしてのキャリアをあきらめ、ギアをチェンジし、より良いキャリアを探さなければならないときもある。スケールアップして世界を変えると夢見ていたアイデアが、思うようにいかないとき、それを捨てて他のアイデアを探さなければならないときもある。そして、その決断が早いほど、機会費用は少なくて済む。ただ、犠牲が大きくなり過ぎる前に、潮時（引き際）を見極めるのは自然にできることではない。野球カードのコレクターや8歳のリトルリーガーが、機会費用の正確な計算が自然にできないのとおなじだ。根深いヒューリスティックス、ファスト思考とは相反する努力が必要だ。ともすれば精神的な自己満足に陥るので、その誘惑と戦わなければならない。

視野の狭い思考の危険性

1990年代に行なわれた実験は、この難題をよく捉えている。被験者には、たとえば外国の都市に滞在して映画を見に行く、といったオプションを提案し、それをするかどうか決める前に質問を受け付ける。こうした意思決定では、提案された活動の魅力と、その時間でできる他の活動の魅力を比較検討して決めるのがベストだ。だが、被験者はごく狭い範囲でしか考えない。質問はもっぱら提案されたイベントに関するものに限られ、美術館やコンサートに行くといった、この都市でできる他の活動について質問することはない。

こうした視野の狭い思考がいかに危険かは、スケールアップを考えるとわかるだろう。他のアイデアを試すことは考えず、既に時間とリソースを投入した一つのアイデアをさまざまな角度から矯《た》めつ眇《すが》めつしてしまいがちだ。だが、両方できること、つまり、一つのアイデアをスケールアップしながら、同時に価値がありそうな他のアイデアを検討するほうが、ずっといい結果が出るだろう。これを実践するには、「積極的に代替案をつくること」が肝要だ。この点は、消費者の機会費用の無視に関する有名な研究でも指摘されている。

代替案が数多くあると、感情的にも実務的にも、撤退する際の痛手が大幅に少なくなる。格好の例が、グーグルのムーンショット・ファクトリー、Xだろう。人類が直面している喫緊の課題について、10倍のインパクトをもたらす高いボルテージの壮大な目標を設定することで、Xの従業員は、最もクリエイティブで大胆なアイデアを探究するよう鼓舞されている。これによりグーグルのムーンショット・グループは、テレポーテーションや宇宙エレベーターといった奇抜なアイデアに時間と頭脳を注ぎ込んだが、テレポーテーションは物理の法則を克服する必要があり、宇宙エレベーターは必要な材料が存在しないか、コスト効率が悪いとして、最終的には中止を選択した。

アイデアを次々と中止せざるをえないのは、Xのプロセスのただの副産物ではない。それがあってこそ、Xは成り立っている。リサーチラボのチーフ、アストロ・テラーは、TEDの講演でこう語っている。「何物にも縛られない楽観論を許し、ビジョンを焚きつけることで絶妙のバランスが手に入った。だが、こうしたビジョンに命を吹き込み、実現するために、情熱的な懐疑主義も育んでいる」。これが意味しているのは、多くのアイデア、アプローチ、プロトタイプがいったんは捨てられ、その一部がいずれ一から再構築される、ということだ。期待外れだったグーグル・グラスの最初のバージョンがそうだったように。とはいえ、こうした最適な撤退を信条とすることで、グーグルXは人類史上最も革新的な事業を発見し、その一部のスケールアップを目指している。

ネットフリックスの賢明な撤退例

精力を注ぎ込んだことが実らなかった痛みはあるが、プラグを抜くことには、（賢明さはもちろん）美しさと自由がある。2011年、ネットフリックスは、ストリーミング配信とDVDの郵送サービスを分離し、後者をクイックスターと改名する失敗を犯したとき、CEOのリード・ヘイスティングスは、怒った顧客の声に耳を傾け、既にスケールアップしていたアイデアをただちに中止した。ＤＶＤの郵送サービスの先行きを考えると、そのまま事業を進めるのは機会費用が高過ぎた。これは正しい決断だった。ネットフリックスは、この一時的なボルテージ低下から回復し、驚異的なペースでスケールアップを続けている。もちろん、潮時を見極めて撤退した事業よりも、撤退の機を逃した事業のほうがずっと多い。だが、それは誰も覚えていない。時間とリソースの使い方が違っていたら、どんな事業が生まれ、スケールアップできたかは知りようがないからだ。

ネットフリックスは、大胆で賢明な撤退例を提供してくれる一方で、それが最適な撤退だったのかは議論の余地がある。同社は膨大な時間、資金、労力を無駄にした。損失を抑えることは、そうしないよりずっといいが、崖っぷちぎりぎりまで駆けのぼり、最後の瞬間に急ハンドルを切って安全に退避する当事者になりたい人や組織はないだろう。そもそも、崖に近づくべきではない！　機会費用が小さいうちに、早期に撤退したほうがずっといい。早期に撤退したからといって、わたしの友人で有能な行動心理学者のアンジェラ・ダックワースが提唱して有名になった資質――「グリット（やり抜く力）」が欠けているわけではない。グリットとは、望みのないことをやり続けることではない。やり直すために早期に撤退すること、つまり負けて勝つことに対する感情のレジリエンス（復元力）の問題だ。

得意なことをスケールアップする

アイデアをスケールアップするにつれリターン（利益やインパクト）が大幅に逓減するなら、撤退するかもっとましな方針に転換する明確なサインだ。だが、タオルを投げ入れるかどうかを決めるとき、考えなければならないのは、アイデアがスケーラブルかどうかだけではない。アイデアをスケールアップするのに、自分たちが適任かどうかも検討すべきだ。

ワインと衣服を例にとろう。この2品目は、イギリスの経済学者デヴィッド・リカードが1817年の春に発表し、今や古典になった論文で例として取り上げられている。論文のテーマは国際貿易で、論文で提唱された理論は、ほどなく「比較優位」という有力な概念を確立した。比較優位の考え方は、きわめて直観的だ。天然資源やインフラ、その他のさまざまな要因によって、他国より効率的に生産できる品目、つまり機会費用が低い品目がある。貿易相手国ほど生産効率が高くない品目にリソースを無駄にするのではなく、これら比較優位の品目に生産を絞るべきだ、というものだ。

リカードは次のように説明する。ポルトガルはワイン生産が得意だ。ぶどうもいいし、天候も適している。ワインづくりの長い伝統があり、輸出競争力のあるワインを生産できるだけの人的、物的ノウハウが揃っている。一方、イギリスは衣服の生産が得意だ。ポルトガルのワインと同様、イギリスの繊維産業の歴史は長い。イギリスはスキルと機械を効率良く衣服の生産と販売に振り向け、世界経済をリードするまでになった。リカードの主張はシンプルだ。得意なことをやれ、さらに、それを「スケールアップ」しろ！

だが、比較優位に関係するのは、得意な品目を生産する生産国だけではない。最安値で最高の品が手に入る買い手（輸入国）も含めて、すべての当事者が恩恵を受ける。そのため、すべての国がワインをポルトガル（または効率的で成熟したワイン産業がある他国）から輸入し、衣服はイギリス（または効率的で成熟した繊維産業がある他国）から輸入すべきである。ここで再び、アダム・スミスの「見えざる手」の存在に気づく。需要と供給が優雅なダンスをしながら、一見、混沌とした市場が秩序ある均衡に収斂されていく。

実際には、関税があり、国内の税金があり、時おり勃発する貿易戦争で輸出コストが押し上げられるため、理論ほど簡単にはいかない（経済学ではたいていそうだ）。だが、全体として、リカードの比較優位の法則は、19世紀初頭とおなじように今日でも重要だ。日本は高品質の自動車の生産が得意であり、輸出品のトップは自動車だ。サウジアラビアは、原油の埋蔵量が莫大で、生産ノウハウがあり、輸出品のトップが原油だ。アメリカのハイテク企業は世界一で、輸出品目のトップはコンピューターをはじめとするハードウェアだ。高いボルテージを生み出す可能性が最も高い品目を選んでスケールアップしている。

みずからの比較優位を理解する

ほんとうだろうか。

国際貿易以外でも、時間やリソースを注ぎ込んでいるほぼすべての物事に、リカードの知見をあてはめられることに気づく。理論上は、自分が得意なことでキャリアを築き、最も影響力を与えられる領域を主戦場にして、独自にリードできる事業を立ち上げるべき、ということになる。だが、繰り返しになるが、現実はもう少し複雑だ。時には成功する可能性がそれほど高くない目標に身を捧げてしまうこともある。イギリスが19世紀に衣服の生産を止め、ワイン生産に切り替えたように。こうした誤算は、集団として目標を追う場合にも、個人として目標を追う場合にもつきまとう。わたしがカレッジ・ゴルフの最初のシーズンに、プロでプレーできるほどの実力はないと悟ったのは、とりもなおさず、ゴルフでは比較優位はないと気づいたということだ。経済学では比較優位はあった。ゴルフでプロとしてのキャリアを追い求め続けていたら、機会費用は極端に高いものになっただろう。何より最悪なのは、この選択に伴う犠牲は報われない。最終的に失敗するのは、ほぼ確実なのだから。

ほとんどのスタートアップ、非営利組織、その他の事業体は、18歳のアメリカ人男性、とりわけヴィンス・ロンバルディの国の若者並みにむやみに離陸することは滅多にないが、多くは離陸するとほぼ同時に高度が下がり始める。それは、みずからの比較優位を理解しないで、あるいは比較優位を開発しないまま立ち上げたからだ。致命的な墜落を避けるには、行き場のないアイデアを進んで断念し、それによって時間やリソースを解放し、他の方向に振り向けることだ。そうすれば突破口が開かれるかもしれない。言い換えれば、比較劣位を将来の比較優位に変えることが、ビジネスでお馴染みのバズワード――路線変更（ピボット）の根底にはある、ということだ。

比較優位を見つけて成功したツイッター

スタートアップの世界の1例がツイッターだ。じつは、ポッドキャストのプラットフォーム、オデオの内部で生まれたアイデアだ。オデオは悪いベンチャーではなかったが、ベストでもなかった。ポッドキャストの配信や統合では、既に先陣を切るスタートアップが何社もあり、過剰感が増していた。オデオは他の類似のプラットフォームとおなじように、オーディオ・ファイルを作成、保存、共有できたが、競合他社を蹴散らせるほどの、ゲームチェンジャーとなる革新的な機能があるわけではなかった。そこでオデオは、「オーディオブロギング」から「マイクロブロギング」に路線を大転換し、新会社を切り離して名前をツイッターに変更した。そして、140字の公開メッセージ（現在は280字）という、どこでも共通のツイッターのプラットフォームから、斬新なソーシャル・メディアが現れた。言わばツイッターは、自分たちがリーグで最高のプレーヤーになれる、まったく新しいスポーツを生み出したのだ。ここでの要点は、失敗が失敗とは限らない、ということだ。潮時を見極めて損切りをし、比較優位を見つけることで、壊れた卵を金《きん》の卵に変えられるかもしれない。それは、一つの注意点とともに、ペイパルの創業者が商用インターネットの初期に学んだことだった。

１９９８年、元々、コンフィニティという名で創業した同社は、携帯情報端末パームパイロット同士での安全な決済用プログラムのスケールアップを目指していた。だが、そんな市場はないのだから、ここに比較優位はない。１９９０年代後半、コンフィニティが構想したような携帯情報端末で資金を移動している人はいなかった。少なくとも、その時点では。だが、ホームコンピューターからオンラインでの資金移動はかつてないほど増えていたため、同社は路線を変更し、この新領域で独自技術を活かすことにした。当時は一般消費者が銀行やクレジットカードなどの仲介なしに、迅速に資金を移動できる手段がほとんどなかったことから、自社の暗号化技術に比較優位があると気づいたのだ。この機会を見据え、最初の数年は事業モデルに修正を加えた同社はペイパルと名を変え、ついにスケールアップを果たす。オークションサイトのイーベイが、個人間の決済システムを選好したのがその背景だ。

路線変更するタイミング

ここでの教訓は、何かで最も優れていても十分ではないときがある、ということだ。人々から求められ、欲しがられるもので優れていなくてはならない。そして、スケールアップするには、多くの人から求められ、欲しがられるものでなければならない。

だとすると、いつアイデアをあきらめて路線を変更するべきか、どうすればわかるのか、という問いに対する答えは、表面的にはかなり単純だ。比較優位がないとき、あるいは、比較優位が活かせる市場がないと見極めたときだ。たしかに、これまで見たように、自分の競争優位、あるいはそれをどう活かすかは、すぐにはわからないし、はっきりしていない。コンフィニティは画期的な技術を開発したが、その技術を導入した携帯端末という形では、当時はスケールアップできなかった。幸い、同社は手遅れになる前に、携帯端末向けから撤退し、路線を変更した。オデオがそうしたように。コンフィニティやオデオは、もっと早く撤退し、もっと早くスケールアップできただろうか。理論的にはできただろう。だが、遅くても何もしないよりましではないか！

本書の前半では、「五つのバイタル・サイン」、つまり、スケーラビリティを妨げ、アイデアの離陸を阻む、ボルテージ低下の五つの要因を詳しく見てきた。偽陽性、属性の過度の一般化、状況の過度な一般化、スピルオーバー、持続不可能なコストだった。これらを総合すると、スケールアップは不安定な試みであり、どれか一つでも命取りになりかねない。そうした不幸を避け、別の勝機をつかむために、撤退するというのも重要な選択肢になる。

撤退すべきときを知る

最適な撤退に関わることは、じつはそれほどむずかしくない。十分にスローダウンすれば、人間の脳には合理的でエコノミスト的な面があり、（時間やカネの）機会費用を計算し、自身の比較優位（あるいは比較劣位）について迷いなく決断できる。言い換えれば、人間には最適な撤退のためのメンタル・ツールが備わっている。とはいえ、潮時がわかったからと言って、常にやめられるわけではない。繰り返しになるが、これはアイデアのスケールアップだけの話ではない。結婚生活、充実していない仕事、成果の出ない投資、いい加減な友人関係……リストは延々と続く。ゴルフはいいときに断念したが、他の面ではやめ時を逃して失敗したことは多々ある。なぜか。

ごく単純で、やめることで傷つくのが嫌なのだ。失敗の痛みは、サンクコスト——既に費やした時間、努力、感情——で増幅される。選ばなかった進路という機会費用は、犠牲にしたことが成功につながるなら耐えられるが、失敗すれば深く後悔する。

こうした状況では、第7章でサンクコストについて学んだことを思い出すのが重要だ。将来に関する意思決定に、過去のコストを持ち込んではいけないのだ。時間であれカネであれ、その両方であれ、損失は既に負ったものだ。いつか報われると期待して（報われないが）、さらに時間やカネをかけるよりも、それらを無視するほうがずっといい。つまり、過去からは学ぶべきだが、サンクコストを将来に向けてスケールアップしてはならない。

撤退すべきときに現状にしがみついてしまう理由は、もう一つある。人間は未知のものを恐れるからだ。わたしが設計を手伝ったある実験は、それをあきらかにしていた。2013年、スティーヴン・レヴィットとわたしは、人生でのいくつかの決断について決めかねている被験者に、「ヤバい経済学」のサイト上で仮想コインを投げて態度を決めるよう求めた。仕事をやめたがっている人、自宅の売却を考えている人、ロマンチックな関係に終止符を打とうとしている人がいた。コインの表が出たら、思いきり決断して人生を変える。仕事をやめて、自宅を売って、関係に終止符を打て、というアドバイスだ。コインの裏が出たら、現状維持だ。1年のあいだに、被験者が投げた仮想コインは2万枚以上。結局、どうしたのか、コインを投げた2か月後と、6か月後の2度にわたって被験者1人1人に電子メールで尋ねた。その結果わかったのは、離婚を申請したり、仕事をやめたり、新しい家を購入するなど大きな決断をした人たちは、現状を維持した人たちにくらべて、2か月は幸せで、6か月後はさらに幸せを感じていた。

何かをやめるとき

ここでの教訓はこうだ。変化は怖いものだが、恐れを脇に追いやり、ともかく変化すれば、たいてい幸せになり、そもそも恐れていた大きな後悔を感じることはないものだ。結局、事業から撤退するのでも、結婚生活を解消するのでも（あるいはその中間でも）、何かをやめるときは、最初に飛び込んだのとおなじくらいの勇気、不確実性と向き合わなければならない。

何かをやめるとは、次に何が来るかを正確に知ることを意味しない。人間には行動経済学で「曖昧さの回避」と呼ばれる認知バイアスがあるため、これはかなり厳しい状況だ。曖昧さを回避する思考のクセにより、未知のものより既知のものを過度に重んじる。たとえ既知のものが壊滅的なボルテージ低下につながるとしても。だからこそ、不確実性に耐えることが重要なのだ。何かに時間やリソースを投入するときだけでなく、撤退するときにも。

ほとんどの場合、適切な時期に撤退していれば何を生み出せたか、何が達成できたかはわからない（一般に、「仮想現実」と呼ばれる）。それが撤退をここまでむずかしくしている。逃したことがわからないのだから、撤退しなかったことの本当のコストはわからないのだ。

もちろん、リスクや曖昧さは、どれだけ避けようとしても避けられるものではない。われわれにできる最善のことは、手に入る情報をすべて活用して、（1）アイデアはスケーラブルなのか、（2）このスケーラブルなアイデアは、他のアイデアにくらべて高いボルテージを生み出すうえで比較優位にあるか、を決めることだ。

仮想現実、あるいは起こりえた状況を直接観察することはできないとしても、決断の成否を知るためのエクササイズがいくつかある。たとえば、あなたが起業家で、新たな地域への進出や新たな商品カテゴリーへの参入などの機会を断念した場合は、その機会をつかんだ競争相手がどうなるかを注視するといい。自分たちの判断が間違っていたことがわかれば、どんなバイアスがあったのかを検証する。もっと一般的なことを言えば、過去6か月間に、実際にやったこととは別に、できたであろうことをすべて列挙し、リストをつくる。不確実性に迷うことがあっても、このリストを見れば、稀少なリソースである時間がいかに貴重で、無駄にすべきではないと改めて認識できるはずだ。

トーマス・エジソンは、かつてこう言った。「わたしは1万回失敗したのではない。うまくいかない方法を1万通り見つけるのに成功したのだ」。エジソンは、あきらめる力の象徴だ。低ボルテージのアイデアを次々と捨てていった。もし、スケーラブルでないアイデアに延々とこだわっていたら、電球など歴史的に偉大な発明は生まれなかっただろう（電球は文字どおり、高ボルテージのアイデアだ！）。ほんとうの意味でインパクトをもたらすには、あらゆる困難を克服してやり抜くのではなく、早めに撤退して再度挑戦するのがいいことを教えてくれた。これはスケーラブルなモノの考え方だ。

スケールアップするにあたって、最適な撤退を戦略の一部にすべきであって、最後の手段としてパニック・ボタンを押すような無様な撤退は回避したい。ＩＴ起業家、投資家で著書もあるレイド・ホフマンはこう書いている。「失敗した製品をつぶすのは簡単だ。はるかにむずかしく、戦略的にやる必要があるのは、スケールアップする見込みのない製品をつぶす場合だ」

失敗を先延ばししてだらだらと痛みを感じるのではなく、短期間は鋭い痛みを感じても今撤退を選択する術《すべ》を、個人も組織も身につけなければならない。第9章で見ていくが、これが実力主義の企業文化がきわめて重要な理由だ。チームや組織は、多様な視点や観点を持ち寄ることで、中止すべきイニシアチブを見極める一方、自身のアイデアが撤退の対象になり、落ち込んでいる発案者を元気づけることができるようになる。つまり、最適な撤退は高ボルテージの成功のカギだが、これはピースの一つに過ぎない。スケールアップのために大きな組織が構築しなければならないパズルがある。それが企業文化だ。

第9章

方法④
スケーリングの文化に変える

ブラジル北東部のさびれたバイア州の太平洋岸沿い、オールセインツ湾の先端に、カブシュという小さな漁村がある。村には文字どおり漁業以外の産業がないため、男たちはその日の獲物を求めて、毎朝早くから一斉に漁に出る。何人かでチームを組むが、人数はまちまちで、3人から8人が一般的だ。こうした共同作業は偶然の産物ではなく、時間と経験をとおして磨き抜かれた戦略だ。湾の波は荒く潮の流れが速いので、何人かが乗れる船が必要だし、この辺の深海の大型魚は、数人がかりで重い釣り竿を巻き上げなくては捕ることができない。大きな網をかけるのも一苦労で、大量の魚がぴちぴちと飛び跳ねている網を巻き上げるには強靭な肉体が必要だ。漁師1人が荒海に漕ぎ出したところで何もできないし、危険なのは言うまでもない。村の住民は揃って食事をとるが、まずは揃って魚を捕らなければならない。

一方、パラグアイ川沿いのカブシュから50キロあまり内陸に入ったところに、サント・エステバオという別の小さな漁村がある。海沿いのカブシュの住民とは違って、この村の住民が穏やかな湖で釣るのは小ぶりな魚だ。そのため舟も竿も網も小さい。たいていは1人でする作業で、チームでの漁は必要ないし、効率的でもない。1人で仕事を始め、1人で仕事を終える（大量の魚を数に入れなければ）。

個人主義の漁と集団主義の漁

カブシュとサント・エステバオは、異なる二つの労働文化の象徴と言えるだろう。21世紀の典型的な職場ではないが、現実の職場には違いない。一方は高度に集団主義的で、協働作業を原則にしているが、もう一方は個人主義で、協働作業はほとんどない。どちらの村も、住民が食べて生きていけるだけの魚を捕る、という目的はおなじだが、それぞれの環境に適した漁の方法を編み出してきた。だが、違いはそれだけだろうか。あるいは、二つの村は、「職場」での漁の方法にとどまらず、文化的にも根本的な違いがあるのだろうか。

わたしの友人で有能なエコノミストのアンドレアス・リーブブラントは、こうした疑問に答えるため、カブシュとサント・エステバオを訪れ、いくつかフィールド実験を行なった。かねがね尊敬し、協働している友人のウリ・ニーズィーと共に、わたしも実験に協力した（アンドレアスの妻はブラジル人で、二つの漁村を比較すると面白い研究になると勧めてくれた人物だ）。

海側と湖側での漁村文化の相違についてわれわれが興味をもったのは、組織の文化を特徴づける大きな要素の一つが、どの程度の人数で労働を行なうかだからだ。そして調査の結果は、こうした労働にどの程度チームワークが関わっているかで、メンバー間の協力の規範が強くもなる（弱くもなる）ことを示唆している。チームワークの影響がどこまで及ぶかを調べるには、カブシュとサント・エステバオは、格好の実験場になるように思えた。湖側の社会は、海側の社会にくらべて個人主義的なのだろうか。さらに、経済学的な意味で、一方の社会が他方にくらべて生産性が高いのだろうか。カブシュは共同体の理想郷で、集団行動によって公共財が容易に移動し、全員が恩恵を受けるようになっているだろうか。あるいは、サント・エステバオの文化は、健全な競争と円滑な自由市場を育んでいるのだろうか。

二つのコミュニティを比較するため、それぞれの村の漁師に被験者になってもらい、ゲームをベースにした一連のフィールド実験を行なった。奇妙に思えるかもしれないが、遠く離れた僻地であっても、こうしたゲームは行動経済学研究の有効なツールになる。ゲームは、人々の思考パターンや、特定の行動を選択する理由、行動の指針となる価値観を速やかにあきらかにするからだ。私自身、多様なグループに被験者になってもらい、こうしたゲームの実験を行なってきた。コスタリカのコーヒー製造所の経営者、シカゴ商品取引所のプロのトレーダー、タンザニアの聳《そび》え立つキリマンジャロの麓のマサイ族、インド北東部のメガラヤ地域の緑豊かな山岳地帯のカシ族の住民などだ。

信頼ゲーム

行動経済学で最も一般的なツールの一つが「信頼ゲーム」である。この演習では、1人目のプレーヤーAに所定の金額、たとえば10ドルを渡しておく。Aは、匿名の2番目のプレーヤーBに10ドルのうちいくら渡すか決めなければならない。その金額がいくらであっても、実験の主宰者がそれを3倍にしてBに渡すとAには伝えておく。Aが8ドルを渡すことにしたとしよう。Bは24ドルを受け取ることになるが、今度はこのうちいくらをAに返すのかを決めなければならない。このゲームでは、最初のプレーヤーAは10ドルのうちの過半をBに渡せば、Bを「信頼して」いて、Bは受け取った金額の多くをAに返せば、「信頼に応えている」と解釈される。言うまでもなく、ここには他に互恵性、公正、利他主義などさまざまな要素が関わってくるが、大原則は、2番目のプレーヤーBが必ずカネを返してくれると信頼しているからこそ、多くを渡す、ということだ。信頼ゲームにくわえて、漁民を相手に、寄付、宝くじ、交渉（最後通牒ゲームなど）、協調、競争、公共財（道路など、全員が恩恵を受け、全員がコストを負担するもの）に関わるゲームも行なった。アンドレアスがすべてのデータを収集した後、ウりとわたしが協力してデータを分析した。

文化のスケールアップ

予想していたとおり、二つのコミュニティには大きな行動の違いがあり、こうした違いは、それぞれの漁法の違いとも一致していた。集団漁のカブシュの漁民のほうが、一人漁のサント・エステバオの漁民よりも、他のメンバーを強く信頼し、信頼されてもいた。最後通牒ゲームではより公平な提案をし、公共財ゲームでは集団の利害に寄与し、自分の村以外での慈善事業の寄付も多かった。言い換えれば、カブシュの住民は、誰もが排除されない包摂性を重んじ、他者のウェルビーイングを尊重しながら、高い信頼を示し、協力し合っていた。カブシュの住民が、サント・エステバオの住民より良い人だからではない。単純に、チームワークと協働作業が欠かせない漁の習慣が住民に浸透し、社会的な行動をとるようになっていただけだ。協働作業の恩恵を受け、協力するとこんなに良いことがあると実感したことで、それが他の大事な分野での意思決定にも持ち込まれたのだ。

言い換えれば、彼らの文化がスケールアップしたのだ。

この章のテーマは、いかにポジティブな職場文化をスケールアップするかだ。そして、この「二つの漁村の物語」が示しているように、職場の文化とは、労働に関するものだけではない。働き方は、特定の行動や規範を高く評価するかどうかに影響する。信頼か不信か、協力か個人主義か、恐れか安全か、ワーカホリックかワーク・ライフ・バランス重視か、どちらを優先するかが変わってくる。われわれの調査結果は、現代の職場にも同様のスピルオーバーが存在することを示す研究体系にぴたりとあてはまった。要するに、定着した行動が、組織を決定づけるということだ。どれだけ効率的かつイノベーティブに仕事を進めるかだけでなく、どんな価値観が労働を支えているかが、問題だ。そして、こうした価値観の違いによって、スケールアップした場合の結果が大きく違ってくる。

スケールアップに伴って職場の文化が大きく花開く場合もあれば、内側から壊れていく場合もある。自壊する場合が多いのは、いくつかの点で最初はうまくいっていた文化が、スケールアップとともに機能しなくなるからだ。

トラヴィス・カラニックに聞いてみよう。

最悪の実力主義

2016年の夏、ウーバーで正式に働き始めた初日、本社に足を踏み入れたわたしは、面接の日とおなじように、建物中央の共用スペースの柱に張られた会社の信条が目に留まった。

「データこそわが社のDNA」

だが、このときは別のことにも気づいた。

自由に使える共有のワークスペースに目をやると、隅のほうで必死に涙をこらえている女性がいる。目の前に落ち込んだ従業員がいるのに、誰も歩み寄らないし、気に留めもしない。そんな従業員を目にするのは日常茶飯事、と言わんばかりだ。ウーバーには、あるものが欠けている、と最初に感じたのは、このときだった。たしかに、企業文化のうちビジネスの面ではスケールアップとともに開花しているようだが、ヒューマンな側面はどうなのか。会社が拡大し続けても、ウーバーの文化は持ちこたえられるのか。

答えは、もちろんノーだった。

2017年の年明けから数か月、創業者のトラヴィス・カラニックがウーバーで育てた文化は、相次ぐスキャンダル報道で派手に崩壊した。まず、元従業員の25歳のエンジニア、スーザン・ファウラーがブログで、性差別とセクハラが横行するウーバーの悪しき文化を告発した。1週間後、グーグルの自律走行車の開発子会社ウェイモが、企業秘密を盗んだとしてウーバーを訴えた。この翌週、ダッシュボードにビデオを据えつけられたドライバーが、自分の報酬が漏らされたとトラヴィスを訴えた。「自分のクソの始末さえできない人間がいる！」とトラヴィスは、破産したばかりのそのドライバーに吐き捨てた。そして最後に、極めつきは、『ニューヨーク・タイムズ』紙に掲載された暴露記事だ。グレイボールという名の画期的なソフトウエアは、ウーバーが法律や規制当局をかいくぐるために設計・開発したものだった（ウーバーは、後にこの事実を認めている）。トラヴィス・カラニックにとっても、会社全体にとっても悪夢のような数か月だった。

ウーバーの会議は論戦の場

波乱のこの時期、会社の大混乱をよそに、私個人は奇妙なほど落ち着いていた。ウーバーとの契約では、サンフランシスコの本社には月に数日出社すればよかった。それ以外の時間はシカゴで教鞭をとり、研究の指導をしていた。ただ元教え子のイアン・ムアがわたしの代わりに、ウーバーノミクス・チームの陣頭指揮をとってくれていた。それに、わたしはウーバーのヒエラルキーのかなり高いレベルで入ったので、本社に出向いてもブルペンでプログラムを書き、データ分析をするわけではない。加えて、女性、障碍者、有色人種でないわたしは、多くの従業員が直面していた力の不均衡（差別問題）に気づいていたわけではなかった。結果として、ウーバーで起きていた多くのことを見逃してしまった。初日には、打ちひしがれた従業員に気づいたが、たいていの日々は平穏だった。従業員は集中して献身的に仕事に取り組み、やるべきことをやっていた。

起こった出来事と照らし合わせると、意外に聞こえるかもしれないが、わたしがサンフランシスコの本社で過ごしたあいだ、トラヴィスは多くの点で立派なリーダーに見えた。会社への献身は誰にも負けない。会社を妻に喩えるのを好んだ。何より会社を優先させているのはあきらかだった。褒められたワーク・ライフ・バランスではないが、誰に対しても自分のようにしろと強制はしなかった。トラヴィスは身をもって示していた。社内を歩き回り、従業員に話をしにいくときはいつも相手を気遣い、真剣そのものだった。従業員のアイデアに耳を傾け、対話を重ねた。さらにセールスのスキルは頭抜けていた。21世紀のビジネスを構想し、個人間のデジタル技術がいかにして運輸業界を変えることになるかを予見していた。トラヴィスにはこうした強みがあったが、ウーバーで確立された文化は、ただボルテージを下げるばかりだった。

冒頭で取り上げたが、就職面接でのトラヴィスとの緊張感に満ちたやり取りは、ウーバーでのアイデアの交換を完全に先取りしたものだった。フロア全体は静かで無機質だが、会議は猛スピードの激しい戦いだった。人の領域を侵害するのも、イノベーションにつながるか、市場の最先端に行けるなら、たしなめられるどころか奨励される。ウーバーでは、アイデアと結果こそが宝であり、そうしたアイデアがどう活かされ、結果がどう達成されるかは二の次だった。会議は論戦の場であり、トラヴィスとの最初の出会いは、その後に目撃したやり取りの数々にくらべれば大人しいものだったと気づいた。聞くに値する意見をもたないで会議に出席することはない。そして、声が大きいか、早口でまくしたてるか、説得力ある話し方ができれば、たいてい、そのアイデアは採用される。さまざまな文化的要素のなかで、ときに従業員を泣かせるほど追い詰めていたのは、この雰囲気だった。そして、ウーバーの多くの人たちは、そのことに鈍感であるように見えた。

文化はスケールアップしていなかったウーバー

パフォーマンスをあげ、イノベーションを牽引し、利益を出すために、トラヴィスがこうしたアプローチを選んだ根拠は、表面的には理に適っていた。純粋な形の実力主義を信奉し、最高のアイデアが勝つべきであり、どれが最高のアイデアかを決めるには、敵対するのも辞さず徹底した議論を戦わせるべきだ、と考えていたのだ。こうした社風は、ウーバーが爆発的に伸びていた創業当初の数年は、トラヴィス本人にも会社にもプラスにはたらいた。当時のウーバーは、向こうみずで野心的なディスラプター（創造的破壊者）だった。ウーバーがスケールアップしたのは、市場と足並みを揃えて競争的な環境をつくったからだ。ビジネスの世界は生易しいものではない。そのなかで最もむずかしいのが、市場の足がかりをつかみ、シェアを獲得する部分だ。だからこそ、トラヴィスがつくった競争的な文化が、初期にはプラスにはたらいたのだ。厳しい実力主義のおかげでウーバーは台頭し、その恩恵は隠れたコストを凌いでいた。わずか2年後には、70か国あまりに進出し、世界の輸送を変えるまでになった。ウーバーのビジネスモデルが見事にスケールアップしたのは間違いない。そして、それが企業文化もスケールアップしたとの幻想を生み出した。だが、実際には、ウーバーの文化はスケールアップしていなかった。そして、その過ちから多くを学ぶことができる。

逃げ場のないウーバーの「ケージマッチ」スタイルに、まったく馴染みがないわけではない。

じつは、このスタイルには慣れていた。アカデミックの世界も、ビジネスの世界に負けず劣らず競争が激しい。争われるのは名声だ。名声を失うのは、時にカネを失う以上に致命的だ。そしてシカゴ大学は、制限なしの知的な戦いの場として知られていた。シカゴ大学で働き始める前、初めて大学を訪れた2002年、差別の経済学について素晴らしい講義をしようと準備万端で臨んだ。ところが、わたしが口を開くや否や、病衣を着て腕に点滴の針を差した1人の男性が話を遮り、鋭い質問を浴びせかけてきた。次々と質問が繰り出され、90分のわたしの持ち時間のほぼすべてを使ってしまった。意気消沈してメリーランド大学に戻った翌日、点滴の男性から丁寧なメールが届いた。なんとノーベル経済学賞のゲーリー・ベッカーだった!

アカデミアの競争的な世界に慣れていたとはいえ、ウーバーでは何かがしっくり来なかった。ほぼすべての会議が、ゲーリー・ベッカーと対峙したときのようで、しかもそれが極端になっていた。当時、それは実力主義を突き詰めたものと評する人もいたかもしれないが、ほんとうのところは、最悪の形の実力主義と見ることもできた。

本来の実力主義との乖離

実力主義の考え方は素晴らしく思える。能力と努力に基づいて報酬が支払われ、客観的な価値によってどのアイデアを採用するかが決まる。特権の有無や社内政治が入り込む余地はない。経済理論上は、最も聡明で勤勉な人がトップに立つ。もちろん、現実には、こういう展開にならないのは誰でも知っている。聡明で勤勉でも出世できず、稼ぎが少ない人が大勢いる一方で、それほど聡明でも勤勉でもないのに出世の階段を昇り、大金をつかんでいる人は大勢いる。職場の実力主義は、本来の実力主義の原則にそっていないのだ。

組織が大きくなるにつれ、職場の規範の確立についてリーダーがよほど思慮深く、律した人でなければ――ウーバーはそうでなかったが――声が大きい人間、社内政治に長けた人間といった他の要素が広がり、実力主義の理想は歪められてしまう。その結果、最高の人材、最高のアイデアがトップまで昇り詰めるとは限らない。そうなると、当然ながら、従業員は幹部やその取り巻きへの信頼を失い始める。それがいずれ他の行動や対応にも伝染し、全体的な職場の文化を決定づける。バイア州の漁のやり方がそうであったように。

ウーバーはスケールアップするにつれて、実力主義として評価されるものが、本来の実力主義からどんどん遠ざかっていった。本来の実力主義は、自分の努力とクリエイティビティが経営陣に公平かつ客観的に評価してもらえると、従業員の信頼のうえに成り立っている。ところがウーバーがスケールアップした見せかけの実力主義は、高邁な理想を口先で唱えるだけに過ぎなかった。残念ながら、最高の人材や最高のアイデアが、常に勝ち上がったわけではなかった。これはウーバーの企業文化が、アイデア、効率、利益のフレームに適していれば、人を踏み台にすることさえ容認したからだ。トラヴィス自身が後にいみじくも的確に自己批判をしている。「実力主義で人を踏み台にするのを許せば、権力者に対して真実を訴える力を個人に与えるが、それを武器にして寝首をかかれかねない」。わたしがウーバーで学んだのとおなじことを、トラヴィスも学んでいたのだった。

トラヴィスの回顧から学べること

ウーバーの文化は、思考は深いがゆっくり話す人たちを、どこに置き去りにしたのだろうか。上に立つことより人の話に耳を傾けることを優先する、内省的な人たちはどこにいったのか。激しい論戦が苦手な人たちはどこにいったのか。彼らは徹底的にやり込められ、口をつぐんでしまった。それによって、ウーバーの超強気の文化に馴染まない優秀な従業員を失うことになった。ウーバーが大きくなるにつれて、人材を傷つけ、可能性の無駄遣いも大きくなった。必然的に、スケールアップするほど、従業員からドライバーまで多くの人が情け容赦ないウーバーの文化に染まっていった。こうして、見過ごされたり、傷ついたりすることにうんざりする人間の数が飛躍的に増えた。それがやがて、潜在的な従業員を失うことにすらつながった。わたしが在籍していたあいだ、ポストの空席がなかなか埋まらないのには驚かされた。ウーバーの企業文化が、儲けがすべてでないと理解している人たちに忌み嫌われているかのようだった。

「わたしは共感よりもロジックを好んだが、自分の正しさを証明するよりも、相手をもっと気遣うべきときがあった」。トラヴィスは後にこう振り返っている。「適切なチームづくりに手を尽くさないで、個人の適任者を獲得することだけを重視していた」。トラヴィスの言葉は的を射ている。組織が小さいとき、関係は密になる。家族に似て、信頼と尊重が確立されているので、けんか腰の激しい議論になっても、関係が修復不可能になることはない。無条件に互いを信頼し、尊重している人同士は、過ぎたことは簡単に水に流せるものだ。だが、まだ信頼し尊重できない人（そして、先方もこちらを信頼し尊重していない場合）を組織に加えるようになると、彼らがそうした状況に居心地の良さを感じると期待することはできない。つまり新参者が増えると、スケールアップがむずかしくなる。

乗客を蔑ろにした結果

組織をスケールアップするうえで、深い信頼が強力なファクターになることが研究で示されている。これは協力を促進し、チームワークを機能させることが成長に不可欠なためだが、他にも理由がある。ウーバーで信頼が欠けていたのは、組織の本質が、実力主義とは名ばかりで魂が入っていなかったことが大きい。従業員は、時間やアイデア、努力といった自分の貢献が客観的に評価されると信じていなかった。尊重されているとは思っていなかったわけだ。さらに、最悪の自滅的な動きとして、ウーバーはほどなく、その存在がなければ自社が存在しえない人たちも蔑ろにし始めた。乗客である。

ウーバーには、目立つライダーやライバルをスパイする「神の目」があった。「神の目」は、従業員が、ライダーの位置情報を本人に知られることなく追跡できるツールだ。そこに、インドでウーバーのドライバーが女性の乗客をレイプしたとのニュースが飛び込んできた。ウーバーは、被害女性の証言に対抗するため、診断書を取り寄せただけだった。さらに、ウーバーファンの乗客をがっかりさせる事例があった。ニューヨークでタクシー運転手がストをしている最中に、大幅に値上げしたのだ。顧客にこんな姿勢をとって、業容拡大できるはずがない。

たしかに、ウーバーは自己満足やいい加減な考えをただすのは得意だったが、ここに皮肉がある。ウーバーの幹部は、自社の企業文化をスケールアップする方法について自己満足に陥っていたのだ。私自身も含めて、幹部の地位にある者で、従業員が事業のアイデアや慣行について徹底的に問いただされるのとおなじくらい、企業文化について問いただされた者はいなかった。企業文化は、目に見えない空気のようなもので、全員が吸っているが、その空気が汚れている事実に気づいたり、勇気をもって声をあげたりする人間は幹部にはいないようだった。こうしたことが起きると、何か大切なものを手放さざるをえなくなる。文化を中から改革できないとすれば、使える手段は外からの圧力しかない。

まさに、それが起きた。元従業員のファウラーが、ウーバーにはセクハラを容認する土壌があるとブログに投稿すると、記事は燎原の火のように広がった（ハーヴェイ・ワインスタインに対する糾弾の後に起きた、＃MeToo運動を先取りする出来事だった）。グレイボール・プログラムとトラヴィスが運転手をののしる様子が映ったダッシュボードの映像が流出して、世間の目は厳しくなる一方だった。ファウラーのブログ投稿とビデオ流出事件を受けて、トラヴィスは謝罪したが――どちらの件も心底、後悔し、恥じているように見えたが、遅きに失した。
最終的に陥落するまでには時間がかかるが、陥落するときはあっけない。湿気が徐々に高まり、ある水準に達すると一気に大雨になるのに似ている。ウーバーでは、文化の小さな問題が徐々に積み重なり、最終的にスキャンダルの嵐に見舞われた。ウーバーは間違ったことをスケールアップした挙句にすべてが瓦解し、世界中がそれを目撃することになった。

失敗を認めたトラヴィス

ウーバーの企業文化が、会社の将来そのものを脅かすボルテージ低下を招いた。そのため、その文化をつくった男は取締役会から追放されることになる。トラヴィスは２０１７年にCEOを辞任。ただ、取締役の地位は２０１９年12月まで維持した。わたしはトラヴィスとコンタクトを取り続けた。ウーバーでの最後の数か月間に、わたしがトラヴィスに助言を求めた面があるが、トラヴィスがリーダーとして起業家として成熟したと見込んで応援した面もある。トラヴィスは、自分が大きな間違いを犯したことを自覚し、後悔していた。自分が職を失ったからではなく、ウーバーのチームを落胆させたと感じていたからだ。トラヴィス・カラニックが悪い人間だとは、わたしは思わない。人は良いが、いくつかお粗末な手を打ってしまった。それも大規模に。

２０１７年、会社が相次ぐ危機に見舞われるなかトラヴィスは、結局は出すことのなかった従業員に向けての手紙で、ウーバーのDNAにデータ重視を取り入れたが、それとおなじくらいスケーラブルな価値観を取り入れられなかった自身の失敗を認めた。「結局のところ、われわれのパーパス（存在意義）は人である、ということを見失っていました。人を第一にすることを忘れ、会社が大きくなるにつれて、共に仕事をする刺激的な従業員、各都市の素晴らしいパートナーを置き去りにしてしまいました。……成長は喜ばしいものですが、適切なチェック&バランスを欠けば深刻な間違いにつながります。スケールアップすると、間違いが及ぼす影響がはるかに大きくなります。チームに、顧客に、サービスを提供する地域社会に多大な影響が出るのです。だからこそ、中小企業はスケールアップするとき、やり方を変えなければならないのです。わたしは小さく立ち回って成功しましたが、大きくなることに失敗したのです」

もちろん、実力主義の文化を謳いながら、じつは多くの人材に報いることができなかった企業は、ウーバーばかりではない。こうしたタイプの文化は業界を問わずよく見られ、「実力主義」はビジネス界で流行りのコンセプトになっている。だが、こうした文化からは、毒の強い規範や行動が生まれがちだ。認知バイアスもその一つだ。それがあるために、昇給や業績評価などキャリアの成功を測る尺度で人種や性別による格差を生んでしまう。そして、きわめて不幸な皮肉だが、こうした組織の幹部は、実力主義がうまくいっていると思い込んでいるため、認知バイアスがないか自分自身を検証したり、説明責任を負ったりすることが少ない。このような文化では、信頼と協力が絵に描いた餅になり、スケールアップとともに問題を生じさせることになる。

そこで大きな疑問が湧いてくる。実力主義の文化的規範がスケールアップしないとすれば、スケールアップできる文化的規範があるはずだ。だが、それはどんなものなのか。

その答えは、やはりカブシュのオールセインツ湾にある。

信頼とチームワークを第一に

実力主義は、個人の成果という考え方を前提にしている。これはあきらかに、集団の成果よりも個人の成果を重視するよう従業員を奨励するものであり、誰もが自分自身を優先する文化を構築する。つまり、個人の業績を何より重視することで、創業当初は社内に健全な競争を生み出せるかもしれないが、（ウーバーで見たように）会社が成長するにつれて重要になってくる「協働」を生み出しにくい。ウーバーでは、会社のインセンティブ構造が、個人の業績を重視する仕組みになっていた。あなたが新しいアイデアを思いつき、あなたがそれをテストし、あなたが実際に活用されるように推進して、あなたがボーナスを受け取る。

カブシュの漁民のことを思い出してもらいたいが、信頼、寛大さ、包容力、協力が、仕事にも文化にも深く根づいていた。見えざる手によって文化は仕事場から村へと広がり、住民の行動を導いた。それを目の当たりにしたのがフィールド実験で、サント・エステバオの住民との比較で、カブシュの住民がどのように経済的な選択をしているのかがよくわかった。サント・エステバオの漁法は、ウーバーで生まれた個人の文化とよく似ていた。

ウーバーでは、見えざる手はなく、全体を統括する社会組織もなく、チーム単位の報酬すらなく、チームでのイノベーションを奨励することはなかった。たいてい、自分が釣った魚は自分だけのものだ。協力や共有を奨励するインセンティブはなく、チームを超えて信頼したり、寛大に対処したりすることなど考えられない。従業員は、言わばおなじ湖で魚を釣っているが、おなじボートに乗ることは滅多にない。彼らの行動には、こうした価値観が反映されていて、幹部が（好業績の従業員に不利にならないように）スーザン・ファウラーのセクハラ告発を無視したのも、会議でスパーリングのような論戦が期待されているのも、その一環だった。こうした価値観は、サイロのように細分化された日常業務にも反映されていた。グループ、部門、あるいは国同士が協力しなければ、問題を解決できない場合がある。

協力と競争を両立する「コーペティション」

事業をスケールアップする際に、機能横断的な協力がなければ、特に厄介なことになる。せっかく社内で良い協力関係をつくれる可能性があるのに、協力しないと、その機会費用が大きくなるからだ。こう考えるといい。社員5人の会社では、協働することが大きな意味をもつ場合がないわけではないが、自分以外の４人には自分を補ってくれる適切なスキルがないため、

1人で仕事をするのがベストの場合が多い。だが、従業員5000人の会社で、至るところに良いパートナー（あるいは大勢の良きパートナー）がいる場合は、仕事がやりやすくなり、協力しながら良い製品やサービスをつくることができる。パートナーシップを奨励するインセンティブや文化を設計することで、こうした高いボルテージの機会を享受できるようになる。

「協力」だけをバラ色に語るのは、スケールアップに伴って高いパフォーマンスの原動力になる「競争」の役割を無視することになるのではないかと心配する向きがあるかもしれない。だが、そうした心配は無用だ。「コーペティション」に関する新たな研究では、部門内でも部門間でも、協力と競争を適度に取り入れた「コーペティション」が、財務実績から顧客満足度まであらゆることの改善を加速させることがあきらかにされている。従業員が個人としてだけでなく、チームや組織全体のパフォーマンスに基づいて報酬を受け取れるインセンティブを考案すれば、競争と協力のバランスによって、「知識の移転」が促進される。知識の移転とは、他の人がおそらくはもっていない、プラスになる貴重な専門知識が広く共有されることを指す。

ネットフリックスのケース

ネットフリックスは、きわめて革新的な文化をもつ企業で、従業員は高いパフォーマンスを発揮しながら、あくまで信頼を軸にしているという意味で、コーペティションの格好の例と言えるだろう。会社が従業員の休暇や支出を追跡したり制限したりすることはない。テレビ、映画向け番組の制作チーム幹部は、上司の承認なしに100万ドル単位の買収さえ実行できる。幹部は従業員が優れた判断をすると想定しており、それが同社の有名な「自由と責任」の文化につながっている。マイクロマネジメントは願い下げ。信頼して任せるのがいい。個人のパフォーマンスに基づいてボーナスを決めるのではなく、報酬全体の何割を株式で受け取るかを従業員が選択することができ、事実上、報酬を会社全体の業績と連動させている。信頼をベースに高業績を追求する企業文化は、時に小さな問題もあるが、自己規制がはたらく。つまり、従業員は素早く規範に適合することを学び、規範を維持したいと考えるようになる。こうした文化は、いったん定着すれば、おなじような考えの人たちを引きつけ、活躍できない人や馴染まない人は追い出される、という意味で自己完結的だ。見えざる手が効率的にはたらいて、会社に相応しい人材を呼び込み、相応しくない人材が出ていくようになっている。従業員は互いのアイデアに物申すことが奨励されていて、自分のアイデアを同僚に強引に押しつけても報酬は得られない。「優秀だが嫌なヤツ（ブリリアント・ジャーク）」は要らない、とネットフリックスのCEO、リード・ヘイスティングスは語る。ネットフリックスでは、信頼と競争は排除し合うものではない。

スケールアップしても、従業員が協力し合い、尚かつ高いパフォーマンスを発揮できる職場をつくるには、組織のなかにチームワークを組み込む必要がある。たとえば、一つの方法として、各従業員を最低二つのチーム、できれば異なる部門のチームに所属させる方法がある。これによってチームで取り組む機会が増え、垣根を越えたアイデアの交換が促進される。また、従業員が複数のチームの成功を目指すインセンティブになる。協働的で高パフォーマンスの文化をつくるには、適切な人材が重要な職能を担うような最高なチームが必要なのは言うまでもない。

大規模な採用

数年前、友人のジェフ・フローリー、カラ・ヘランダー、アンドレアス・リーブブラント、ニーラ・ラジェンドラが共同で素晴らしい組織「サイエンス・オブ・ダイバーシティ・イニシアチブ（ＳＯＤＩ）」を設立し、わたしは創設時から理事を務めている。企業とさまざまな学問分野を結びつける組織の狙いは、近年のしっかりした科学研究により無視できなくなった、組織の成功の真実を広めることにある。組織が成功するには、多様性こそ重要だ。人種、性別、年齢、民族、宗教、階級、性的指向、性同一性、神経学的機能など、あらゆる意味での多様性である。多様な背景をもつ人が集うと、認知が多様になり、イノベーションが生まれやすくなるだけでなく、組織のレジリエンス（強靭性）が高まる。多様な人々で構成される集団は、意思決定に優れ、問題解決のスキルが高く、より複雑な思考ができ、より大きな利益を生むことが、研究であきらかになっている。株式投資（！）でも好成績をあげていることを示した研究もある。

だが、高パフォーマンス・チームを牽引するほどの多様性を実現するのは、口で言うほど簡単ではない。特に規模が大きい場合は。これは、意識的なバイアス、無意識のバイアスといった真っ先に思い浮かぶであろう理由や、ダイバーシティの最善の候補者は、採用する前に既に他社に押さえられている、といった理由だけの問題ではない。わたしの研究では、採用プロセスの早い段階、リクルートの段階ですらうまくいかない可能性があることがあきらかになっている。

意図せざる結果

多様な候補者を引きつけようという立派な意図をもった試みが、予想外に苦戦する分野の一つが人材募集の広告だ。各国が雇用市場の不平等の削減を目指すなかで、多くの国で「雇用機会均等（ＥＥＯ）」規制が導入されている。アメリカでは、企業や組織は連邦コードで課された要件を遵守しなければならず、こうした要件の遵守を証明するＥＥＯステートメントは、人材募集広告を出す際に一般的になっている。これは基本的に、雇用主がすべての職務内容に、ダイバーシティへのコミットメントの一文を含めることを意味する。ロジックは単純だ。機会均等へのコミットメントを宣伝し、より多様な応募者を引きつけたいのであれば、包摂性の方針を明確にすることが確実な方法であるはずだ。これは直観的に理解できる。とはいえ、アンドレアス・リーブブラントとわたしが発見したとおり、こうした慣行は、往々にして意図せざる結果を生む。

フィールド実験のために、よく通ったその名を貸してくれることに同意した既存の組織と組んで、アンドレアスとわたしは、アメリカの10都市の雇用市場で管理職のアシスタントを募集した。人種構成の異なる都市を選んだ。白人が過半数を占める都市（デンバー、ダラス、ヒューストン、ロサンゼルス、サンフランシスコ）と、もう少し人種が多様な都市（シカゴ、ニューヨーク、フィラデルフィア、ワシントンD.C.、アトランタ）だ。実験では常のごとく、応募する可能性のある人たちを、介入群と対照群に分ける。介入群の募集広告にはＥＥＯステートメントがあるが、対照群の募集広告にはＥＥＯステートメントがない。応募者は２５００人近くにのぼった。応募者には、アマゾンのギフト券10ドルを進呈するかわりに、短いアンケートに答えてもらうことにした。アンケートによって、募集広告のどこに引きつけられたのかについて、より定性的なデータを収集できる。ＥＥＯステートメントを掲載した募集広告のほうが、マイノリティの応募が多いのではないかとの仮説を立てていた。そのコブは小さいだろうが、増加しているはずだ、最悪でもプラス・マイナス・ゼロだろうと見ていた。

ところが、われわれの仮説は間違っていた。ＥＥＯステートメントが掲載された募集広告は、人種的マイノリティの応募をかえって妨げていた。しかも30％も。言い換えれば、ステートメントは完全に逆効果だったのだ。それも非常にわかりやすい形で。

名ばかりの平等主義への警戒

興味深いことに、効果が顕著だったのは、人口構成がそれほど多様でない都市で、高学歴の応募者が多かった。アンケート調査の結果は、なぜそうなるかを物語っていた。「マイノリティの応募者は、名ばかりの平等主義を恐れていた」。EEOステートメントが、彼らの心のアンテナ、つまり過去の人種差別で身についた内部警報システムを作動させ、この職場は有色人種が象徴的に採用され、各人の長所を見て採用される職場ではないと受け止めた。言い換えれば、ダイバーシティや包摂性へのコミットメントはお飾りで、企業文化のDNAに根づいているわけではないと恐れたのだ。白人が多数を占め、高学歴のマイノリティが多い都市で顕著だったのは、教育やキャリアを通して名ばかりの平等主義を経験してきた都市だからだろう。彼らの懐疑主義に根拠がないわけではなかった。当人たちが知っていたかどうかはともかく、先行研究では、EEOステートメントを活用する雇用主が、じつは人種的マイノリティを差別しないわけではないことが判明している!

われわれの人材募集とアンケート調査に答えてくれた2500人近くのおかげで、採用プロセスに関する貴重な知見が得られた。応募者に、ダイバーシティに取り組んでいると伝えるだけでは十分ではない。職場にはダイバーシティを尊重する価値観が根づいていて、従業員として採用された暁には、そうした価値観を体験し、自身も寄与していくことになることを示さなくてはいけない。幸い、ある水準に達すれば、「フライホイール（はずみ車）効果」で、ダイバーシティのスケールアップは簡単になる。いったん動き出せば、（オンライン上で手に入る公開情報の）従業員の人種や民族構成のデータがひとりでに物を言い、はずみ車がさらに回転して好循環が起きる。有色人種の応募者は、有色人種が会社の従業員の何パーセントを占め、会社の組織図のどこにいるのかを調べるだろう。

とはいえ、大規模に多様な人材を採用することの意味合いは、単なるデータや数字を超えている。他の意外な発見も役に立つ。たとえば、人材募集の告知にダイバーシティと関係のない情報を盛り込んでも、ダイバーシティを促進することはできる。

美徳のシグナリングの隠れたメリット（とコスト）

過去数十年、企業の社会的責任（CSR）に関する懸念が増したことで、ほとんどの企業が世の中へのアピールの方法を変えた。広告、ミッションステートメントなどの対外活動では、企業ブランドは支援する大義を喧伝し、慈善基金の活動を紹介し、利益を確保しながら世界のことを考えているとアピールする。だからこそ、多くの大企業に社会的責任を果たし、慈善事業を企画・実行する専門部署があり、年間数十億ドルの予算がこうしたプログラムに充てられている。

ＣＳＲの多くは誠実で、寛大な企業文化を反映しているが、誠実でないマーケティング手法として取り入れられている場合も少なくない。ただ興味深いことに、これは大方の想定ほど効果的ではない。つまり、ＣＳＲは消費需要を刺激するための、確実なアプローチとは言えない。実際、ほとんどの消費者は、フィランソロピー的なマーケティングには無関心で、別の理由でブランドを選んでいる。企業は口先だけの慈善事業を止めるべき、とは言わないが、こうしたやり方で消費者に媚びを売っても売り上げが増えるわけではないと知って驚くだろう。とはいえ、ＣＳＲを強調すると、トップクラスの人材採用に役立つのではないか。あるいは、ＥＥＯステートメントのように逆効果になってしまうのか。ＣＳＲは、微妙だが、「美徳」のシグナリングの役割を果たしているのではないか、とわれわれは考えた。企業が（持続可能性や地域社会への還元などの）社会的課題に関心を抱いていることがわかれば、応募者は、この会社には社会を良くしようという企業文化があり、包摂的で公正で平等な職場を実現しようとしていると類推するかもしれない。

この疑問に答えるため、２人の有能なエコノミスト（ダニエル・ヘドブロムとブレント・ヒックマン）とわたしは、ＥＥＯステートメントのときと似通ったフィールド実験を行なった。今回は、自らまっとうなデータ入力会社、ＨＨＬＬＣを立ち上げた。被験者には、グーグルのストリートビューの写真データを入力してもらう。その狙いは、応募者の属性を調べるだけでなく、採用した後にどれだけ生産的かを調べることにあった（この実験にはデータ入力が打ってつけだった。簡単に生産性などのパフォーマンスの指標を測ることができる作業だからだ)。

CSRの告知文の効果

全米の12の主要都市のクレイグズリスト(地域情報サイト)に募集広告を出した。一般的なデータ入力並みの報酬を出す。1000人の応募者のうち、一つのグループ(対照群)には、ポジションに関して標準的な情報を書いたメールを送る。別のグループ(介入群)が受け取るメールには、標準的な情報にくわえ、CSRに関する文章が添えられている。「私共は幅広い企業や組織にサービスを提供しています。なかには、貧困家庭の子どもの教育機会の向上を目指すプロジェクトなど、さまざまな慈善事業を行なう非営利組織もあります。こうした組織も含め、私共は世界をより良くするためのお手伝いをしたいと考えています。慈善事業という活動の性質上、こうしたお客様には費用のみをご請求させていただいています」

次に、このCSRの告知文を読んだ応募者と、読んでいない応募者をそれぞれ採用し、全員にグーグル・ストリートビューの画像に関するデータを入力する作業をやってもらった。これで各人の生産性を測定した豊富なデータが手に入った。

結果的に、CSRの告知文は、EEOステートメントとは正反対の効果を示した。告知文を読んだ応募者は25%多く、しかもかなり多彩だった。おかげで多様な人材プールから採用することができた。言い換えれば、われわれは包摂的だと言うよりも、ずっと包摂的だったのだ!

だが、話はこれで終わらない。ＣＳＲの告知文を読んで応募してきた従業員グループのほうが、そうでないグループよりもかなり生産性が高く、仕事の質も高かった。おそらく、社会を良くするという会社の理念に共感し、「わたしも世の中を良くするために頑張ろう」と、モチベーションが上がったためではないだろうか。つまり、ＣＳＲの告知文が引きつけた応募者は、多様なだけでなく、「より優秀」な人材だったのだ！

モラル・ライセンシングという心理現象

だが、採用プロセス以外で、組織文化の一部としてＣＳＲプログラムをどうスケールアップするかには注意が必要だ。社会的意義を喧伝するのは、多彩で貴重な人材を採用するのに役立つが、フィランソロピー的な活動を企業のミッションとして提示して、的外れの母集団に適用された場合、負のスピルオーバーを生み出しかねない。

別のフィールド実験で、優秀なフェイトメア・モメニとわたしは、再び会社をつくった。今回はデータ入力ではなく、テープ起こしをやってもらう。３０００人の従業員にしばらく作業してもらった後、一部の従業員にＣＳＲの告知文を見せた。その結果、予想どおり、会社の企業理念に関するメッセージを受け取った従業員は、全体には生産性が向上したが、生産性の足を引っ張る行為も大幅に増加していた。やるべき作業をやっていない従業員が20％多く、不正行為も11％多かった。直観に反する、こうした結果を招いたのは何なのか。

社会をより良くするというコミットメントが、個人の不正行為を生み出すのはなぜか。その理由は「モラル・ライセンシング」という心理現象にある。脳内で倫理を迂回してしまうのは、良い行ないをしたことで、後になってたいして良くない行ないをしても許されると感じるからだ。たとえば、午前中にある慈善団体に寄付をする。午後になると、良いことをしたのだから、これくらいは許されるはずだと食料品店で行列の割り込みをしたりする。あるいは、夜遅くまでストレスの溜まった同僚の仕事を手伝った翌朝には、会社の備品を持ち帰ったりする。こんな風に、われわれの会社の従業員のなかにも、社会的責任のある会社で働くという善い行ないをしているのだから、不正行為は許されると考える者がいた。

幹部もモラル・ライセンシングの餌食になる可能性がある。たとえばダイバーシティと包摂性に関しては、われわれの研究結果は警鐘になる。ダイバーシティに適う人材を2、3人採用した幹部は、(意識的か無意識的かわからないが)やることをやったのだから、それ以外のダイバーシティや包摂性のイニシアチブには投資しなくても構わないと勘違いしてしまう。こんなやり方は、スケールアップしない。

つまりCSRの告知文は、それがどう活用されるかによって、スケールアップでボルテージを上げることもあれば、ボルテージを下げることもある。新たな従業員の採用などに活用されれば、多様な人材を獲得できる。このアプローチなら、順調にスケールアップできるだろう。だが、対象を既存の従業員にする場合には、慎重な運用が求められる。一部の従業員のやる気を高めるだろうが、ＣＳＲを隠れ蓑に自身の不正行為を正当化する者がいるかもしれない。意図せざる結果は、スケールアップに伴って増幅される。ＣＳＲは避けるべきだという意味ではない。わたしのアドバイスはシンプルで、こうした可能性を頭に入れて、慎重にモニターすべき、というものだ。

募集広告で給与は交渉可能と明示する

人材募集広告にＣＳＲへのコミットメントの一文を挿入するだけが、多様な人材を引きつける唯一の方法ではない。アンドレアスとともに、やはり約２５００人の応募者を対象に行なった別のフィールド実験では、募集広告で給与は交渉次第だと言及しておくことの重要性があきらかになった。女性の求職者には特に有効だった。

醜い真実がある。アメリカでＣＥＯや政府高官になる女性は圧倒的に少なく、フルタイムで働く女性の給与は男性の約80％、企業の高報酬の上位五つのポストを占める女性は約６％に過ぎない。こうした格差の背景にはさまざまな理由があるが、調査であきらかになったように、男性が女性の8倍給与の交渉に積極的なのに対して、そもそも女性が給与の交渉をしたがらないのは話にならない。

ただ、われわれのフィールド実験であきらかになったが、こうしたトレンドを反転させるために幹部やリクルーターがとれる方法がある。募集広告で給与は交渉可能だと明示しておくと、女性の応募者が増えるだけでなく、男性並みに積極的に交渉に臨み、多くの場合、男性以上に厳しい姿勢をとることがあきらかになった。一方、男性は、報酬に関するルールが曖昧な募集広告に引きつけられている。おそらく、女性にくらべて不当に多い報酬を享受できるからだろう。そして、何より厄介なのは、給与が曖昧なときに最も得をするのはパフォーマンスの低い男性で、有能な女性がそれを黙認する傾向がある！　ということだ。

こうした状況は職務内容を問わず、あらゆるタイプの役職や産業で見受けられる。だからこそ、人材募集広告には、給与が交渉可能であると明示しておくことが重要だ。給与が交渉可能だと知らないまま職に就いた女性は、同じ立場の男性よりも低い給与から出発することになる。このような給与格差は、就職後、何年も、場合によっては何十年も続く可能性があるが、すべては最初の人材募集広告から始まっているのだ。組織が、包摂的な採用活動をとおして多様性のスケールアップを目指すなら、それに応じて新しい採用活動を検討すべきだ。

ただ、そうは言っても、女性が就職活動のプロセスで質問をためらうのはもっともだ。たとえば2021年のある調査では、候補者の非公式の最終リストは圧倒的に男性有利であることがあきらかになった。著者も指摘しているが、最終候補者は、「非公式のネット主体の採用活動というシステミック・バイアスと、あくまでジェンダーで割り振られた役割のなかで優秀な候補者を選ぶという暗黙のバイアスの二重のハンデを負っている」。解決策はあるのか？　最終候補者の人数を増やせばいい。最終面接の候補者をたとえば3人から5人に67％増やすだけでなく、多様な属性の候補者を増やす。いったんチャンスが与えられると、多様な応募者はポジションを守る可能性が高いだろう。

これが重要な理由はこうだ。採用活動は、初日から信頼でき、協力的で、スケーラブルな企業文化をつくるうえでカギを握るだけでない。会社がスケールアップしていくなかでも、文化を持続させる最良のツールの一つなのだ。組織が大きくなれば、埋めなければならないポジションも増える。そして、良い人材が増えていかなければ、高いボルテージをスケールアップするのは不可能だ。

謝罪の美学と技術

すべて正しくやったとしよう。人材募集広告の文面もうまくでき、最終候補者を多めに選び、最高な人材、多様な人材が採用できた。組織やチームの規範が根づき、信頼と協力を重視する価値観も浸透した。自前のカブシュとも言える、高いボルテージとスケーラブルな文化が出来上がった。

それでも失敗することはある。信頼をいかに築くかを教える科学は巷にあふれているが、その信頼を失ったらどうなるかについては、あまり知られていない。信頼が損なわれたとき、文化が崩れるのを防ぐために、何ができるだろう。最も単純で最も明白な答えこそ正しい。謝ればいい。

謝罪は、人類の誕生とともに生まれた古くからある行為だ。これは、どんな人もどんな組織も失敗が避けられないからだ。スケールアップした場合は特にそうだ。採用する従業員が増え、サービスする顧客が増え、関わるコミュニティが増えるにつれ、期待に応えるべき人々を意図せず落胆させてしまうことが増えていく。だが、謝罪の効果は千差万別だ。じつは、わたしの研究では、赦しを乞うのに正しい方法と間違った方法があることが示唆されている。

ウーバーのミスで講演に遅刻

２０１７年1月、#DeleteUberキャンペーンの真っ只中、シカゴの自宅を出たわたしは携帯でウーバーを呼んだ。町の向こうで開かれる経済学の会合で基調講演をすることになっていた。原稿に磨きをかける必要があったので、自分で運転するのはやめて、車中でチェックすることにした。ほどなくドライバーが到着。軽く会釈したわたしは、車に乗り込むや否やラップトップを開いた。無駄にする時間はない。スライドをつくらなければいけない。

20分後、そろそろ会場に着く頃だと思い、顔を上げると、そこにあるはずのミシガン湖沿いのシカゴ・クローム・スカイラインが見えない。窓の外に見えたのは……なんと、我が家だ。ドライバーはこのあいだ、ずっと運転していたのに、なぜか出発点に舞い戻っていた。わたしは訳がわからず、どうなっているんだ、と問い詰めた。アプリの指示が混乱していて自宅に戻ってしまった、作業の邪魔をしたくなかったので何も言わなかった、とドライバーは言い訳する。

怒り心頭だが、ともかく会場に急ぐのが先だ。今からでは基調講演には30分は遅れてしまう。ドライバーに指示を出し、再びレイク・ショア・ドライブを走らせる。ようやく会場に着くと、ありがたいことに主催者と聴衆は事情を理解してくれた。なんとか落ち着きを取り戻したわたしは熱く語った。だが、話しているあいだ中、ウーバーはなんてことをしてくれたのだろうと怒りが収まらなかった。

それはさておき、ウーバーから今日の失態について釈明する謝罪文が送られてきたらどうだろう、と（ウーバーではなく）リフトの車で帰宅する途中、そう考えた。

サンフランシスコのウーバー本社に出向くのは数週間先だ。そこで、その日の夜、ムカつく気持ちを抑えきれず、トラヴィス・カラニックに電話をかけ、何があったのかを話した。今回がたまたま起きた単独のミスならまだしも、おなじようなミスがあちこちで起きているなら話はまったく違ってくる。パターンが問題で、怒れる顧客が大勢いる。ウーバーのせいでわたしが重要な会議に遅れ、何の謝罪もしてもらえないなら、おなじようなことが何万人に起きているはずだ。ウーバーが最もしてはならないのは、多くの乗客にウーバーのアプリを削除する理由を与えることだ。

悪い乗車体験へのお詫び

わたしが話し終えるまで黙って耳を傾けていたトラヴィスは、話を引き取って、これこそが問題だと思うなら、あなた自身で問題点を修正したらどうか、と提案してきた。

やりましょう、とわたしは応じた。「ただ、問題点を見つけたら、フィールド実験をしたうえで、乗客にどう謝るのがベストかを判断したい」とも付け加えた。これは、本物の実力主義の実践例になる。現場の従業員に自分のアイデアの正しさを証明する機会と、アイデアを実行する権限を与えるのだ。

「それでいい」。トラヴィスはゴーサインを出した。

こうしてウーバーノミクス・チームが仕事に取り掛かった。最初のハードルは、ウーバーの評判や損益が、わたしのような体験で大きく傷つくかどうかの検証だ。もちろん、1人を介入群に、もう1人を対照群にする昔ながらの科学実験の手法をとることはできない。これはビジネスだ。しかも、一部の人たちに悪い乗車体験《バッド・トリップ》をさせるのは良識的でない、というだけでは済まされない（もちろん、幻覚剤のバッド・トリップの意味ではない！）。そこで、われわれがやったのは、データに統計上の「一卵性双生児」を見つけることだった。一卵性双生児とは、ある時点まではおなじ体験をするが、ある時点で1人は悪い体験をする一方、もう1人は良い体験をする2人の消費者のことだ。ウーバーは1日に1500万回近い乗車をさばいているので、統計上の双子はいくらでも探すことができた。数百万人の乗客のデータを分析してみると、悪い乗車体験が大きな影響を与えているのはあきらかだった。悪い体験をした乗客は、その後90日間、統計上の双子の片割れにくらべてウーバーのプラットフォームを利用する時間が5％から10％少なかった。それにより多額の売り上げが失われていた。

第2段階では、こうした損失をどのように取り除くかを決定した。会社の規模を考えれば、悪い乗車体験を完全になくすことはできない。だが、悪い体験をした顧客にお詫びをすることはできる。唯一の問題は、その方法だ。

そこで、また別のフィールド実験を行なった。悪い乗車体験をした150万人の顧客に、異なる謝罪文を送った。一つのグループには基本的な謝罪文、他のグループには会社の責任を認める謝罪文、さらに別のグループには今後ミスはしませんと決意を述べる謝罪文を送る（謝罪文を送らない対照群もあった）。そして、一部の謝罪文には、次回使える5ドルのクーポンを同封しておき、顧客の利用状況を追跡した。

謝罪の効果は謝罪の仕方で決まる

データを分析した結果、得られた第1の教訓は、謝罪が効果的かどうかは、謝罪の仕方で決まる、ということだ。「わたしがしたことについてお詫びします」ではなく、「あなたがそう感じていることを遺憾に思います」と謝られたことがあるとしよう。ウーバーから後悔が伝わってくる謝罪を受けた乗客は、通りいっぺんの謝罪文を受け取った乗客よりも、ウーバーを利用し続けていたことがわかっても驚かないだろう。だが、第2の発見はもっと興味深い。どんなタイプの謝罪文でも、言葉よりカネがモノを言うのだ。もっと言えば、悪い体験をした乗客をつなぎとめるには、謝罪文にカネを組み合わせるのが最も効果的だった。どんな謝罪文でも5ドルのクーポンを同封するのが最良の戦略なのは、5ドルのクーポンがそれほど貴重だからではない。後悔を示すジェスチャーと、少額の物理的コストを合わせることで、顧客がクレームを訴える価値があったと示しているからだ。

第3の発見は、おそらく最も衝撃だが、何度も謝罪が重なると裏目に出る、ということだ。じつは、短期間に3回以上謝罪するのは、まったく謝罪しないよりも悪い。初めて悪いことが起きたとき、謝罪すれば顧客の信頼は一時的に取り戻すことができる。だが、この謝罪は、今後は改善されると顧客が期待する約束になる。そのため、高まった期待が裏切られたとき、まったく謝罪しなかった場合よりも、会社の評判は傷つく。したがって、謝罪は戦略的に活用すべきだ。理想としては、予想外に悪い事態が起こり、近い将来、再発する可能性が低い場合にのみ謝罪するのがいい。謝罪を検討する際は、「売主の品質保証」を原則にすべきだ。

われわれの実験を受けて、ウーバーは謝罪の方針を変更した。これはもちろん、会社の文化を毀損していた信頼の問題に対処するものではなかったが、少なくとも、わたしのように到着の遅れに苛々を募らせた乗客の信頼を取り戻すのに一役買うと期待している。さらに重要なのは、この実験で、どんな組織もスケールアップする際に起こりうるミスへの対処法として、一般化できる知見が得られたことだ。相手に対して、赦しを乞うために犠牲を払っていること、言葉の謝罪だけでなく、金銭的コストも負担する用意があることを示さなければならない。社内で傷ついた従業員にどう謝るのが効果的かを実験したことはないが、心のこもった謝罪に贈り物かボーナスを合わせるのがベストなのは納得できるはずだ。

　これらの知見の影響は、職場にとどまらず広範囲に及ぶ。カブシュとサント・エステバオの漁民で見たように、文化のスケールアップとなれば、個人の成功や失敗よりも、利害がかなり大きくなる。職場で生み出す文化は、人々のより大きな行動ネットワークに影響する可能性がある。そして、組織で権限をもっているか、幹部職にあるかどうかに関係なく、信頼と協力の文化へと変えていくことはできるし、逆に不信と非協力の文化に変えることもできる。

　組織の文化が、組織外の人々の姿勢や選択に重大な影響を与えることは、調査であきらかになっているし、目立たないが大小さまざまな人間社会の形成に影響していることを示す、説得的な証拠もある。じつは、職場の規範を、より広範な対人間や社会の規範に適用することはかなり広がっていて、こうした規範が経済成長や民主主義の質と相関していることを示す証拠がある。カブシュとサント・エステバオの逸話があきらかにしたように、組織をスケールアップするとは、必然的に価値観をスケールアップすることでもある。スケールアップに伴い育んだ文化は、従業員の選択や生活に影響し、組織が高いボルテージを獲得するにとどまらない。大きな社会に浸透し、出会うことのない人々の選択や生活を高めていく可能性もある。

そして、それはオールセインツ湾で魚を捕るのにも役立つのだ。

結論

スケールアップするか、しないか

人類史上最大のスケールアップのケーススタディ

この本に取りかかった2020年2月、これからの1年のことは大体わかっていると思っていた。月に1度、サンフランシスコのリフト本社に出張。あちこちで講演に招待されている。夏にはシカゴで会議を主催する。楽しい家族旅行も何度かするつもりだ。言うまでもないが、計画どおりにはいかなかった。本書の資料をまとめ始めて1か月後、新型コロナの大流行を受けて世界各地でロックダウンが実施され、ご存知のように生活が一変した。1年が経ち、これを書いている時点でも、近年の記憶のなかで最も奇妙で最も酷い時期を生きている。ただ、パンデミックが多くの点で厳しいのは確かだが、この本を書くのにこれ以上良い時期は思い浮かばない。スケールアップの重要性がこれほど明白になった時期はないのだから。

新型コロナに対して集団としてどう反応するかは、人類史上最大のスケールアップのケーススタディであるのは間違いないだろう。一般市民に安全なプロトコルを周知する。エッセンシャル・ワーカーを守るためにN95のマスクを生産し、十分に供給する。病院に換気装置や医療機器を配備する。必要な人には誰でも検査キットを手に入れられるようにする。ワクチンを生産、流通させるのは言うまでもない。他にもやるべきことは多々ある。これらの動員は、異例の大規模で行なわれた。

順調にスケールアップできたものもあった。大きな痛みはあったが、検査体制と検査機器は最初の数か月に着実に改善し、6か月以降は改善のスピードがあがった。医療機関は迅速に受け入れ態勢を拡大し、治療効率が向上した。数十億人を対象に、マスク着用や社会的距離を推奨するキャンペーンが展開された（社会的距離に関する私自身の研究も含まれている）。個人を支援し、企業や地方政府、州政府をテコ入れするための経済刺激パッケージが成立した。そして未知のウイルスに対して、きわめて効果の高いワクチンが複数、1年経たないうちに生産され、市場に投入された！　これは、紛れもない科学の奇跡だ。

ボルテージの低下

だが、うまくスケールアップできなかったこともある。アメリカで濃厚接触者の追跡は破綻した。特定の場所の特定の人々にはうまくいったが、そうした人々や状況は国全体を代表していなかった。新型コロナの検査には、信頼できないものがあった。検査の有効性の初期評価は、偽陽性だと判明した。多くの国民は2度目の景気刺激策の給付を受け取っておらず、給付金を受け取れるのは2020年の税還付を申請した後になったが、一方で、最初の給付では14億ドルが誤って故人に支給され、2兆2000億ドルの連邦支援パッケージのなかで、実質の限界損失になった。

何より落胆させられたのは、最初のワクチンの大規模接種に時間がかかったうえに不手際が多かったことだ。冷凍設備の容量の限界、ワクチン液の供給不足、接種の対象者や接種時期についての杜撰な周知、接種を管理する医療スタッフの不足（小規模では効率的だったワクチンの流通は、全国的な流通を代表していなかった）。そしてスピルオーバーを言い出したらキリがない！　マスク着用義務は不安を煽り、政治的分断を深めた。経済が低迷したり、過熱したりするのを防ぐには注意深く監視する必要がある。そして、これらの意図せざる結果が連鎖して全体にどんな影響を与えるのか、目の当たりにしてきたが、今後、何年もそれを探っていくことになるだろう。

新型コロナ対策のスケールアップは、間違いなくボルテージを高めたが、ボルテージの低下もあちこちで見られた。

こうした問題の多くは、世界各国の指導者の不手際によるものとする向きが多く――批判の槍玉に挙げられるのがトランプ前大統領だ――この見方にはある程度までは同意できる。だが、パンデミックでは、多くの対策を並行して大規模かつスピーディに進めていかなければならない。しかもアメリカだけで3億3000万人、世界全体では80億人近い人口が対象になる。となれば、誰が指導者であっても、ボルテージの低下は避けられない面があるのではないか。

コロナ対応の教訓

ここに二つの大きな教訓がある。どちらも本論で取り上げたが、再度念押ししておく価値があるだろう。第1に、組織にどこか弱い点があれば、スケールアップするにつれて、その弱点はおのずと暴露される。往々にして痛みを伴って。第2に、世界的に喫緊の問題に対処するには、スケーラブルなアイデアとソリューションが引き続き最も貴重な武器になる。

トルストイは小説『アンナ・カレーニナ』の有名な冒頭文で、「幸せな家庭はどれも似通っているが、不幸な家庭にはそれぞれ違った不幸な形がある」と書いた。ジャレド・ダイアモンドが、この一文から着想を得て広めた「アンナ・カレーニナの法則」ではこう主張する。アイデアを失敗させる原因は多様だが、アイデアの成功は、可能な限りその原因を克服することにかかっている。スケーリングは、結局のところ、（鎖の強さは一番弱い輪によって決まるという）「最弱のリンク」の問題だ。いずれの政策も、最弱のリンク程度の強度しかもたない。これは、生物多様性から環境保全、移民政策に至るまで、あらゆる政策にあてはまる。多くのネットワークにもこうした特徴がある。暗号化、ITインフラ、サイバーセキュリティ、空港のセキュリティですらそうだ。NFLのフットボールの試合でも、攻撃ラインは最弱のメンバーに合わせるしかないことに気づくだろう。軟弱なラインマンが1人でもいれば、チームはお先真っ暗だ。

アンナ・カレーニナの法則は、間違いなくスケーリングにもあてはまる。スケールアップに成功するアイデアはどれも似通っているが、スケールアップできないアイデアは、それぞれ理由がある。アイデアを正直に評価しようとするなら、スケールアップする前にアイデアがどれだけ強固かを測る必要がある。新型コロナへの対応は、このルールを浮き彫りにしている。スケールアップの秘訣は、一つの万能策をもつことではない。スケールアップでアイデアが失敗する原因はいくつもあり、高いボルテージを獲得するには、五つのバイタル・サインを一つずつチェックしなければならない。第1に偽陽性。第2に初期人口の代表性の誤認。第3に初期状況の代表性の誤認。第4にスピルオーバー。第5が懲罰的コストだ。このうち一つだけでも、船は沈む。

だが、これらの五つのハードルをクリアしても、スケールアップの成功確率を高めるために、できることはまだある。適切なインセンティブを設計し、限界思考を使ってリソースを最大限に活かす。成長しても贅肉をつけず、効率を維持する。時間の機会費用に基づいて意思決定を行なう。自分の比較優位を見つける。最適な撤退法を学び、非情な損切りを厭わず、いざとなれば新しく、より良いアイデアに乗り換える。そして、競争と個人主義ではなく、信頼と協力をベースにした多様でダイナミックな組織文化をつくる。

ここまで法則や原理を学んでくれれば、スティーブ・ジョブズやイーロン・マスク、ジェフ・ベゾスにならなくても、うまくスケールアップできると納得してもらえるのではないだろうか。現代はカリスマ的な個性がもてはやされるが、純粋な形のスケーリングには人格は何の関係もない。もちろん、状況によって助けになる性格は違う。だが、たいていの場合、重要なのは誰ではなく、何をやるか、なのだ。

どんな人にもためになる

もう一つ念を押しておきたいことがある。スタートアップの創業者や起業家、組織の幹部でなくとも、本書の教訓はためになるはずだ。マンションの理事や、芸術家、ライター、あるいは主婦や主夫として、本書で掘り下げてきた原理を活用すれば、賢明な意思決定をして、自分自身や他者のためになる、より良い結果が得られるだろう。

大企業をつくりたい、全国運動を展開したい、アイデアやイノベーションを全国の家庭に届けたい、と誰もが願うわけではない。それは、それで構わない。わたしの祖父、父、兄はみな、家族経営の運送業を営んできた。ある一定以上、スケールアップすることはなかったが、それなりのカネを稼ぎ、充実した生活を送っている。わたしを含め家族はそれを誇りに思っている。あなたのプログラムや製品、あるいは夢見ていること何でもいいが、ある場所のある人々にしか通用しなくても、それなりのインパクトは与えられる。大きくなれる可能性があったとしても、中小規模にとどまることをよしとするもっともな理由があるものだ。全国的な成功、世界的な成功などと言われると、疲れそうだし、ストレスが溜まるのかもしれない。わたしがそうだ！　どのレベルのスケールアップを目指すのかは自分で決め、そこに行くために、本書のさまざまな教訓をアレンジしてもらいたい。

政策立案に携わっている読者には、政策をいかにスケールアップし、たとえば教育格差の是正や、社会的移動の改善といった課題にほんとうに有効な政策をどう立案するのかに真摯に取り組んでもらいたい。本書がその一助になることを願っている。党派政治、縄張り争い、内部抗争、資金獲得をめぐる利己的な競争は、客観的な指標と再現可能な科学データに取って代わらねばならない。介入政策に高い期待を抱いているとか、既に研究・開発にサンクコストが発生しているとかは関係ない。政策がうまくいっていないことをデータが示していれば、それをスケールアップしようとして、貴重なリソースをこれ以上、無駄にしてはならない（既に政策を導入しているのであれば、一刻も早く打ち切るべきだ）。そして研究者が理解しなければならないのは、20年前のエビデンス・ベースの政策、という考え方は恐ろしく時代遅れだ、ということだ。今必要なのは、政策ベースのエビデンスである。そうしない機会費用は、単純に高過ぎるのだ。

世界を大きく変える方法

アイデアを育てていくと、後退したり失敗したりするだろう。わたしがシカゴハイツ幼児センターのカリキュラムのスケールアップでつまずいたように。だが、科学的な厳密性にコミットすることで、ミスから学ぶ機会を得て、人々の生活をほんとうに変える可能性のあるプログラムのスケールアップにエネルギーを振り向けることができた。そして、魅力的に見えたが幻想に過ぎなかったプログラムに無駄にカネを注ぎ込まずに済んだ。重要なのは、常に学び続け、評価し続け、データを分析し続けることだ。そうすることでしか、現在および将来のスケールアップに活かせる新たな知見は得られない。社会そのものと同様に、社会変革にとっての障壁も多様だ。それらをすべてつなぐ見えざる障壁が、スケーリングの障壁になる。最大多数の人々に影響を及ぼすイニシアチブを選ぶための、適切な評価ができないのだ。

この意味で——わたしの職業を引き合いに出して恐縮だが——営利組織でも非営利組織でも、データサイエンティストは世界最大の未利用資源だと言えるだろう。産業界とアカデミア、科学者と政策立案者がパートナーシップを組むことによって、万人に恩恵をもたらす形で、進歩と利益の両方を追求できるプラクティスを確立することができる。

2016年当時、わたしにとってシリコンバレーは新世界だったが、今ではまたにかけるいくつかの世界の一つになった。ビジネスから政府へと足を伸ばし、世界をめぐり、再び愛するシカゴの教育界に戻ってきた。こうしたさまざまな分野での研究がわたしに教えてくれたことが一つあるとしたら、世界を大きく変える方法はただ一つ――スケールアップすることだ。

謝辞

本書の種が宿ったのはずいぶん昔。両親からは常々、好奇心旺盛であれ、打たれ強くあれ、と励まされていた。当時のわたしは、言葉を正確に発音できなかった。「ググることはできず」、「何度か口に出して、正しいかどうかを確認する」方法をとった。それでも当然、間違っていたのだが、両親は粘り強く「真面目にみずからの内面を見つめて正解を見つけなさい」と励まし続けた。

本書の実質的な内容は、20年あまりの科学研究を軸に展開している。前半部分は、オマール・アル＝ウバイドリとダナ・サスキンドとの最近の共同研究に多くを負っている。他のさまざまな共著者との研究が、スケーラブルなアイデアの「五つのバイタル・サイン」を形づくるのを助けてくれた。特に以下の方々を記して感謝したい。ファテメー・モメニ、イーブス・ゼノウ、ロバート・メトカーフ、アーニャ・サメク、ミン・ソク・リー、ダニエレ・ロール、クレア・マケヴィシウス、ザカリアス・マニアディス、ファビオ・ツファノ、パット・エウゼント、チャールス・ベイリー、故トーマス・マーティン。本書の後半は、以下の共著者とのさまざまな学術調査に負うところが大きい。アンドレアス・リーブブラント、ウリ・ニーズィー、ジェフリー・フローリー、タンジム・ホサイン、ローランド・フライヤー、サリー・サドフ、スティーヴン・レヴィット、イアン・ムア、ベイジル・ハルペリン、ベンジャミン・ホー、グリア・ゴスネル、セダ・エルタック、レスター・トン、カレン・イー、ケンタロー・アサイ、ハワード・ナスバウム、アリ・ホルタシュ、アーウィン・ブルーテ、ダン・ファン・ソエト、ダニエル・ロンデュー、アマンダ・チュアン、アレック・ブランドン、クリストファー・クラップ、マイケル・プライス、アレックス・イマス、アレクサンダー・カッペレン、バーティル・タンゴッデン、ヤン・シュー、ジェフリー・リビングストン、チウ・シャンドン、エルンスト・フェア、ケネス・レナード、ブレント・ヒックマン、ダニエル・ヘッドブロム、マイケル・ハイ、ジョン・アレヴィ、スザンヌ・ネッカーマン、チャド・サイバーソン、トヴァ・レヴィン、アミー・カムダー。

長年のわたしのメンター、学生、同僚がいなければ、そしてシカゴ大学、リフト、ウーバーノミクスのチームがなければ、本書が生まれることはなかった（名前を挙げればきりがないが、真っ先に挙げるとすれば、生涯のメンターのダイアナ・スミス、シェルビー・ガーキング、アルト・ドゥ・ツェウの各氏だ）。あなたがたと仕事をともにできることを大いに誇りに思う。わたしがそうであったように、本書の読者があなたがたの英知の恩恵に浴することを願っている。ケネス・グリフィンとアン・ディアスは、親友であるだけでなく、本書で取り上げた教育関連の調査手法を改善し、資金を調達するために知恵を絞り、汗をかいてくれた。グリフィン・インキュベーターは、本書の内容を発展させるうえで、主要なリソースだった。

著作権エージェントのジェームズ・レヴィンは、本書のビジョンを共有し、すべての段階で高みに導いてくれた。アーロン・シュルマンは、わたしのライティング・コーチとして出発し、最後は腹心の友になった。卓越した調査ジャーナリストでもある。彼は幅広い読者を相手にどう書けばいいか教えてくれ、また、スケーリングを成功させる細部にわたる秘訣を見出すために、わたしの「経済学」の知識を目覚めさせてくれた。必要とあれば文章に手を入れ、時には文章をズタズタにすることもあった。こうして草稿を今の状態に持ってくるまでフルに伴走してくれた。この旅で彼以上のパートナーは考えられない。ペンギン・ランダムハウスの担当編集者のタリア・クローンは、理想の仕事相手だった。判断力に優れ、忍耐強く、賢明で好奇心旺盛、共感力をもつ彼女は、仕事を一緒にし始めたときから本書を仕切り、最後まで止まることがなかった。鋭い編集とやさしい励ましで、削るべきところ、深く掘り下げるところが明確になり、草稿が改訂されていった。彼女とともに働く機会を得たことは、感謝してもしきれない。また、すぐ仕事をともにできることを願っている。

本書に貢献してくれた、すべての方々のことを思うと胸が熱くなる。スティーブン・ダブナーは誰よりも忙しいが、常にわたしのメールに返信をくれ、ごく初期の本書の概要について、貴重な意見をもらった。ローガン・グリーンとトラヴィス・カラニックは、わたしを信じ、リフトとウーバーで、それぞれチーフ・エコノミストという大役を任せてくれた。両社の多彩な従業員は、素晴らしいパートナーであり同僚だ。彼らの存在なくして、本書が今の形になることはなかった。特にイアン・ムアは、その手堅い手腕と揺るぎない精神で、ウーバーノミクス・チームとリフトの経済部門を運営してくれた。おなじように、グレン・ハバード率いる経済諮問委員会が起用してくれたおかげで、ホワイトハウスで働くことができた（政権入りすると、ジェイソン・ショグレンとグレッグ・マンキューが知恵を貸してくれた）。政権で働いたことで、政策の視点を深め、広く物事を学ぶことができた。

世の中を本気で良くしたいと願う人たちとともに働けることは幸運だ。とりわけ、わたしとパートナーを組み、重要な「大問題」に答える手助けをしてくれた人々、非営利、営利を問わず企業、そして政府で働く、素晴らしい人たちに深く感謝している。彼らの支援なしには、本書で取り上げた調査の大半は実現しなかっただろう。特にシカゴハイツ学校区のトマス・アマディオにお礼申し上げたい。実現すると思いもしなかった探究の機会を与えてくれた。ジェフリー・ラックマン、ネイサン・ダースト、ジェレミー・ヘイバーらシカゴ・ホワイトソックスの同僚は、プロスポーツで何がスケールアップできるか、わたしの目を開かせてくれた。家族にも心からありがとうと言いたい。わたしの両親、ジョイスとオーガスト、義理の両親、レスリーとロバート、8人の子どもたち、姉のドーンと兄のオージー、そして義理の家族たち（わかっているよね！）。わたしのスケーリングの冒険譚に辛抱強く耳を傾け、うまくいっていないときには勇気を出して指摘してくれた。あなたがたがいなければ、本書が今のような形になることはなかった。最後にわたしの人生とスケーリングのパートナーであるダナ・サスキンド。ごく初期の調査の段階から、共同でいくつも調査を実施し、論文を執筆し、本書が最終ゴールを迎えるまで、ひらめきと愛、知恵をたくさんもらった。ダナなしでは、ボルテージがあがらなかった。

原注

はじめに　失敗に終わるのか、拡大に向かうのか

ii　シカゴハイツ：アメリカ合衆国国勢調査局、2019年。https://www.census.gov/quickfacts/fact/table/IL,chicagoheightscityillinois/PST045219.

xii　女性は男性にくらべて生まれながらに競争を好まない：Uri Gneezy, Kenneth L. Leonard, and John A. List, "Gender Differences in Competition: Evidence from a Matrilineal and a Patriarchal Society," *Econometrica* 77, no. 5 (2009): 1637–1664.

xii　寄付金が集まる：Amee Kamdar, Steven D. Levitt, John A. List, Brian Mullaney, and Chad Syverson, "Once and Done: Leveraging Behavioral Economics to Increase Charitable Contributions," working paper, Science of Philanthropy Initiative, 2015, https://spihub.org/site/resource_files/publications/spi_wp_025_list.pdf.

xiii　報酬を失う恐れ：Roland G. Fryer Jr., Steven D. Levitt, John List, and Sally Sadoff, "Enhancing the Efficacy of Teacher Incentives Through Loss Aversion: A Field Experiment," NBER Working Paper, 2012.

xiv　実話を紹介：Omar Al-Ubaydli, Min Sok Lee, John A. List, Claire L. Mackevicius, and Dana Suskind, "How Can Experiments Play a Greater Role in Public Policy? Twelve Proposals from an Economic Model of Scaling," *Behavioural Public Policy* 5, no. 1 (2020): 2–49, doi:10.1017/bpp.2020.17.

xvi　「ボルテージ・ドロップ」Amy M. Kilbourne, Mary S. Neumann, Harold A. Pincus, Mark S. Bauer, and Ronald Stall, "Implementing Evidence-Based Interventions in Health Care: Application of the Replicating Effective Programs Framework," *Implementation Science* 2, no. 42 (2007).

xvii　「ストレート・トーク・オン・エビデンス」によれば："How to Solve U.S. Social Problems When Most Rigorous Program Evaluations Find Disappointing Effects (Part One in a Series)," Straight Talk on Evidence, March 21, 2018, https://www.straighttalkonevidence.org/2018/03/21/how-to-solve-u-s-

social-problems-when-most-rigorous-program-evaluations-find-disappointing-effects-part-one-in-a-series/.

xx　アメリカ人女性の約10％：Anjani Chandra, Casey E. Copen, and Elizabeth Hervey Stephen, "Infertility and Impaired Fecundity in the United States, 1982–2010: Data from the National Survey of Family Growth," National Health Statistics Report No. 67, U.S. Centers for Disease Control, 2013, https://www.cdc.gov/nchs/data/nhsr/nhsr067.pdf.

xx　ビッグデータを活用して: E.g., Ovia Fertility, https://www.oviahealth.com/.

第1章　チェックリスト①　偽陽性や詐欺ではないか

2　「あなたも、わたしも安全ではありません。子どもたちは、尚のこと安全ではありません」：Ronald Reagan, "'Just Say No' Speech," September 14, 1986, University of Virginia Miller Center, https://millercenter.org/the-presidency/presidential-speeches/september-14-1986-speech-nation-campaign-against-drug-abuse.

3　1983年、ロサンゼルスの警察署長：Jim Newton, "DARE Marks a Decade of Growth and Controversy," *Los Angeles Times*, September 9, 1993, https://www.latimes.com/archives/la-xpm-1993-09-09-mn-33226-story.html.

4　その後の24年間：2007 D.A.R.E. Annual Report, https://web.archive.org/web/20090320022158/, http://www.dare.com/home/documents/DAREAmericaAnnual07.pdf.

4　ナンシー・レーガンが……以来数十年：Regan, "'Just Say No' Speech."

4　調査研究が数多く積み上がっている。：Steven L. West and Keri K. O'Neal, "Project D.A.R.E. Outcome Effectiveness Revisited," *American Journal of Public Health* 94 (2004): 1027–1029.

4　ある調査では：Earl Wysong, Richard Aniskiewicz, and David Wright, "Truth and DARE: Tracking Drug Education to Graduation and as Symbolic Politics," *Social Problems* 41 (1994): 448–472.

5　たとえば……中国のハイテク工場で：Tanjim Hossain and John A. List, "The Behavioralist Visits the Factory: Increasing Productivity Using Simple Framing Manipulations," *Management Science* 58, no. 12 (2012).

5　2005年の調査では：Erwin A. Blackstone, Andrew J. Buck, and Simon Hakim,

"Evaluation of Alternative Policies to Combat False Emergency Calls," *Evaluation and Program Planning* 28, no. 2 (2005): 233–242.

5 D.A.R.E.のケース：M. J. Manos, K. Y. Kameoka, and J. H. Tanji, "Project Evaluation of Honolulu Police Department's Drug Abuse Resistance Education," program/project description, University of Hawaii at Manoa, 1986, https://www.ojp.gov/ncjrs/virtual-library/abstracts/evaluation-honolulu-police-departments-drug-abuse-resistance.

6 その直後に……実施された調査では：William DeJong, "A ShortTerm Evaluation of Project Dare (Drug Abuse Resistance Education): Preliminary Indications of Effectiveness," *Journal of Drug Education* 17, no. 4 (1987): 279–294, doi:10.2190/N2JC-9DXB-BLFD-41EA.

6 だが、……科学分析では：Susan T. Ennet, Nancy S. Tobler, Christopher L. Ringwalt, and Robert L. Flewelling, "How Effective Is Drug Abuse Resistance Education? A Meta-Analysis of Project DARE Outcome Evaluations," *American Journal of Public Health* 84, no. 9 (1994): 1394–1401.

8 従業員の健康増進プログラムが……見られた：T. DeGroot and D. S. Kiker, "A Meta-analysis of the Non-monetary Effects of Employee Health Management Programs," *Human Resources Management* 42 (2003): 53–69.

10 最悪の政治形態：Richard Langworth, *Churchill by Himself: The Definitive Collection of Quotations* (New York: PublicAffairs, 2011), 573.

11 「不確実性下の意思決定」：Amos Tversky and Daniel Kahneman, "Judgment Under Uncertainty: Heuristics and Biases," *Science* 185, no.4157 (1974): 1124–1131, doi:10.1126/science.185.4157.1124.

12 『ファスト＆スロー』：Daniel Kahneman, *Thinking, Fast and Slow* (New York: Farrar, Straus and Giroux, 2011).『ファスト＆スロー――あなたの意思はどのように決まるか？（上・下）』（ダニエル・カーネマン著、村井章子訳、早川書房、2012年）

12 『予想どおりに不合理』：Dan Ariely, *Predictably Irrational: The Hidden Forces That Shape Our Decisions* (New York: Harper Collins, 2008).『予想どおりに不合理――行動経済学が明かす「あなたがそれを選ぶわけ」』（ダン・アリエリー著、熊谷淳子訳、早川書房、2008年）

12 『かくて行動経済学は生まれり』：Michael Lewis, *The Undoing Project: A*

Friendship That Changed Our Minds (New York: W. W. Norton, 2017).(『かくて行動経済学は生まれり』(マイケル・ルイス著、渡会圭子訳、文藝春秋、2017年)

12 確証バイアスは……目を逸らさせ：E. Jonas, S. Schulz-Hardt, D. Frey, and N. Thelen, "Confirmation Bias in Sequential Information Search After Preliminary Decisions: An Expansion of Dissonance Theoretical Research on Selective Exposure to Information," *Journal of Personality and Social Psychology* 80, no. 4 (2001): 557–571; P. C. Wason, "On the Failure to Eliminate Hypotheses in a Conceptual Task," *Quarterly Journal of Experimental Psychology* 12, no. 3 (1960): 129–140; P. C. Wason, "Reasoning About a Rule," *Quarterly Journal of Experimental Psychology* 20 (1968): 273–281; R. E. Kleck and J. Wheaton, "Dogmatism and Responses to Opinion-Consistent and Opinion-Inconsistent Information," *Journal of Personality and Social Psychology* 5, no. 2 (1967): 249–252.

12 科学は教えている：Daniel Kahneman and Amos Tversky, "Subjective Probability: A Judgment of Representativeness," *Cognitive Psychology* 3, no. 3 (1972): 430–454; Tversky and Kahneman, "Judgment Under Uncertainty"; Ariely, *Predictably Irrational;* Thomas Gilovich, Dale Griffin, and Daniel Kahneman, Heuristics and Biases: *The Psychology of Intuitive Judgment* (New York: Cambridge University Press, 2002).

13 イギリスの心理学者、ピーター・ウェイソン：Wason, "Reasoning About a Rule."

14 1951年に社会心理学の先駆者：Solomon E. Asch, "Effects of Group Pressure upon the Modification and Distortion of Judgments," in Groups, *Leadership and Men: Research in Human Relations*, edited by Mary Henle (Berkeley: University of California Press, 1961).

15 よく売れるバスケットボールのジャージ：Interbasket, "The Best NBA Jerseys of All-Time," n.d., https://www.interbasket.net/jerseys/nba/best-selling/, accessed May 10, 2021.

17 広く認知される：Lawrence Cohen and Henry Rothschild, "The Bandwagons of Medicine," *Perspectives in Biology and Medicine* 22, no. 4 (1979): 531–538, doi:10.1353/pbm.1979.0037.

19　過大な支払い：Barry Lind and Charles R. Plott, "The Winner's Curse: Experiments with Buyers and with Sellers," *American Economic Review* 81, no. 1 (1991): 335–346.

21　ミルクを先に入れた：R. A. Fisher, *The Design of Experiments* (Edinburgh: Oliver and Boyd, 1942); David Salsburg, *The Lady Tasting Tea: How Statistics Revolutionized Science in the Twentieth Century* (New York: Holt Paperbacks, 2002).

24　医療ミス：M. A. Makary and M. Daniel, "Medical Error—the Third Leading Cause of Death in the US," *BMJ* 353 (2016): i2139, doi:10.1136/bmj.i2139.

25　数年前：Janette Kettmann Klingner, Sharon Vaughn, and Jeanne Shay Schumm, "Collaborative Strategic Reading During Social Studies in Heterogeneous Fourth-Grade Classrooms," *Elementary School Journal* 99, no. 1 (1998).

25　ものの見事に失敗に終わった：John Hitchcock, Joseph Dimino, Anja Kurki, Chuck Wilkins, and Russell Gersten, "The Impact of Collaborative Strategic Reading on the Reading Comprehension of Grade 5 Students in Linguistically Diverse Schools," U.S. Department of Education, 2011, https://files.eric.ed.gov/fulltext/ED517770.pdf.

25　これを受けて、ある心理学者が：Open Science Collaboration, "Estimating the Reproducibility of Psychological Science," *Science* 349, no. 6251 (2015), doi:10.1126/science.aac4716.

26　「ファイルの引き出し問題」：Eliot Abrams, Jonathan Libgober, and John A. List, "Research Registries: Facts, Myths, and Possible Improvements," NBER Working Paper, 2020, doi:10.3386/w27250.

27　食品消費：Aner Tal and Brian Wansink, "Fattening Fasting: Hungry Grocery Shoppers Buy More Calories, Not More Food," *JAMA Internal Medicine* 173, no. 12 (2013): 1146–1148, doi:10.1001/jamainternmed.2013.650.

27　大きな皿で食べると：Brian Wansink and Matthew M. Cheney, "Super Bowls: Serving Bowl Size and Food Consumption," *JAMA* 293, no. 14 (2005): 1727–1728, doi:10.1001/jama.293.14.1727.

27　料理本の古典『料理の喜び』：Brian Wansink and Collin R. Payne, "The Joy of

Cooking Too Much: 70 Years of Calorie Increases in Classic Recipes," *Annals of Internal Medicine* 150, no. 4 (2009).

28 本書の執筆時点で：Retraction Watch, http://retractiondata base.org/, accessed May 11, 2021.

28 2018年には、『米国医師会雑誌』："JAMA Network Retracts 6 Articles," September 19, 2018, https://media.jamanetwork.com/news-item/jama-network-retracts-6-articles-that-included-dr-brian-wansink-as-author/.

28 コーネル大学は調査委員会を立ち上げ：Michael I. Kotlikoff, "Cornell University Statements," September 20, 2018, https://statements.cornell.edu/2018/20180920-statement-provost-michael-kotlikoff.cfm.

28 残念ながら、こうした行動は、一般に考えられているよりも多い：J. List, C. Bailey, P. Euzent, and T. Martin, "Academic Economists Behaving Badly? A Survey on Three Areas of Unethical Behavior," *Economic Inquiry* 39 (2001): 162–170.

30 今となってはあきらか：*Securities and Exchange Commission vs. Elizabeth Holmes and Theranos, Inc.*, 5:18-cv-01602, United States District Court, Northern District of California San Jose Division, March 14, 2018, https://www.sec.gov/litigation/complaints/2018/comp-pr2018-41-theranos-holmes.pdf.

31 一時：Matthew Herper, "From $4.5 Billion to Nothing: Forbes Revises Estimated Net Worth of Theranos Founder Elizabeth Holmes," *Forbes*, June 1, 2016, https://www.forbes.com/sites/matthewherper/2016/06/01/from-4-5-billion-to-nothing-forbes-revises-estimated-net-worth-of-theranos-founder-elizabeth-holmes/.

32 訴えると脅された：Taylor Dunn, Victoria Thompson, and Rebecca Jarvis, "Theranos Whistleblowers Filed Complaints out of Fear of Patients' Health," ABC News, March 13, 2019, https://abcnews.go.com/Business/theranos-whistleblowers-filed-complaints-fear-patients-health-started/story?id=61030212.

第2章　チェックリスト②　対象者を過大評価していないか

38 純利益は："Costco Wholesale Corp.," MarketWatch, https://www.marketw

atch.com/investing/stock/cost/financials, accessed 2021.

42 「2部料金制」に関する論文：W. Arthur Lewis, "The Two-Part Tariff," *Economica* 8, no. 31 (1941): 249–270, doi:10.2307/2549332.

51 アシュレイ・マディソン：Dean Takahashi, "Ashley Madison 'Married Dating' Site Grew to 70 Million Users in 2020," Venture Beat, February 25, 2021, https://venturebeat.com/2021/02/25/ashley-madison-married-dating-site-grew-to-70-million-users-in-2020/.

55 1990年代半ば、マクドナルドは：Tabitha Jean Naylor, "McDonald's Arch Deluxe and Its Fall from Grace," Yahoo, August 13, 2014, https://finance.yahoo.com/news/mcdonalds-arch-deluxe-fall-grace-190417958.html.

57 だが、鉄分強化塩は：Abhijit Banerjee, Sharon Barnhardt, and Esther Duflo, "Can Iron-Fortified Salt Control Anemia? Evidence from Two Experiments in Rural Bihar," *Journal of Development Economics* 133 (2018): 127–146.

58 ナース・ファミリー・パートナーシップ：David L. Olds, Peggy L. Hill, Ruth O'Brien, David Racine, and Pat Moritz, "Taking Preventive Intervention to Scale: The Nurse-Family Partnership," *Cognitive and Behavioral Practice* 10, no. 4 (2003): 278–290.

59 オーパワーは……実行した：Hunt Allcott, "Site Selection Bias in Program Evaluation," *Quarterly Journal of Economics* 130, no. 3 (2015): 1117–1165.

60 ペアレント・アカデミーは、平均で見れば：John A. List, Fatemeh Momeni, and Yves Zenou, "Are Measures of Early Education Programs Too Pessimistic? Evidence from a Large-Scale Field Experiment," working paper, 2019, http://conference.iza.org/conference_files/behavioral_2019/momeni_f28001.pdf.

61 人々が……動機：Uri Gneezy, Andreas Leibbrandt, and John A. List, "Ode to the Sea: Workplace Organizations and Norms of Cooperation," *Economic Journal* 126, no. 595 (2016): 1856–1883.

61 市場の内部機構：John A. List, "Does Market Experience Eliminate Market Anomalies," *Quarterly Journal of Economics* 118, no. 1 (2003): 41–71.

61 人はなぜ差別するのか：John A. List, "The Nature and Extent of Discrimination in the Marketplace: Evidence from the Field," *Quarterly Journal of Economics* 119, no. 1 (2004): 49–89.

61　この発見から生じた疑問：Joseph Henrich, Steven J. Heine, and Ara Norenzayan, "Most People Are Not WEIRD," *Nature* 466, no. 29 (2010).

62　条件が整えば：Uri Gneezy, Kenneth L. Leonard, and John A. List, "Gender Differences in Competition: Evidence from a Matrilineal and a Patriarchal Society," *Econometrica* 77, no. 5 (2009): 1637–1664.

65　本書執筆時点で：Gopuff, "About Us," https://gopuff.com/go/about-us, accessed May 11, 2021.

65　同年、日本のコングロマリット：Cory Weinberg and Amir Efrati, "SoftBank's Secret $750 Million Investment in GoPuff," The Information, January 17, 2020, https://www.theinformation.com/articles/softbanks-secret-750-million-investment-in-gopuff.

67　2018年にタコベルが新発売した：Sarah Whitten, "Taco Bell's Nacho Fries Are the Most Successful Launch in the Chain's History," CNBC, March 13, 2018, https://www.cnbc.com/2018/03/13/taco-bells-nacho-fries-are-the-most-successful-launch-in-the-chains-history.html; Jordan Valinsky, "Taco Bell Is Bringing Back Nacho Fries After Trimming Its Menu," CNN, December 16, 2020, https://www.cnn.com/2020/12/16/business/taco-bell-nacho-fries-menu/index.html.

68　わたしが提携し：Daniel Rondeau and John A. List, "Matching and Challenge Gifts to Charity: Evidence from Laboratory and Natural Field Experiments," *Experimental Economics* 11 (2008): 253–267.

第3章　チェックリスト③　大規模には再現できない特殊要素はないか

71　『ガーディアン』紙も高く評価した：Matthew Norman, "Restaurant Review: Jamie's Italian," *The Guardian*, July 25, 2008, https://www.theguardian.com/lifeandstyle/2008/jul/26/restaurants.review.

71　オリヴァーのチェーン：この逸話は下記のさまざまな資料をまとめたものである。Jamie Oliver Group, "News," 2020, https://www.jamieolivergroup.com/news/jamie-oliver-group-launches-new-international-dining-concept/; Sean Farrell, "Not So Fresh: Why Jamie Oliver's Restaurants Lost Their Bite," *The Guardian*, February 17, 2018, https://www.the guardian.com/lifeandstyle/2018/feb/16/not-so-fresh-why-jamie-oliver-restaurants-lost-

their-bite.

72 唯一無二のレストラン、エルブジ：Matt Goulding, "The End of El Bulli?," *Wall Street Journal*, January 27, 2010, https://www.wsj.com/articles/SB10001424052748704094304575029580782188308.

75 急ピッチでチェーン展開を進め：Debra Kelly, "The Real Reason Jamie Oliver's Restaurant Empire Is Collapsing," Mashed, May 22, 2019, https://www.mashed.com/153506/the-real-reason-jamie-olivers-restaurant-empire-is-collapsing/.

76 有力な『サンデー・タイムズ』紙では：Marina O'Loughlin and Camillo Benso, "The Food Isn't Actively Bad, Just Defiantly Mediocre," *Sunday Times*, December 16, 2018.

76 2019年初頭時点で、レストラン・チェーン……は：Amie Tsang, "Jamie Oliver's U.K. Restaurants Declare Bankruptcy," *New York Times*, May 21, 2019, https://www.nytimes.com/2019/05/21/business/jamie-oliver-uk-restaurants-bankruptcy-administration.html.

85 同僚のロバート・メトカーフ：Steven Levitt, John List, Robert Metcalfe, and Sally Sadoff, "Engaging Parents in Parent Engagement Programs," Society for Research on Educational Effectiveness, 2016, https://eric.ed.gov/?id=ED567211.

88 プログラム数は……68から：U.S. Administration for Children and Families, "Early Head Start Turns 25 in 2020," February 6, 2020, https://eclkc.ohs.acf.hhs.gov/video/early-head-start-turns-25-2020; U.S. Administration for Children and Families, "The Origins of Early Head Start," February 7, 2020, https://eclkc.ohs.acf.hhs.gov/video/origins-early-head-start.

88 だが、規模を拡大すると：Lori A. Roggman, Gina A. Cook, Mark S. Innocenti, Vonda Jump Norman, Lisa K. Boyce, Katie Christiansen, and Carla A. Peterson, "Home Visit Quality Variations in Two Early Head Start Programs in Relation to Parenting and Child Vocabulary Outcomes," *Infant Mental Health Journal* 37 (2016): 193–207.

89 結果として：Lori A. Roggman, Gina A. Cook, Carla A. Peterson, and Helen H. Raikes, "Who Drops Out of Early Head Start Home Visiting Programs?," *Early Education and Development* 19, no. 4 (2008): 574–599, doi:10.1080/

10409280701681870.

90　ポール・ミドラーは：Paul Midler, "'Quality Fade': China's Great Business Challenge," Wharton School, July 25, 2007, https://knowledge.wharton.upenn.edu/article/quality-fade-chinas-great-business -challenge/.

90　非営利組織は……支えようと：AARP, "2019 AARP Annual Report," 2019, https://www.aarp.org/content/dam/aarp/about_aarp/annual_reports/2019/2018-aarp-form-990-public-disclosure.pdf.

92　だがなぜか、期待された節電効果は：Alec Brandon, Christopher Clapp, John A. List, Robert Metcalfe, and Michael Price, "Smart Tech, Dumb Humans: The Perils of Scaling Household Technologies," 2021, https://cclapp.github.io/ChrisClapp.org/Files/Manuscripts/Brandon,%20Clapp,%20List,%20Metcalfe%20&%20Price%20-%20Smart%20Tech,%20Dumb%20Humans-The%20Perils%20of%20Scaling%20Household%20Technologies.pdf.

第4章　チェックリスト④　ネガティブなスピルオーバーはないか

98　『どんなスピードでも自動車は危険だ』：Ralph Nader, *Unsafe at Any Speed: The Designed-In Dangers of the American Automobile* (New York: Grossman, 1965).

99　時を進めて1975年：Sam Peltzman, "The Effects of Automobile Safety Regulation," *Journal of Political Economy* 83, no. 4 (1975).

100　バイク乗りに安全用ヘルメットを渡すと：Lei Kang, Akshay Vij, Alan Hubbard, and David Shaw, "The Unintended Impact of Helmet Use on Bicyclists' Risk Taking Behaviors," 2018, https://www.unisa.edu.au/siteassets/episerver-6-files/global/business/centres/i4c/docs/kang-et-al-2018.pdf; Ian Walker and Dorothy Robinson, "Bicycle Helmet Wearing Is Associated with Closer Overtaking by Drivers: A Response to Olivier and Walter, 2013," 2018, PsyArXiv, doi:10.31234/osf.io/nxw2k.

100　競技ドライバーは：Adam T. Pope and Robert D. Tollison, "'Rubbin' Is Racin'': Evidence of the Peltzman Effect from NASCAR," *Public Choice* 142 (2010): 507-513.

100　政治学者のスコット・セーガン：Scott D. Sagan, "The Problem of Redundancy Problem: Why More Nuclear Security Forces May Produce Less Nuclear

Security," *Risk Analysis* 24, no. 4 (2004): 935–946, doi:10.1111/j.0272-4332.2004.00495.x.

104 エコノミストのジョナサン・ホール：Jonathan V. Hall, John J. Horton, and Daniel T. Knoepfle, "Pricing in Designed Markets: The Case of Ride Sharing," 2021, https://john-joseph-horton.com/papers/uber_price.pdf.

107 2014年、著名なエコノミスト・グループ：Dennis Egger, Johannes Haushofer, Edward Miguel, Paul Niehaus, and Michael W. Walker, "General Equilibrium Effects of Cash Transfers: Experimental Evidence from Kenya," NBER Working Paper, 2019, doi:10.3386/w26600.

113 2017年、2人の俊英エコノミスト：Zoë Cullen and Ricardo Perez-Truglia, "How Much Does Your Boss Make? The Effects of Salary Comparisons," NBER Working Paper, 2021, doi:10.3386/w24841.

116 エコノミストのブルース・サセドーテの素晴らしい研究：Bruce Sacerdote, "Peer Effects in Education: How Might They Work, How Big Are They and How Much Do We Know Thus Far?," in *Handbook of the Economics of Education*, vol. 3, edited by Eric A. Hanushek, Stephen Machin, and Ludger Woessmann, 249–277 (Amsterdam: Elsevier, 2011).

117 だが、何よりもまず：John A. List, Fatemeh Momeni, and Yves Zenou, "The Social Side of Early Human Capital Formation: Using a Field Experiment to Estimate the Causal Impact of Neighborhoods," NBER Working Paper, 2020, doi:10.3386/w28283.

119 放課後：Amanda Chuan, John List, and Anya Samek, "Do Financial Incentives Aimed at Decreasing Interhousehold Inequality Increase Intrahousehold Inequality?," *Journal of Public Economics* 196 (2021): 104382.

第5章　チェックリスト⑤　コストがかかりすぎないか

124 アリヴァーレは……革命を起こそうとしていた：この逸話は下記のさまざまな資料をまとめている。Jeffrey Bland, "Arivale Is Gone but Not Forgotten: What Did We Learn?," *Medium*, May 21, 2019, https://medium.com/@jeffreyblandphd/arivale-is-gone-but-not-forgotten-what-did-we-learn-6c37142f5f80; Paul Roberts, "Closure of High-Tech Medical Firm Arivale

Stuns Patients," *Seattle Times*, April 26, 2019, https://www.seattletimes.com/business/technology/closure-of-high-tech-medical-firm-arivale-stuns-patients-i-feel-as-if-one-of-my-arms-was-cut-off/; Todd Bishop and James Thorne, "Why Arivale Failed: Inside the Surprise Closure of an Ambitious 'Scientific Wellness' Startup," GeekWire, April 26, 2019, https://www.geekwire.com/2019/arivale-shut-doors-inside-surprise-closure-ambitious-scientific-wellness-startup/.

126 ピア・レビュー済みの観察研究：Niha Zubair, Matthew P. Conomos, Leroy Hood, Gilbert S. Omenn, Nathan D. Price, Bonnie J. Spring, Andrew T. Magis, and Jennifer C. Lovejoy, "Genetic Predisposition Impacts Clinical Changes in a Lifestyle Coaching Program," *Scientific Reports* 9 (2019): art. no. 6805.

127 代表する著作：Adam Smith, *An Inquiry into the Nature and Causes of the Wealth of Nations*, book 4, ch. 2. 下記で全文を無料で読むことができる。: https://www.gutenberg.org/files/38194/38194-h/38194-h.htm.

133 アリヴァーレ社を創業: Arivale website, http://www.arivale.com, accessed 2021.

135 初期の需要：Rachel Lerman, "Lee Hood's Arivale Raises $36M to Personalize Your Health Care," *Seattle Times*, July 13, 2015, https://www.seattletimes.com/business/technology/lee-hoods-arivale-raises-36m-to-personalize-your-health-care/.

136 ピカリエロは後にこう振り返っている：Jim Picariello, "My Company Grew Too Fast—and Went Out of Business," CBS News, August 11, 2012, https://www.cbsnews.com/news/my-company-grew-too-fast-and-went-out-of-business/.

139 それがよくわかる：スペースXの公式ビデオは現在ユーチューブにはアップされていないが、以下で視聴できる。"SpaceX Falcon Heavy STP-2 Launch and Booster Landing—FULL VIDEO," YouTube, posted by NASASpaceflight, June 26, 2019, https://youtube/f6GfeT_MIO0?t=530.

139 再利用可能なロケット：Matthew C. Weinzierl, Kylie Lucas, and Mehak Sarang, "SpaceX, Economies of Scale, and a Revolution in Space Access," Harvard Business School Case 720-027, April 2020 (revised June 2020).

144 1950年代……ポリオ・ウイルスに：Lauro S. Halstead, “A Brief History of Postpolio Syndrome in the United States,” *Archives of Physical Medicine and Rehabilitation* 92, no. 8 (2011): P1344–1349.

148 たとえば1990年代、カリフォルニア州は：Christopher Jepsen and Steven Rivkin, “Class Size Reduction and Student Achievement: The Potential Tradeoff Between Teacher Quality and Class Size,” *Journal of Human Resources* 44, no. 1 (2009): 223–250, doi:10.3368/jhr.44.1.223.

149 ツェルメロが……定理を発表して：Ernst Zermelo, *Über eine Anwendung der Mengenlehre auf die Theorie des Schachspiels* (Berlin: Springer, 1913).

第6章　方法①　スケールするインセンティブを使う

157 「財布落し」実験：「財布落し」実験は数多く行なわれている。フィールド実験はたとえば以下（M. D. West, *Law in Everyday Japan: Sex, Sumo, Suicide, and Statutes* [Chicago: University of Chicago Press, 2005]）。ラボ実験は以下（Martin Dufwenberg and Uri Gneezy, “Measuring Beliefs in an Experimental Lost Wallet Game,” *Games and Economic Behavior* 30, no. 2 [2000]: 163–182).

161 （ウーバーのアプリを削除しよう）運動：Mike Isaac, “What You Need to Know About #DeleteUber,” *New York Times*, January 31, 2017, https://www.nytimes.com/2017/01/31/business/delete-uber.html.

164 確信がもてなかった：Ofer H. Azar, “The Economics of Tipping,” *Journal of Economic Perspectives* 34, no. 2 (2020): 215–236, doi:10.1257/jep.34.2.215.

172 2013年、ヴァージン・アトランティック航空は：Greer K. Gosnell, John A. List, and Robert Metcalfe, “A New Approach to an Age-Old Problem: Solving Externalities by Incenting Workers Directly,” NBER Working Paper, 2016, https://www.nber.org/system/files/working_papers/w22316/w22316.pdf.

175 これは、おそらく：Steven D. Levitt and John A. List, “Was There Really a Hawthorne Effect at the Hawthorne Plant? An Analysis of the Original Illumination Experiments,” *American Economic Journal: Applied Economics* 3, no.1 (2011): 224–238, doi:10.1257/app.3.1.224.

182 人間が……極端に避けたがる傾向：たとえば以下を参照。Daniel Kahneman, Jack L. Knetsch, and Richard H. Thaler, “Experimental Tests of the

Endowment Effect and the Coase Theorem," *Journal of Political Economy* 98, no. 6 (1990).

183　この一見、不合理な効果は：Ziv Carmon and Dan Ariely, "Focusing on the Forgone: How Value Can Appear So Different to Buyers and Sellers," *Journal of Consumer Research* 27, no. 3 (2149): 360–370.

183　探求する機会が訪れた：Tanjim Hossain and John A. List, "The Behavioralist Visits the Factory: Increasing Productivity Using Simple Framing Manipulations," *Management Science* 58, no. 12 (2012).

186　たとえば……郊外では：Erwin Bulte, John A. List, and Daan van Soest, "Toward an Understanding of the Welfare Effects of Nudges: Evidence from a Field Experiment in the Workplace," *Economic Journal* 130, no. 632 (2020): 2329–2353.

186　経験が豊富な人は：John A. List, "Does Market Experience Eliminate Market Anomalies?," *Quarterly Journal of Economics* 118, no. 1 (2003): 41–71.

186　損失をコード化し始める：Lester C. P. Tong, Karen J. Ye, Kentaro Asai, Seda Ertac, John A. List, Howard C. Nusbaum, and Ali Hortaçsu, "Trading Modulates Anterior Insula to Reduce Endowment Effect," *Proceedings of the National Academy of Sciences* 113, no. 33 (2016): 9238–9243, doi:10.1073/pnas.1519853113.

187　アレックス・イマス、サリー・サドフ、アーニャ・サメク：Alex Imas, Sally Sadoff, and Anya Samek, "Do People Anticipate Loss Aversion?," *Management Science* 63, no. 5 (2016).

188　特に適しているかもしれない：Roland G. Fryer Jr., Steven D. Levitt, John List, and Sally Sadoff, "Enhancing the Efficacy of Teacher Incentives Through Loss Aversion: A Field Experiment," NBER Working Paper, 2012, doi:10.3386/w18237.

188　われわれが介入する前年：Illinois State Board of Education, "2009–2010 School Year: Illinois State Report Card Data," https://www.isbe.net/pages/illinois-state-report-card-data.aspx.

191　教師の質を：Fryer et al., 2021. "Enhancing the Efficacy of Teacher Incentives Through Framing."

191　そこで……実験を行なうことにした：Steven D. Levitt, John A. List, Susanne

Neckermann, and Sally Sadoff, "The Behavioralist Goes to School: Leveraging Behavioral Economics to Improve Educational Performance," *American Economic Journal: Economic Policy* 8, no. 4 (2016), doi:10.1257/pol.20130358.

192 いくつかの研究で、ご褒美を：以下の四つの研究すべてが物語っている。Levitt et al., "The Behavioralist Goes to School"; Alexander W. Cappelen, John A. List, Anya Samek, and Bertil Tungodden, "The Effect of Early Education on Social Preferences," NBER Working Paper, 2016, doi:10.3386/w22898; Uri Gneezy, John List, Jeff Livingston, Xiangdong Qin, Sally Sadoff, and Yang Xu, "Measuring Student Success: The Role of Effort on the Test Itself," *American Economic Review: Insights* (forthcoming); Steven D. Levitt, John A. List, and Sally Sadoff, "The Effect of Performance-Based Incentives on Educational Achievement: Evidence from a Randomized Experiment," NBER Working Paper, 2016, doi:10.3386/w22107.

第7章　方法②　「限界革命」を導入する

199 就任する前年：Stephen Breyer, *Breaking the Vicious Circle: Toward Effective Risk Regulation* (Cambridge, MA: Harvard University Press, 1993).

199 じつは、この分析手法は：費用・便益分析の簡潔な歴史については、たとえば以下を参照。David Pearce, "Cost Benefit Analysis and Environmental Policy," *Oxford Review of Economic Policy* 14, no. 4 (1998): 84–100.

209 その性質上：William Niskanen, *Bureaucracy and Representative Government* (New York: Aldine-Atherton, 1971).

第8章　方法③　やめるが勝ち

227 2度、アカデミック・オール・アメリカン・アスリートに：I still have the plaques!

233 ロンバルディの名言：この引用は彼に負っている。

235 有力な心理学研究：Shane Frederick, Nathan Novemsky, Jing Wang, Ravi Dhar, and Stephen Nowlis, "Opportunity Cost Neglect," *Journal of Consumer Research* 36 (2009): 553-561, doi:10.1086/599764.

235 言い換えれば……重大視：T. D. Wilson, T. Wheatley, J. M. Meyers, D. T.

Gilbert, and D. Axsom, "Focalism: A Source of Durability Bias in Affective Forecasting," *Journal of Personality and Social Psychology* 78, no. 5 (2000): 821–836.

236 実証研究では、政策立案者も：Emil Persson and Gustav Tinghög, "Opportunity Cost Neglect in Public Policy," *Journal of Economic Behavior and Organization* 170 (2020): 301–312.

239 1990年代に行なわれた実験は：P. Legrenzi, V. Girotto, and P. N. Johnson-Laird, "Focussing in Reasoning and Decision Making," Cognition 49, nos. 1–2 (1993): 37–66.

240 これを実践するには：Shane Frederick, Nathan Novemsky, Jing Wang, Ravi Dhar, and Stephen Nowlis, "Neglect of Opportunity Costs in Consumer Choice," 2006, https://www.researchgate.net/publication/228800348_Neglect_of_Opportunity_Costs_in_Consumer_Choice.

240 格好の例：X Company, https://x.company/, accessed May 10, 2021.

241 リサーチラボのチーフ、アストロ・テラーは：Eric "Astro" Teller, "The Unexpected Benefit of Celebrating Failure," TED2016, February 2016, https://www.ted.com/talks/astro_teller_the_unexpected_benefit_of_celebrating_failure.

241 2011年、ネットフリックスは：Brian Stelter, "Netflix, in Reversal, Will Keep Its Services Together," *New York Times*, October 10, 2011, https://mediadecoder.blogs.nytimes.com/2011/10/10/netflix-abandons-plan-to-rent-dvds-on-qwikster/.

242 早期に撤退したからといって：Angela Lee Duckworth and Patrick D. Quinn, "Development and Validation of the Short Grit Scale (Grit-S)," *Journal of Personality Assessment* 91 (2009): 166–174.

243 この2品目は：『経済学と課税の原理』*On the Principles of Political Economy, and Taxation* の全文は以下で無料で読める。：https://www.gutenberg.org/files/33310/33310-h/33310-h.htm.

246 スタートアップの世界の1例：Claire Cain Miller, "Why Twitter's C.E.O. Demoted Himself," *New York Times*, October 30, 2010, https://www.nytimes.com/2010/10/31/technology/31ev.html.

247 1998年……創業した同社は：Conner Forrest, "How the 'PayPal Mafia' Rede-

fined Success in Silicon Valley," Tech Republic, June 30, 2014, https://www.techrepublic.com/article/how-the-paypal-mafia-redefined-success-in-silicon-valley/.

250 2013年、スティーヴン・レヴィットとわたしは："Would You Let a Coin Toss Decide Your Future?," *Freakonomics Radio* podcast, episode 112, January 31, 2013, https://freakonomics.com/2013/01/31/would-you-let-a-coin-toss-decide-your-future-full-transcript/.

252 IT起業家、投資家で著書もある：Reid Hoffman, June Cohen, and Deron Triff, *Masters of Scale*（New York: Currency, 2021）, 179.

第9章　方法④　スケーリングの文化に変える

255 わたしの友人で……疑問に答えるため：Uri Gneezy, Andreas Leibbrandt, and John A. List, "Ode to the Sea: Workplace Organizations and Norms of Cooperation," *Economic Journal* 126, no. 595（2016）: 1856–1883.

257 コーヒー製造所の経営者：Ernst Fehr and John A. List, "The Hidden Costs and Returns of Incentives—Trust and Trustworthiness Among CEOs," *Journal of the European Economic Association* 2, no. 5（2004）: 743–771.

257 プロのトレーダー：Jonathan E. Alevy, Michael S. Haigh, and John A. List, "Information Cascades: Evidence from a Field Experiment with Financial Market Professionals," *Journal of Finance* 62, no. 1（2007）.

257 マサイ族：Uri Gneezy, Kenneth L. Leonard, and John A. List, "Gender Differences in Competition: Evidence from a Matrilineal and a Patriarchal Society," *Econometrica* 77, no. 5（2009）: 1637–1664.

260 25歳のエンジニア：Susan J. Fowler, "Reflecting on One Very, Very Strange Year at Uber," February 19, 2017, https://www.susanjfowler.com/blog/2017/2/19/reflecting-on-one-very-strange-year-at-uber.

260 1週間後……ウェイモが："A Note on Our Lawsuit Against Otto and Uber," Waymo website, February 23, 2017, https://blog.waymo.com/2019/08/a-note-on-our-lawsuit-against-otto-and.html.

260 この翌週：Eric Newcomer, "In Video, Uber CEO Argues with Driver over Falling Fares," Bloomberg, February 28, 2017, https://www.bloomberg.com/news/articles/2017-02-28/in-video-uber-ceo-argues-with-driver-over-

falling-fares.

260 『ニューヨーク・タイムズ』紙に掲載された暴露記事：Mike Isaac, "How Uber Deceives the Authorities Worldwide," *New York Times*, March 3, 2017, https://www.nytimes.com/2017/03/03/technology/uber-greyball-program-evade-authorities.html.

267 深い信頼が……研究で示されている：Federico Cingano and Paolo Pinotti, "Trust, Firm Organization, and the Pattern of Comparative Advantage," *Journal of International Economics* 100 (2016): 1–13.

267 チームワークを機能させることが成長に不可欠：Rafael La Porta, Florencio Lopez de Silanes, Andrei Shleifer, and Robert W. Vishny, "Trust in Large Organizations," *American Economic Review* 87, no. 2 (1997): 333–338, https://www.jstor.org/stable/2950941.

267 目立つライダーや：Mike Isaac, "Uber Fires Executive over Handling of Rape Investigation in India," *New York Times*, June 7, 2017, https://www.nytimes.com/2017/06/07/technology/uber-fires-executive.html.

273 心配する向きがあるかもしれない：Xueming Luo, Rebecca J. Slotegraaf, and Xing Pan, "Cross-Functional 'Coopetition': The Simultaneous Role of Cooperation and Competition Within Firms," *Journal of Marketing*, April 1, 2006.

273 会社が……追跡したり……することはない：Josef Adalian, "Inside the Binge Factory," *Vulture*, June 2018, https://www.vulture.com/2018/06/how-netflix-swallowed-tv-industry.html; Patty McCord, "How Netflix Reinvented HR," *Harvard Business Review*, January 2014, https://hbr.org/2014/01/how-netflix-reinvented-hr.

274 マイクロマネジメントは願い下げ：McCord, "How Netflix Reinvented HR."

274 ネットフリックスのCEO、リード・ヘイスティングス：Maria Konnikova, "What if Your Company Had No Rules?," *Freakonomics Radio* podcast, September 12, 2020, https://freakonomics.com/podcast/book-club-hastings/.

275 数年前、友人の：http://sodi.org/. で確認を

275 多様な人々で構成される集団は……研究であきらかになっている：John E. Sawyer, Melissa A. Houlette, and Erin L. Yeagley, "Decision Performance

and Diversity Structure: Comparing Faultlines in Convergent, Crosscut, and Racially Homogeneous Groups," *Organizational Behavior and Human Decision Processes* 99, no. 1 (2006): 1–15.

275 問題解決のスキル：Lu Hong and Scott E. Page, "Groups of Diverse Problem Solvers Can Outperform Groups of High-Ability Problem Solvers," *Proceedings of the National Academy of Sciences* 101, no. 46 (2004): 16385–16389, doi:10.1073/pnas.0403723101.

275 より大きな利益：Paul A. Gompers and Sophie Q. Wang, "And the Children Shall Lead: Gender Diversity and Performance in Venture Capital," NBER Working Paper, 2017, doi:10.3386/w23454.

275 ……示した研究もある：Gompers and Wang, "And the Children Shall Lead."

276 とはいえ：Andreas Leibbrandt and John A. List, "Do Equal Employment Opportunity Statements Backfire? Evidence from a Natural Field Experiment on Job-Entry Decisions," NBER Working Paper, 2018, doi:10.3386/w25035.

278 彼らの懐疑主義：Marianne Bertrand and Sendhil Mullainathan, "Are Emily and Greg More Employable than Lakisha and Jamal? A Field Experiment on Labor Market Discrimination," *American Economic Review* 94, no.4 (2004): 991–1013, https://www.jstor.org/stable/3592802; Sonia K. Kang, Katherine A. DeCelles, András Tilcsik, and Sora Jun, "Whitened Résumés: Race and Self-Presentation in the Labor Market," *Administrative Science Quarterly* 61, no. 3 (2016): 469–502.

279 （オンライン上で手に入る公開情報の）：For example, the publisher of this book: https://www.penguinrandomhouse.com/about-us/our-people/.

280 つまり、CSRは……言えない：Daniel Hedblom, Brent R. Hickman, and John A. List, "Toward an Understanding of Corporate Social Responsibility: Theory and Field Experimental Evidence," NBER Working Paper, 2019, doi:10.3386/w26222.

280 この疑問に答えるため：Hedblom, Hickman, and List, "Toward an Understanding of Corporate Social Responsibility."

282 別のフィールド実験：John A. List and Fatemeh Momeni, "When Corporate Social Responsibility Backfires: Theory and Evidence from a Natural Field

Experiment," NBER Working Paper, 2017, doi:10.3386/w24169.

284 別のフィールド実験：Andreas Leibbrandt and John A. List, "Do Women Avoid Salary Negotiations? Evidence from a Large Scale Natural Field Experiment," NBER Working Paper, 2012, doi:10.3386/w18511.

284 醜い真実：さまざまな分野でのリーダーとして女性の存在感のなさが、よくまとまっている資料は以下。: Judith Warner, Nora Ellmann, and Diana Boesch, "The Women's Leadership Gap," Center for American Progress, November 20, 2018, https://www.americanprogress.org/issues/women/reports/2018/11/20/461273/womens-leadership-gap-2/.

284 フルタイムで働く女性：Francine D. Blau and Lawrence M. Kahn, "The Gender Wage Gap: Extent, Trends, and Explanations," *Journal of Economic Literature* 55, no. 3 (2017): 789–865, doi:10.1257/jel.20160995.

284 約6%に過ぎない：David A. Matsa and Amalia R. Miller, "Chipping Away at the Glass Ceiling: Gender Spillovers in Corporate Leadership," *American Economic Review* 101, no. 3 (2011): 635–639, doi:10.1257/aer.101.3.635.

284 さまざまな理由があるが：たとえば以下を参照。 Linda Babcock and Sara Laschever, *Women Don't Ask: Negotiation and the Gender Divide* (Princeton: Princeton University Press, 2009); L. Babcock, M. Gelfand, D. Small, and H. Stayn, "Gender Differences in the Propensity to Initiate Negotiations," in *Social Psychology and Economics*, edited by D. De Cremer, M. Zeelenberg, and J. K. Murnighan, 239–259 (Mahwah, NJ: Lawrence Erlbaum Associates, 2006); Deborah Small, Michele Gelfand, Linda Babcock, and Hilary Gettman, "Who Goes to the Bargaining Table? The Influence of Gender and Framing on the Initiation of Negotiation," *Journal of Personality and Social Psychology* 93, no. 4 (2007): 600–613, doi:10.1037/0022-3514.93.4.600; K. G. Kugler, J. A. M. Reif, T. Kaschner, and F. C. Brodbeck, "Gender Differences in the Initiation of Negotiations: A Meta-analysis," *Psychological Bulletin* 144, no. 2 (2018): 198–222.

284 あきらかになったが：Leibbrandt and List, "Do Women Avoid Salary Negotiations?"

285 たとえば2021年のある調査では：Brian J. Lucas, Laura M. Giurge, Zachariah Berry, and Dolly Chugh, "Research: To Reduce Gender Bias in Hiring, Make

Your Shortlist Longer," *Harvard Business Review*, February 2021, https://hbr.org/2021/02/research-to-reduce-gender-bias-in-hiring-make-your-shortlist-longer.

291 どんなタイプの謝罪文：Basil Halperin, Benjamin Ho, John A. List, and Ian Muir, "Toward an Understanding of the Economics of Apologies: Evidence from a Large-Scale Natural Field Experiment," NBER Working Paper, 2019, doi:10.3386/w25676.

292 じつは、職場の規範を：Stephen Knack and Philip Keefer, "Does Social Capital Have an Economic Payoff? A Cross-Country Investigation," *Quarterly Journal of Economics* 112, no. 4 (1997): 1251–1288; La Porta et al., "Trust in Large Organizations."

結論　スケールアップするか、しないか

296 新型コロナの検査には、信頼できないものがあった：Nadia Drake, "Why Unreliable Tests Are Flooding the Coronavirus Conversation," *National Geographic*, May 6, 2020, https://www.nationalgeographic.com/science/article/why-unreliable-tests-are-flooding-the-coronavirus-conversation-cvd.

296 14億ドル：Greg Iacurci, "IRS Sends Coronavirus Stimulus Checks to Dead People," CNBC, April 17, 2020, https://www.cnbc.com/2020/04/17/irs-sends-coronavirus-stimulus-checks-to-dead-people.html.

297 トルストイ：Leo Tolstoy, *Anna Karenina*,『アンナ・カレーニナ』translated by Richard Pevear and Larissa Volokhonsky (New York: Penguin Classics, 2004).

【著者紹介】

ジョン・A・リスト

John A. List

シカゴ大学経済学部ケネス・C・グリフィン特別功労教授。大統領経済諮問委員会（CEA）でシニア・エコノミストを務めた。ケネス・ガルブレイス賞をはじめ、数々の栄誉ある賞に輝く。その業績は以下の各媒体で紹介されている。ニューヨーク・タイムズ、エコノミスト、ハーバード・ビジネス・レビュー、フォーチュン、NPR（米国公共ラジオ放送）、スレート、NBC、ブルームバーグ、ワシントンポスト等。250本以上の査読済み学術論文、数点の学術書を執筆。ウリ・ニーズィーとの共著で世界的ベストセラーの『その問題、経済学で解決できます。』（望月衛訳、東洋経済新報社）がある。

【訳者紹介】

高遠裕子

たかとお ゆうこ

翻訳者。主な訳書に、レヴィット他『ミクロ経済学』（東洋経済新報社）、ヘンダーソン『資本主義の再構築』、バーバー『権力者と愚か者』（以上、日本経済新聞出版）、マンスキー『マンスキー データ分析と意思決定理論』（ダイヤモンド社）、シーリング『20歳のときに知っておきたかったこと』（CCCメディアハウス）などがある。

そのビジネス、経済学でスケールできます。

2023年2月2日発行

著　者――ジョン・A・リスト
訳　者――高遠裕子
発行者――田北浩章
発行所――東洋経済新報社
〒103-8345　東京都中央区日本橋本石町1-2-1
電話＝東洋経済コールセンター　03(6386)1040
https://toyokeizai.net/

装　丁………橋爪朋世
ＤＴＰ………アイランドコレクション
印　刷………図書印刷
編集担当……矢作知子
Printed in Japan　　ISBN 978-4-492-31546-0